历史新阅读丛书

宋朝果然很有料

第一卷

张晓珉◎著

中国工人出版社

图书在版编目（CIP）数据

宋朝果然很有料·第一卷 / 张晓珉著. —北京：中国工人出版社，2015.4
ISBN 978-7-5008-6120-1

Ⅰ.①宋… Ⅱ.①张… Ⅲ.①中国历史 - 宋代 - 通俗读物
Ⅳ.① K244.09

中国版本图书馆 CIP 数据核字（2015）第 087091 号

宋朝果然很有料·第一卷

出 版 人　李庆堂
责任编辑　葛忠雨
责任校对　董春娜
责任印制　黄　丽
出版发行　中国工人出版社
地　　址　北京市东城区鼓楼外大街 45 号 邮编 100120
网　　址　http://www.wp-china.com
电　　话　（010）62350006（总编室）
　　　　　（010）62005039（出版物流部）
　　　　　（010）62379038（社科文艺分社）
发行热线　（010）62045461（010）62005042（传真）
经　　销　各地书店
印　　刷　三河市东方印刷有限公司
开　　本　710 毫米 ×1000 毫米　1/16
印　　张　16.75
字　　数　297 千字
版　　次　2015 年 5 月第 1 版　　2025 年 5 月第 18 次印刷
定　　价　32.80 元

序　言

中国这一段神奇的历史，就从一段神奇的婚姻开始吧。

《宋史》记载：

有一天，王镕麾下的一员将领出差办公。他在路过定州杜家庄的时候，正好遇上天降大雪，导致路不能行。在万般无奈之下，这个将领就在杜家庄门下避雪，等雪停后再走。

突然看见一位“军爷”在自己家门口避雪，杜家的主人哪里敢怠慢，他们立刻盛情款待了这位官爷，并留他在府中多住几日。

后来，通过几个月的交流、观察，杜家主人对这位身材魁梧、仪表堂堂的将领越看越喜欢。结果，他产生了一个念头。

在一次聚会的时候，杜家主人给这位军官使眼色，示意他酒宴后不要走，一定要留下来，表示对这个军官有话说。面对主人的这个眼神，这位军官心领神会，老老实实地留了下来。一直等到其他客人都走后，他这才知道出了什么事。

原来，经过这段时间的了解后，杜家主人想招他为女婿，于是对他说道：“老夫一生，阅人无数，从来没有见过你这样好的面相。如果你不嫌弃的话，老夫有一个女儿，排行老四，人称‘四娘子’，我想把她嫁给你为妻。”

一听这话，这个将领立刻同意了。要知道，对于这个将领而言，这天底下还有比这更好的事情吗？白吃白喝这么多天了，啥钱也没给。如今这些欠款全部抵消，还捎带了一个老婆。

这感觉，一个字形容：爽！

当然了，对于这段“空手套白狼”的历史，很多人都羡慕不已，但是更多的人对这件事情嗤之以鼻。

因为这段历史，完全是一个文人笔下的杜撰传说。因为，这个故事在历史上有一个原型，它叫作“吕公嫁女”。

遥想当年，秦末汉初的时候，有一个叫吕公的乡绅，为了避祸，举家搬到了沛县。

吕公搬来后，当地的官员、豪绅们，立刻赶过来凑钱喝酒，算是给吕公接风洗尘。而在这次酒宴中，负责收彩礼的人，正是沛县的风云人物——萧何。

酒宴开始后，由于来喝酒的人太多了，萧何只得下令：献钱一千以下者，只能在堂下喝酒；献钱一千以上者，才能上堂喝酒。

殊不知，就在此时，一个客人大喊道：“贺万钱！上堂喝酒！”

说这句话的人，正是沛县这里最大的“忽悠”——刘邦。

实际上，别说万钱了，刘邦一个子儿也没拿。当然了，这样公然撒谎，是刘邦平时的习惯，而且萧何也会替他遮掩。

然而，对于刘邦这句“贺万钱”的话，有一个人深信不疑，并且第一时间起身迎接了。这个“被忽悠”的人，正是初来乍到、啥也不知道的吕公。

虽然在酒过三巡后，经萧何提醒，吕公知道了刘邦的为人，也知道了这个人吹牛皮的功力，但是，他还是对眼前的这个“大混混”，产生了极大的兴趣。最后，这个完全被忽悠住的吕公，就跟这个杜家的主人一样，完全相信自己的判断，把女儿嫁了出去。

对于这段“吕公嫁女”的历史，后人都称赞刘邦的长相，是多么多么地神，简直贵不可言！而吕公的相面技术,是多么多么地牛,他简直就是一个活神仙！

那么，这段历史的真相，真的是这样吗？

一个字形容：扯！

对于吕公相面招亲这件事情，如果您好好地查看一下其他历史，您就会惊讶地发现：吕公的相面能力，也就那么回事儿！

《史记》记载，吕公有两个女儿，长女吕雉，次女吕媭。吕雉嫁给了刘邦，成了一代国母；而吕媭嫁给了谁？她嫁给了一个卖狗肉的屠夫。

对！就是一个卖狗肉的个体经营户！

虽然这个屠夫就是未来大名鼎鼎的舞阳侯樊哙，但是，您千万别告诉我，樊哙的面相也贵不可言，未来必定大富大贵，前途也不可限量！

可想而知，如果吕公擅长相面，他怎么可能找到樊哙，还把自己的二女儿嫁给他呢？

因此，吕公嫁女，根本就没有面相之说，无非就是后来中了六合彩，时势造英雄罢了。哪里有看面相，就能看出一个人未来的道理。

那么，既然吕公嫁女是一场博弈，为什么这个杜家主人要紧随其后，也要开这场赌局呢？

也许，换一个角度，重新回顾一下这件事情的整个经过，我们就能知道真相了。

要知道，这个将领只是在杜家门前避雪，而一场雪能下几天？他待了多久？数月！这么长的时间，这个将领在杜家干什么？不言自明。

如果用一个词语来形容这件事，绝不为过——引狼入室！

结果，几个月后，这只“狼”在杜家搞了一个“生米煮成了熟饭”的局面。到了这个节骨眼上，杜家主人除了嫁女外，他还能怎么样呢？

闺女的心已经飞了，再留着就要砸手里了，还是赶紧抛售掉吧！

这才是杜家主人嫁女的真正原因。

不管怎样，虽然没有面相之说，也有很多的隐蔽台词，但是在这次嫁女后，这个杜家彻底发达了。他们在这次“赌局”中最终赚了一个盆满钵满。

因为，这位军官叫作赵弘殷。现在的他，虽然默默无名，但是未来的他，将成为“武昭皇帝”，成为一个王朝的奠基石：宋宣祖。

这位奉父母之命成婚的四娘子，也成为一个王朝的金凤凰，成为两位皇帝的生母，成为一个帝国说一不二的女子——杜太后。

而这对新婚夫妇的第二个儿子，就是开创一个王朝，让所有臣民三跪九叩的宋太祖——赵匡胤。

一切不再多说，就让我们开始回味宋朝这段历史吧！

目录

第十一章　通天大计 / 153

第十二章　兵发两川 / 169

第十三章　平定蜀乱 / 183

第十四章　南征北战 / 193

第一章 天降大任

一个“标准流程”的历史

后唐大成二年（927 年）二月十六日，在洛阳的一个马营内，赵匡胤呱呱坠地了。

众所周知，中国人有一种习惯，但凡一个人永载史册后，后人总会编写一些故事去美化他，甚至神化他。这就是在说，此人拥有如此的成就，并不是后天的因素，而是先天就已然注定的。

那么，这位宋朝的开国皇帝赵匡胤，他又有哪些逸事呢？

《宋史·太祖本纪》记载：赵匡胤出生的那天，他的产房“赤光绕室，异香经宿不散，体有金色，三日不变”。就是说，赵匡胤出生的时候，他俨然变成了一个“香妃”，整个一个空气清新器，外加一个夜店的霓虹灯，发射出璀璨夺目的金光，整整照了三日。

除此之外，他的母亲杜太后更是对外宣传，在怀赵匡胤的时候，她梦见了一条龙钻进了自己的肚子。在中国的历史上，只要过个三五十年，龙就要钻一回女人肚子。

于是，这些天生的“因素”，成了赵匡胤日后成功的最佳注解！

当然了，史书对赵匡胤的这种记载，是他们的一贯伎俩而已，暗示赵匡胤天生是当皇帝的料，是真正的真龙天子，未来必将穿龙袍、戴龙冕，君临天下。而这些神话故事，在历朝历代的史书中都屡见不鲜，甚至没有一点儿创新。

当然，如果换一个角度，倒是颇有“创意”：赤光绕室，异香经宿不散，就是一个异形分子、外星生命体。体有金色，三日不变，就是一个黄疸患者，而且还是晚期。

可见，这位可怜的赵匡胤，从出生的那一刻开始，就患了严重的畸形症状和新生儿黄疸疾病。他不仅一连黄了三天，还被后人歌功颂德和闲暇调侃了一千多年！

如果这种情况还能算是他未来非凡伟业的理由，我真是无话可说了。

后来，随着时间的流逝，赵匡胤慢慢地从一个熊孩子长成了一个翩翩少年，而关于他的那些神奇历史，也一直步步跟进，天天更新。

《宋史·太祖本纪》记载：有一天，赵匡胤试骑一匹烈马，他既不套马缰，也不用马鞍，就这样裸骑。结果没骑几下，这匹风驰电掣的马就冲到了城门下，赵匡胤躲闪不及，脑袋直接撞到了门楣上。

只听得“咣当”一声，赵匡胤就趴在地上，一动也不动了。

看见赵匡胤跌马倒地后，其他人都吓傻了，这么大的一个动静，赵匡胤脑袋肯定“开花”了，即使不死，估计也得残废了。

结果呢，令所有的人始料不及的是，仅仅过了 10 秒钟，赵匡胤就从地上爬了起来，抖抖身上的泥土，继续驯马去了。

后来，每每提到这件事情，后世的那些史学家们，都会大书特书，绝不吝惜文字，什么“金甲护体”，什么“天潢贵胄”，什么“天神下凡”之类的。

总之一句话，赵匡胤不是一个凡人，他绝对有神灵护体。

以我个人的观点，在这个问题上，我仅仅佩服赵匡胤这个人的“本事”，并对他的两点“羡慕”不已：

第一，我佩服赵匡胤年纪轻轻意志就能如此坚定，懂得在哪里跌倒，就在哪里爬起来的道理。

第二，我佩服赵匡胤年纪轻轻就能将“铁头功”练得炉火纯青。你不服都不行！

仅此而已……

当然了，不管咱们佩服赵匡胤什么吧，经过了这件事情后，赵匡胤“天神附体”的驯马经历，就成了当地街头巷尾的奇谈。所有人都对他赞叹不已，并一致认为：这样都没死，此人必有后福！

只不过，赵匡胤的这个福，等的时间有点长。

为了这个“福”，赵匡胤整整等了二十年，而那时候的天下，也已经换了三个主人了。

我本乱世一根草

赵匡胤生活的时代，是中国最混乱的时代。自朱温灭唐朝后，短短五十年的时间里，五个朝代接连而起，十个国家相继建立，我们称这段历史为“五代十国”。

在这段血雨腥风的岁月里，赵匡胤波澜不惊地成长着，首先经历了两个朝代，即出生在后唐，成长在后晋，而在他二十岁的时候，他又经历了一个新的时代，并见证了一个新的王朝诞生。

开运四年（947 年）六月三日，幽州招讨使刘知远登基称帝，改国号为“大汉”，史称“后汉”。同时，刘知远颁布一道圣旨：

凡接受过契丹皇帝封号的官员，全都不必害怕，朝廷既往不咎；凡原来后晋的官员，上到拥兵自重的节度使，下至普通等级的将领官吏，大家官职不变，俸禄翻番。

这道圣旨，让原本属于后晋禁军的赵弘殷那颗忐忑不安的心，终于彻底落地了。赵弘殷重新回到了军营中，开始了随波逐流、与世无争的日子，并续写着自己“平安无事”的历史。

我为什么特意强调“平安无事”这四个字呢？因为在那个时代里，真正能够做到这四个字的人，简直是凤毛麟角。得此殊荣，何止是祖坟冒青烟，简直就是在喷火！

回顾这短短二十年，三个王朝彼此更替，五个皇帝拼个你死我活。期间，契丹皇帝还来这里“旅游”了一把。而赵弘殷这一家子，连大带小、连老带少，在这么极其动乱的日子里，居然一个不缺、一个不少，全都毫发无伤，连个受伤致残的都没有。

不得不说，在这风起云涌的乱世里，赵弘殷这一家子确实创造了一个奇迹！

正是这个奇迹，不仅改变了赵匡胤本人，还对后来的宋朝建国方式，乃至整个中华民族的意识形态，都有着决定性的意义！

试想一下，一个强悍到足以开天辟地、创立一个国家的男人，在他的幼年记忆里，天天东躲西藏、流离失所、备受欺凌，他会是一个什么样的性格？

或者，在这个男人的成长过程中，他目睹了亲人死于乱世，见证了一场场“亲历家园变废墟”“忍看朋辈成新鬼”的人间悲剧，他又会如何地待人处世？

不用问我，历史自有定性。

那个幼年受人欺侮、忍气吞声的少年，他的名字叫作嬴政，也就是统一天下的秦始皇；而那个饱经风霜、苦大仇深的人，他的名字叫作朱重八，也就是推翻暴元、建立大明王朝的洪武大帝。

看看这位统一天下的秦始皇，他是怎么对待自己的黎民百姓，怎么让天下大乱、官逼民反的；再想想那位明朝开国大帝朱元璋，他是怎么对待那些功臣，创建自己的国家制度的，这足以说明一切！

同理可证，一个只知道天天棍棒教育，逼迫子女学习，自己却胸无点墨，就知道打麻将、玩扑克的“狼爸”“虎妈”，即使他的子女能够进清华、北大，那又能怎样？一个天天就知道扼杀孩子理想的家庭，一看见孩子玩电脑就痛骂，甚至是暴打的家庭，即使是乔布斯转世投胎，这个孩子又能怎样？

因此，我奉劝各位家长，还是给孩子一个安逸、舒适的生活环境吧，千万不要采用偏激的教育，甚至棍棒殴打了。至少，这个孩子的性格不会太偏激，他会正常地长大。

或者是说，在一个舒适安逸的环境下，这个孩子不会变成赵匡胤，但是我敢保证，这个孩子绝对不会变成秦始皇、朱元璋……

幼年教育，是多么重要呀！

书归正传，虽然赵匡胤的幼年生活很美好，青年生活也很丰富，他甚至还迎娶了一个老婆，但是，生活永远是现实的，就如《荷马史诗》里说的那样：生活是一个无底洞，既美好又苦涩，我们唯一能干的，就是为它奔波劳累一生……

就在赵匡胤21岁那年，他的美好生活彻底结束，取而代之的，则是一场惊涛骇浪、波澜壮阔的人生。而在这场巨大的风暴之中，赵匡胤将毅然决然地走出自己的家门，去迎接属于自己的命运，并开创一个新的世界！

男儿志在四方

这么多年过去了，由于赵弘殷兢兢业业、如履薄冰地上下打点，保持着自己不大不小的官位，维持着一份不厚不薄的薪水，总算能够维持住这个小家。

但是，随着战乱的不断，王朝的频繁更替，赵家的生活水平越来越差。何况这些年赵家屡添新丁，这些像大山一样，狠狠地压在了赵弘殷的身上，让他力不能支，天天痛苦不堪。

作为赵家的次子，这个年龄21岁的无业青年，高龄的奶嘴男，资深的啃老族赵匡胤，摆在他面前的路，又将何去何从呢？

如今的赵匡胤，他已经21岁了，身强力壮，却天天游手好闲，还靠老爹养活自己，这不是让人天天说闲话吗？这不是给自己家族抹黑吗？

因此，我们绝对有理由相信，邻里间刻薄尖酸的污言秽语，给了年轻的赵匡胤多大的震撼与刺激！从那以后，他就彻底失眠了，想想自己以前的所作所为，父母对自己的种种期待，赵匡胤就陷入了深深的自责中。

一段时间后，赵匡胤终于醍醐灌顶，彻底醒悟了。于是，他决定痛改前非，重新做人。没过多久，赵匡胤就提着自己的三尺宝剑，收拾了行囊，告别了妻子父母，毅然决然地走出了家门！

当然了，以上的这段情节，就是一个八点档的连续剧，而真正的历史，根本不是这么回事！

要知道，虽然我们常说“浪子回头金不换”，但那也就是说说。如果一个人要学坏，那是片刻之间的事情；然而，一个人要学好，却不是一朝一夕的事。

况且，这还是一个衣食无忧、吃喝不愁，可以享受“军属待遇”的纨绔子弟。

因此，赵匡胤突然脱胎换骨，从一个碌碌无为的败家子，变成了一个开疆扩土的大英雄，唯一的解释，就是他受到了某种刺激，一种能够让他刻骨铭心、至死方休的刺激。

这在中国历史上，是有无数案例的。

比如公元前254年的李斯，本来在楚国做公务员，过着衣食无忧的生活，但是，就是因为他看见了两种老鼠，从那以后，彻底地改变了自己的一生。

第一种是厕所里的老鼠，它们不仅吃得差，而且一看见人和狗就得惊慌地逃走；而第二种是仓库里的老鼠，它们整天大摇大摆地吃着粮食，不仅长得肥肥胖胖，还异常地安稳，每天过着衣食无忧的生活。

看着这些老鼠，李斯冒出了一个奇怪的念头：“一个人贤德或不贤德，就像老鼠那样，看他处在什么环境罢了！”

最后，不管家人如何阻挠，李斯还是辞去了万众瞩目的公务员职位。他背井离乡，只身来到咸阳，并在秦国开创自己的事业，最后成为秦国第一宰相。

除此之外，那位被迫受胯下之辱的韩信，原本也是一个不思进取的人。韩信不以寄人篱下为耻，反而还天天乐不思蜀，逍遥快活。

根据《史记·淮阴侯列传》，韩信曾经连续几个月去一个亭长家蹭饭。最后，亭长的老婆实在忍无可忍了，说我不能再养这个吃白食的了。

有一天，亭长老婆一大早就吃了早饭，等韩信来了以后，她死活不做饭了。结果，韩信勃然大怒，他一怒之下扬长而去，还跟这个亭长绝交了。

后来，若不是那场突如其来的“胯下之辱”，让韩信受尽了侮辱，这位那个时代最强的“战神”，未来不定什么样子呢？

可见，赵匡胤的这种翻天覆地的变化，应该与李斯、韩信的经历差不多。但是，无奈史料记载实在有限，这个刺激到底是什么，我们已经无处查找了，只能自己揣测了。

要知道，一个身强力壮的大小伙子，天天在家里好吃懒做，谁看见了，谁都得心烦意乱！因此，在当时的背景下，我们绝对有理由相信，赵匡胤的家人们，他们会天天不厌其烦地对赵匡胤说道：“赶紧去闯吧！哪怕没有闯出一片天地，赚个什么家大业大回来，也能把自己的这张嘴带出去，别留在家里继续添乱了！”

当然了，我猜测的这番话，已经算是赵匡胤家人的“甜言蜜语”。要知道，赵匡胤当年听到的话，要比这些难听得多，而且是多得多！

22年后，当赵匡胤成为后周第一军事强人，风风光光地衣锦还乡后，因为城里传言“点检做天子”这句话，他就郁闷地发了几句牢骚。结果呢，赵匡胤话音未落，他的妹妹就面如铁色地提着擀面杖跑了进来。她追着赵匡胤就打，还边打边骂道：“大丈夫临大事，可否当自决胸怀，乃来家问恐怖妇女何为耶！”

可见，谁说家里是男人的“安乐窝”，可以暂时放下自己虚伪的笑容，在这里倾诉自己的苦楚？至少在赵匡胤的家里，这是一件他想都不敢想、做都不能做的事情！

想想吧，此时此刻的赵匡胤，他已经是一个一人之下、万人之上的“人上人”了。拥有这样的资历和背景，老妹都对他尚且如此刻薄，而那个天天在家吃白饭、一无是处的赵匡胤，他又会受到什么样的待遇与嘴脸！

这个结果，无须笔墨，不言自明。

就这样，万般无奈之下，赵匡胤终于走出了家门，从此开始了一段新的路途，并成就了一段属于自己的辉煌历史。

当然了，在成就这段辉煌历史前，这位初出茅庐、刚刚踏入社会的年轻人，怎么可能会大展宏图？在这之前，赵匡胤也会领略世态炎凉的痛苦，遭遇穷困潦倒的窘境，并饱尝那人间百味！

发迹前的雷人事迹

用现在一段很经典的话形容，赵匡胤这两年“漂泊”时候的感受，那真是：

一个人走，一个人睡；一个人思索，一个人沉醉；
一个人忙，一个人累；一个人烦躁，一个人体会！

赵匡胤这种“烦躁体会”的第一站，就是今天的湖北天门，古代的复州。

复州的防御史王彦超，此人是赵弘殷的前下属加死党，为人豪爽，甚是痛快。因此，赵匡胤选择投靠这个人，也是自己深思熟虑、思考再三的结果。

结果呢？果然名不虚传，王彦超为人就是“痛快”！

得知赵匡胤大驾光临后，王彦超二话不说，立刻办了一桌酒宴，好好地款待了赵匡胤一番，并在酒席上连连敬酒，整得赵匡胤诚惶诚恐、受宠若惊。

当然了，酒过三巡、菜过五味之后，等这个饭局上了最后一道菜时，赵匡胤则彻底傻了眼。原来，这是一个装满十贯铜钱的托盘，大概合现在的千八百块钱！

至此，王彦超终于“痛快”地说：吃了我的饭，拿上这些钱，立刻滚蛋！

真是“痛快”……

这顿饭给赵匡胤留下了极其深刻的印象，以至于自己登基称帝后，在一场宴会中，赵匡胤旧事重提，并不怀好意地问王彦超道：“当初你在复州的时候，朕去投靠你，你为什么不接纳朕？”

一听这话，王彦超马上诚惶诚恐地回答道：“我这个复州太小了，就是一小勺子水，怎么能够容得下真龙天子？陛下当年不留在复州，那是天意！”

这马屁拍得，爽！

听完这番话后，赵匡胤哈哈大笑了一番，然后就显示了自己容人的气量，不再追究过去之事了（其他的还得追究）。当然了，当年那些事情真正的苦涩与不甘，也只有当时的赵匡胤，才能够真正体会吧。

领教了王彦超的“痛快为人”后，赵匡胤离开了复州，开始了自己“烦躁体会”的第二站，就是今天的湖北随州。他去那里投靠了父亲的老朋友——随州刺史董宗本。

要知道，对比武将出身的王彦超，文人出身的董宗本就识货得多。他见赵匡胤高大威猛、器宇轩昂，甚是喜欢。于是，他给了赵匡胤一份工作，并把他留了下来。

当然了，虽然赵匡胤如愿以偿地找到了一份工作，但是这份工作是什么，月薪是多少，已经无从考证了，我们唯一知道的是：一直生活在北方大城市里的赵匡胤，他的见识和各种言谈举止，远胜于这个小小随州的各样人等。因此，在很短的时间里，赵匡胤就结交了一批朋友，并成了鹤立鸡群的最受人瞩目的那个人！

殊不知，获得如此高的赞扬，并不是赵匡胤的幸运，而是灾难。因为他抢了一个人的风头。这个人就是董宗本的儿子，本地的第一公子哥——董遵海。

可想而知，强龙难压地头蛇，得罪了这么一个主，赵匡胤后面的事情，也就无须多言了。仅仅过了半年，赵匡胤就受够了这种天天看别人脸色、仰人鼻息的日子，他默默地卷起铺盖走人了。

难能可贵的是，对于这段历史，赵匡胤并没有忘记。等自己登基称帝后，赵匡胤第一时间召见了董遵海，并在大殿上重新温习了这件事情。

想象一下吧，董遵海直接被吓蒙了，他跪在地上浑身哆嗦，叩头如小鸡吃米一般，惶惶不可终日。结果呢，赵匡胤不但没有收拾他，反而还提拔了他，并费了不少心思，将他失散多年的母亲从辽国接了回来。

董遵海感动得哇哇的，他立刻发誓永远效忠赵匡胤，并屡建战功，终于成为一代名将。

董遵海的故事告诉我们：什么叫作“虚怀若谷、不计前嫌”，什么又叫作“海纳百川、有容乃大”！这，就是一代帝王赵匡胤留给我们的启示。

当然了，虽然这些不计前嫌的故事，完全衬托出了赵匡胤的容人雅量以及独特的人格魅力，但是，这些事情也客观说明了，赵匡胤的这种不断碰钉子、吃闭门羹、遭人冷遇、不受人待见的遭遇，给了他多大的磨难，并给他的身心造成了多么巨大的伤害！

因为，赵匡胤也要吃饭！

要知道，从家里出来的时候，赵匡胤应该没有多少钱，有钱他也不用出来了；从王彦超那里拿到的“分手费”，估计也就将就走到随州，不至于饿死在路上；虽然在随州工作了半年，但是以赵匡胤的开支计算，应该也攒不了几个钱。

于是，因为没有钱，所以一个意志坚定、为了生存“不择手段”的赵匡胤，就频繁地出现在了《宋史》以及其他的宋朝传记、野史文章里，在历史上，留下了各种匪夷所思的记录。

案例一：赌博。

有一天，赵匡胤实在是饿极了，他就去赌博。结果呢，赵匡胤明明赢了很多钱，最后却全都赔了！

首先，我们必须承认，赵匡胤在牌局上摸爬滚打多年，赌博技术自然不赖，赢钱也是水到渠成的事情。但是，在这场赌局中，赵匡胤忘了一个极其简单的道理：在一个陌生的地方，跟一群陌生的人赌博，赢了很多的钱后，还不收手，这就不是没“职业道德”了，而是“没事找死”了！

总之他被人狠狠地揍了一顿，不仅之前赢的钱没了，自己的本钱也都被这些人夺走了。

案例二：偷菜。

赵匡胤在襄阳流浪期间，他突然发现一间寺庙里有很多大白菜。于是，这位饿极了的未来皇帝，立刻饥不择食地吃了起来。

等赵匡胤把这些白菜都清理干净后，他突然发现，不知道从什么时候起，自己的身后站着一位高僧。他正慈眉善目地看着自己，没有一点愤怒的表情，也没有跟自己算账的意思。

这位高僧告诉赵匡胤：“我刚刚做了一个梦，梦见一条金龙从天而降，正落在自己的白菜地里。结果，等我醒后，就看见你这条‘超级大菜虫’了。因此，你绝非凡人，老衲愿意授你武功，并为你指点迷津。”

后来，在这位高僧的指点下，赵匡胤得到了一件绝世兵器——盘龙棍；还自创了一套绝世武功——三十六路腾蛇棒，被尊称为中国棒术的开山鼻祖。

在修炼完所有的武功后，这位高僧告诉赵匡胤，不要在南方瞎混了，你的未来在北方，赶紧回去，那里才是你建功立业、开创辉煌之所！

就这样，在这位高僧的指点下，赵匡胤一路风尘仆仆地回到了北方。

实际上，我个人认为，即使没有这位高僧的指点迷津，赵匡胤也会踏踏实实地跑回来，因为根据当时的地图，他已经游荡到后汉的边境了，要是再南下，只能办签证出国了。

当然了，唯一不同的是，之前的旅途，赵匡胤就像是一只无头的苍蝇，走到哪儿算哪儿。但是这一次，我们却看见了一个不一样的赵匡胤，一个意气风发、双眼炯炯有神、没有一丝迷茫的赵匡胤！

殊不知，在赵匡胤发生翻天覆地变化的同时，他的那个家乡以及这个天下，也发生了一场惊天动地的变化！

因为，这个刚刚建立起来的后汉王朝，又换了一个新的主人。

第二章 事业的开始

这个“小雀儿”不简单

刚刚登基一年的后汉开国皇帝，庙号“汉太祖”的刘知远与世长辞。与此同时，他 18 岁的次子刘承祐登基称帝。

包括赵匡胤在内，没有一个人会知道，在这场简简单单的权力交替后，一个新的时代已经来临，后汉这个刚刚建立的短命王朝（四年），即将土崩瓦解、不复存在了。

原来，刘知远刚刚驾崩后，后汉河中节度使李守贞、永兴节度使赵思绾、凤翔节度使王景崇就联合造反，史称“三镇之乱”。

让所有人拍案惊奇的是，即使面对这个局面，这位年轻的皇帝也跟没事人似的，在这金銮宝殿上，就能哈欠连天、泪流满面！

至此，在所有大臣的眼中，他们都得到了一个答案：年轻的皇帝已经弃江山于不顾，他已经变成一个风流昏君了！

那么，历史的真相，真是这样吗？

要知道，对于这位刚刚登基的刘承祐而言，在面对这些窃窃私语和无奈摇头，他只能自己苦笑两声，且根本无法解释明白这满腹的委屈，所以只能自己“泪流满脸”了。

难道说，我要告诉你们，这里面的实情是：“老子天天晚上彻夜失眠，就是在琢磨着怎么对付你们，好收回皇权？”

原来，事情是这样的，刘知远临终前，他给自己儿子留下了五个宝贵遗产。这五个遗产分别是：宰相苏逢吉，三军总指挥杨邠，侍卫亲军马步军都指挥使史弘肇，财政大臣王章，后汉“第一猛将” 侍卫亲军司郭雀儿！

当然了，当时没有一个人知道，这个小小的“麻雀儿”，将成为大汉王朝的掘墓人，并成为一个新的王朝缔造者。因为这个郭雀儿，他在历史上有一个永载史册的正式名字——周太祖郭威。

郭威，邢州尧山（今天河北隆尧）人。由于出身卑微，从很小的时候起，郭父就在他脖子上刺了一个小雀儿。他也就取名为“郭雀儿”了。

在这里，有两点需要说明：

第一，在那个时代，刺青不是一门什么高深的手艺。即使是普通农户的女子，只要你下得去手，也可以拿自己儿子练练手，在他后背刺上“精忠报国”四个大字。

第二，古人取名很有意思，他们不会用现在的“嘉诚、英东、瑞林”这种喜庆欢快、寓意深刻的名字，而是直接用“狗儿、铁蛋、狗剩儿”这种极其不雅的词汇。

为什么要用这些不雅的词语起名呢？原因很简单，因为古代人相信“名字越贱命越硬”。

按照这种定义，以鸟类为名字的历史名人，简直数不胜数。比如说，唐太宗的儿子，那个武则天的老公李治，他最早的名字叫作“雉奴”。 雉就是野鸡的意思。唐太宗的另外一个儿子李泰，他的最早的名字叫作“青雀”，还留下了一个“青雀入怀”的历史典故。

然而，这位未来的“周太祖”郭威，除了名字稀奇古怪外，还有另外一件神奇的事情，那就是他的第一夫人柴皇后了。此女眼光独到，擅长相面，比杜太后有过之而无不及。

原来，这位柴皇后本是唐庄宗李存勖的一位嫔妃，李存勖死于非命后，继位的唐明宗就把他的嫔妃全部遣散了。后来，在随父亲柴三礼回家期间，这位柴小姐偶遇一位衣衫褴褛却气宇轩昂的年轻人。

在一番打探后，仆人回话道："此人官微人贫，为马步军使郭雀儿。"

"哦，原来是一个小角色，不值一提。"这是柴三礼不屑的定义。

"哦，原来是一个大英雄，我要嫁给他！"这是柴小姐惊讶的言辞。

看见女儿"着魔"后，柴三礼彻底地疯了。他立刻强烈反对道："闺女，你疯了，咱是从皇宫出来的人呀！如今正花容月貌的，就算再嫁，也能嫁一个节度使啥的，干吗嫁这个穷小子呀？"

对于父亲的这番质疑，柴小姐心平气和地解释道："我久居宫中，屡见贵人。凡事不能只看眼前，别看现在郭雀儿人微言轻，他早晚是一个大富大贵之人。我们不能失之交臂呀！"

最后，在柴小姐的一意孤行下，她把自己的财产一分为二，一半交给自己的父母，让他们回家去了；而另外的一半，则全都交给了郭雀儿，并跟他私定终身了。

至此，通过周太祖郭威的这段传奇良缘，我们知道了两个重要的问题。

第一，门当户对的问题。

在这场婚姻中，柴三礼建议，让自己的女儿嫁给一个节度使。这本是无可厚非的，也是封建时代唯一的婚姻准则，即"门当户对"。但是，在那个战乱频繁的五代时期，在婚姻方面，彻底打破了自魏晋时期开始的"家之婚姻必由于谱系"的门第制度，反而转变成了"自五季以来，取士不问家世，婚姻不问阀阅"的自由恋爱。

在这个时代背景下，女方在择偶时，更多的是考虑男方的能力、前途、本事等等，而不是看重他有没有官禄，有没有房子、车子、票子，是不是很贫贱等等。

当然了，对于这种择偶标准，到底是时代的进步，还是人类的倒退，我就不在这里妄自评价了。

第二，慧眼识珠的问题。

我们知道，在五代十国那个时代里，一方面无休止的战乱，确实给社会带来了毁灭性的灾难；但另一个方面，在这种无休止的战乱中，传统的统治阶级遭到了毁灭性的打击，反而给平民英雄铺平了道路，给了他们一个展示自我的舞台。

在这种背景下，由于平民英雄的与日俱增，那些像柴皇后这样“慧眼识英雄”的传奇婚姻，也就有增无减了。

除了周太祖郭威外，当时很多的知名人物，比如后汉的开国皇帝刘知远，后汉皇家禁军指挥使史弘肇，周太祖之婿张永德，宋太祖之父赵弘殷等等，他们或是被动地、或是主动地成就了这一段段美满姻缘，也成就了五代十国时期一段“穷屌丝+白富美”的辉煌历史。

当然了，在这种“慧眼识英雄”的传奇婚姻中，最终嫁给一个“狗熊”的女子，还是占了大多数。但是，这位柴小姐不愧是宫里出来的人，见过大世面。她慧眼识珠，一下子就相中了郭雀儿这只潜力股。

在这位贤内助的无私援助下，郭威屡建奇功，他从一个默默无名的马前小卒，变成了刘知远的得力战将，并成了托孤大臣。

当然了，风光无限、意气风发的郭威可能也知道，自古功高震主者，全都是帝王的眼中钉、肉中刺，何况还是一个刚刚登基、处处受人掣肘的年轻皇帝！

对于先帝刘知远，这五人是大汉的宝贵遗产，个个久经沙场、老谋深算。如果让他们辅助自己的儿子，后汉王朝将坚如磐石、稳如泰山，传个千秋万代，这也绝不是什么难事！

然而，刘知远根本不知道，在他儿子刘承祐的眼中，这五个老东西根本不是什么大汉的“宝贵遗产”，而是自己的“五座大山”！自从这五个老东西上台后，“军、政、钱”就都归了他们，皇权等于被架空了，刘承祐变成一个啥也没有的皇帝了。

当看见大权都被这五个老东西把持后，刘承祐这个郁闷和不甘呀。当然了，他也清楚地知道，现在机会来了，三镇联合造反，简直妙不可言！只要能够率军平叛，就能掌握最为关键的军权，从而培养自己的嫡系部队，再一步步收回皇帝的权力！

好吧，就这么办！于是，在三镇造反后，刘承祐立刻收回了郭威的兵权，并于第一时间把他送回家去钓鱼。然后，这位意气风发的皇帝下令，命白文珂、郭从义、常思这三个在史书上找不到官职的人出征，讨伐三镇，以期胜利！

理想是美好的，现实却是残酷的，这真是一句大实话。

从三月出兵开始，双方一直打到七月，直打得风景变了，天气变了，衣着都换了一身，这三个人还是没摆平叛乱。

战争打到这个分儿上，刘承祐气得脑袋直冒烟，他立刻罢免了这三个废物将领，并放下自己所有的自尊，像三国时期刘禅拜见诸葛亮那样，不仅亲自来到了郭威的家中，而且还颤颤巍巍地问了一句话："我能麻烦您一件事情吗？"

看见皇帝都卑微到了这种地步，郭威立刻撩袍跪倒，并斩钉截铁地回答道："臣不敢请，亦不敢辞，唯陛下命。"

当然了，我绝对有理由相信，至少在当时，郭威的这句回答，绝对是发自肺腑之言。

当然，如果刘承祐能够真正听懂这句话，也许对于他，或者对于郭威，以至于本书的主人公赵匡胤，都应该是另外一种结局了。

可惜的是，在历史的词典里，永远没有"如果"二字，这也注定了这三人不同的结局！

好吧，未来的事情，还是未来再说吧。就这样，在得到皇帝的授权后，郭威被加封为中书门下平章事，就此率军出征了。

就在郭威的行军途中，一个年轻人投奔了他的队伍，并成为一名普通的士兵。当然了，谁也没有料到，这个青年将以此为契机，并一步一个脚印地行走，最终攀上一个令人瞠目结舌的地位。不仅开创了一个属于自己的王朝，还成为了中国历史上独一无二的"唯一"：唯一一个以职业军人起家，最终建立了一个正朔王朝的开国皇帝！

这位中国历史的唯一，就是刚刚从南方回来，准备建功立业的赵匡胤。

站在巨人的肩膀上

948 年，在郭威率军平叛期间，突然有人报道说，有一个自称禁军护卫圣都指挥使赵弘殷儿子的人，请求与郭将军见上一面。

赵弘殷？他的儿子？这是一个什么情况？

得知这个消息后，郭威想了想，毕竟大家同朝为官，有过一面之缘，还是见一见吧。

于是，郭威挥手示意，把这个小伙子带上来。

郭威根本就不知道，他的这次不经意的举动，不仅成就了这个小伙子，还成就了中国一段极其神奇的历史——两位未来的开国皇帝，在现在都还不是皇帝的时候，就这样见面了！

中国未来300多年的历史，就将在这两个人的手里，辗转、腾挪……

当然了，这两位未来的天下之主第一次见面，并没有传出什么惊天地、泣鬼神的事情。相反，在看见这个年轻人后，郭威只是大吃了一惊，但不是被赵匡胤的风采所震撼，而是震撼其一身的妆容，并怀疑这个人的真实身份。

之所以出现这样的结果，也不能完全怪郭威“狗眼看人”。假设一下，如果你知道，即将来的是一个高干子弟，纨绔二代的公子哥，结果却看见了一个衣衫褴褛、面容憔悴的乞丐，你也会怀疑自己的双眼！

实际上，对于赵匡胤而言，他也知道这种见面很不好，但是他也没有办法。自从拜别了高僧后，赵匡胤每天饥一顿、饱一顿，你还能指望他有什么精气神？

当然了，虽然这个年轻人无法证明自己的身份，但是他的骨子里，有一种截然不同的气质。他有别于其他的官宦少爷，身上没有一丝一毫的纨绔之气，反而有一种不卑不亢、泰然处事的胆量与气魄。

风尘满面，难掩英雄之气；破衣一身，全无寒酸之态。

真乃人中豪杰也！

除此之外，经过了整整两年的颠沛流离，赵匡胤早已领悟了这个世界的现实与真理，他早就知道了何为天高地厚，也早就领悟了何为脚踏实地、低调做人！

郭威立刻对赵匡胤产生好感，并直接问他想要什么职位。此时此刻的赵匡胤，虽然有一颗建功立业的心，却选择了韬光养晦、低调为人，给出了一个几乎接近于完美的答案：“我只想当一个普通的士兵，还请郭公开恩成全！”

很好，郭威欣慰地点着头。这个年轻人明明有一身的武艺与本领，却如此低调、不张狂，这才是成就大事的杰出人选！

于是，郭威马上同意了赵匡胤的请求，并让他正式参军。当然了，虽然赵匡胤入伍了，郭威并没有把他扔到野战部队，去那里当炮灰，而是把他留在了自己的身边，让他成了一名亲兵。

至此，赵匡胤的低调行事，得到了一个出乎意料的结局。要知道，越接近心脏，越能得到充足的血液。同样的道理，天天在郭威的身边，也着实是一份美差，这不仅能够降低风险，还能混个脸熟，进而加官晋爵。

除此之外，由于天天跟着郭威混，赵匡胤可以参与郭威的排兵布阵，揣摩经验。学习他如何排兵布阵、如何凝聚人心、如何抓住机遇。

最后，赵匡胤将学习郭威如何做足文章，如何名正言顺登基卫冕！

好吧，这所有课程的起点，就从讨伐三镇开始吧。

乾祐元年（948 年）八月二十日，郭威率军来到了河中城，开始攻击这里负隅顽抗、决不投降的李守贞。

要知道，虽然白文珂、郭从义、常思在历史上不出名，但他们绝不是无能之辈，早在春天的时候，他们就完成了对河中城的包围，只是无法攻破这座城而已。

当然了，之所以出现这样的结果，也不能全怪这三人，虽然时代不同，但是那“高筑墙、广积粮”的战术，还是很多军事家的首选，李守贞更是此道的忠实拥护者。

自造反以来，李守贞就一直花重金修复这里的城墙，拓宽这里的护城河，完善这里的各种防御设施。

总之一句话，他要用尽一切的办法加固河中城的防御设施，使其固若金汤、坚不可摧。

就这样，整整撑了四个月，不管汉军如何地疯狂攻城，河中城依旧坚不可摧、毫不动摇。最后，这么撑来撑去，就把后汉的第一猛将郭威，给撑了过来。

郭威到达后，他并没有假惺惺地卖弄老脸，去劝李守贞投降；也没有故作姿态，去训斥久攻不下的白文珂等人。郭威只是带上了几个亲军，轻装简行地围着河中城转了几圈。随后，在考察完这里的地形后，郭威颁布了第一道命令：从即日起，全军开始筑寨！

郭威下令：常思筑寨于河中城南；白文珂筑寨于河中城西；郭威自领中军筑寨于河中城东；留城北一地空地，不设任何人马，实施“围城必缺”战术。同时，征调周边五县百姓近三万人，在三寨和河中城之间，筑起连接不断的小型堡垒，来保护新建的三座营寨。

要知道，这里的“围城必缺”战术，是战场上最常用的心理战。咱们都知道，如果把兔子逼急了，它还会咬人呢，何况是堂堂七尺男儿。

因此，在攻城战斗中，攻击方万万不能把城池全部围死，一定要让敌军看见希望，否则的话，如果敌军自知没有活路，他们一定会拼死反抗。到时候这些人发起狠来，后果不堪设想！

话虽如此，但是对于当时的汉军而言，这却不是一个最好的方案。

筑寨的命令一出，全军哗然！要知道，此时远征而来的汉军，士气和斗志均处于顶点，这要不一鼓作气去攻城，不是坐失良机吗？而且，咱们来这里是打仗的，不是来旅游的。这要是不打仗，每天耗费千金的军需消耗，谁来支付，谁给皇帝报销？

然而，面对这种种质疑，郭威不为所动，他只是平静地告诉大家：违反军令者，斩！

无奈之下，大家老老实实地放下了手中的刀剑，开始干起了水泥工匠的活儿，而每天的对话，也从原来的砍了多少人头，变成了今天砌了多少块砖头。

一个月后，三座大寨全部完工，而郭威没有放走周边的百姓，他也没有下达新的命令。全军唯一要干的事情，就是搬进刚刚盖好的新家，每天晒晒太阳，睡睡懒觉。

郭威似乎把战争给忘了。虽然很多人都想知道郭威这么做的目的，包括他的亲军赵匡胤，但是没有一个人敢去问。即使是皇帝刘承祐，虽然他比谁都着急，但也没有任何的办法。

于是，这场好几万人的大规模野炊活动，就这样无休止地进行下去了。当然了，汉军这样的好日子并没有持续多久，为了清除这三个巨大的“毒瘤”，在一个伸手不见五指的夜晚，李守贞突然率军杀了出来，他们拆毁了这三座大寨，然后扬长而去，继续回城死守去了。

这一下子，汉军这个恨呀！辛辛苦苦一个多月的劳动成果，就这么被付之一炬，变成一地的断瓦残垣了，这叫什么事！咱们不远万里地来这里，就是为了修筑这些东西，然后看着敌军怎么摧毁它们，最后让敌军鄙视、嘲笑自己？

汉军终于忍不住了，大家摩拳擦掌、跃跃欲试，全都威风凛凛地列队出寨，只要郭将军一声令下，他们能立刻冲进河中城，直接砍死李守贞！

然而，郭威的第二道命令，却彻底泼了大家一盆水，还让全军决一死战的士气彻底烟消云散。

第二道命令：再次筑寨！

至此，汉军集体爆发了空前的粗口，只恨自己才疏学浅，词汇量不够丰富！

除此之外，这些“丘八子”也终于明白了，为什么郭威不让农民工回家了。原来，就是让这些人重新修寨的！

就这样，在大家无奈、痛骂的声音中，全军开始了新的劳动。以前干什么，现在继续干，谁也别想闲！只不过，在这次劳动中，所有汉军都觉得不对劲，他们也达成了一个基本的共识：俺们来这里，真是来打仗的吗？这场战争的主角，不更像这些勤劳质朴的农民吗？咱们来这里的目的，真不是给这些农民工当保镖的吗？

这个问题，确实值得商榷。

如果说这个问题还值得商榷，那么接下来的事情，就有点匪夷所思，甚至有点搞笑了。

看见汉军重新修筑营寨后，李守贞又气又恨。他就跟一只斗气的公鸡一样：只要你敢修，我就敢拆！而他的对手郭威，也不知道出于什么样的心理：只要你敢拆，我就敢继续建！

就这样，这种拆了修、修了拆、拆了再建、建了再拆的单调工作，持续了相当长的一段时间。

多长时间呢？整整一年。

对，你没有看错，我也没有写错，就是整整一年！

最后，在这种一年多的相持战中，李守贞被耗了一个筋疲力尽、苦不堪言，而负责修筑山寨的汉军，反而养精蓄锐，杀气震天。至此，看见时机已经完全成熟，郭威立刻颁布了第三道命令，一条全新的命令！

全军攻城！

终于等到这一刻了！我们绝对有理由相信，当听到这道命令后，汉军是多么地振奋与喜悦！他们能够“嗷嗷叫”地冲向河中城，誓要报仇雪恨，让李守贞血债血还！

李守贞！我们来了！看看你干的好事！整整一年了，你拆了我们多少堡垒！如今，我们要拆了你的河中城，要连本带利地讨回来！

一天后，在三路强攻、一路放行的“围城必缺”战术下，河中城宣告攻破。李守贞也履行了自己绝不投降的诺言，城破之时，他在家中引火自焚，家属也集体自杀了。

至此，经过了一年的拉锯战，郭威用最小的代价，获得了这场战争的胜利。

现在，对于郭威的这种“修寨战术”，您看明白了吗？

要知道，如果在一年前，郭威选择强攻河中城的话，他也能够攻下来。但是，这有一个致命的前提，他需要用无数士兵宝贵的生命换取自己“一将功成”的结果，哪怕这里“万骨枯”！

杀敌一千，自损八百，这样的胜利，真的能称为胜利吗？

因此，与其去主动进攻，去承担消耗，不如让敌军出城来攻，让对方来承受这个损失。哪怕只有很少的损失，但日积月累后，也足以致命。

就这样，在整整一年的对峙中，郭威用了一堆粗制滥造的豆腐渣工程，就骗得李守贞惶惶不可终日，天天出城迎敌。而李守贞可能也知道，每次他拆除这些建筑后，他带回来的人马都会变少，有些是战死了，有些是拆迁累死了，而更多的人，则是直接逃跑了……

就这样，在双方“此消彼长”的消耗中，李守贞的人马越来越少。而在一年后，郭威用最后一根稻草，终于压死了这只苟延残喘的骆驼。

通过考证我们知道，在这一年多的围城战役中，赵匡胤就在郭威的身边，他完全领悟了这种克敌制胜的法宝，并在未来的多次战役中，将这一战术发扬光大，最后获得了巨大的成就。

可见，人就是这样，只有跟比自己高明的人在一起，才能有所收获、有所长进。

可惜的是，现在很多的年轻人，他们不愿意和老者们去聊天，认为他们之间有代沟。实际上，这是绝对错误的，老者们有一生积累下来的知识，一生沉淀下来的阅历，岂是年轻人能够轻易理解的？不跟这些知识渊博、社会经验丰富的人聊天，我们如何进步？如何变大变强？

与智者交谈，向老者学习，这就是赵匡胤成功的秘密，也是他留给我们的另外一个启示。

最后，在郭威的言传身教下，赵匡胤的能力得到了飞速的提升，他从一个啥也不懂的菜鸟，终于蜕变成了一个业务骨干。当然了，在军队的这个大熔炉中，赵匡胤不仅学习到了很多的知识，他还结交了一个与他年龄相仿、志同道合，并改变他一生命运的人。

这个人，就是郭威的养子，赵匡胤的第二任老板——柴荣。

历史从这里开始

在平定“三镇之乱”，换取了大汉王朝重新太平后，郭威班师回朝，并受到了京城百姓的热烈欢迎。

在鲜花、奖金、升职的刺激下，郭威很高兴，赵匡胤很高兴，三军也很高兴；而平定了这么一场大叛乱，大臣们很高兴，百姓们很高兴。然而，在全天下人民灿烂笑容的背后，有一个人却始终不高兴，他也没法高兴！

这个不高兴的人，就是后汉皇帝——刘承祐。

想象一下吧，当他看见郭威被大家簇拥，受尽群臣的称赞，成为万众瞩目的“巨星”的时候，谁才更像皇帝？又是谁，才是这个帝国真正的主人？

至此，这个敏感而多疑的皇帝，愤怒而无处发泄的刘承祐，他终于发了一番牢骚，讲了一些他绝对不能说的话：“郭爱卿呀，一路辛苦了，朕马上为你接风洗尘。但是，昨天晚上，朕做了一个梦，梦见你变成一头驴，驮着朕升了天；等朕到达天宫后，你却变成了一条龙，笔直向南方飞去了。”

如此言论，是何居心，不说自明！

虽然在史书中，当听完这番话后，郭威只是“拊掌大笑”，但是其内心的恐惧程度估计只有自己才最清楚吧。

必须采取相应的方案了！

古往今来，但凡被君主猜疑的大臣，无非就是两条路：一是反，二是跑。当然了，根据历史的结果来看，郭威是选择了第一条路；但是，从当时的历史来看，郭威选择了第二条路。他就像三国时期的姜维一样，即便受尽委屈，哪怕逃到边疆，他也决不造反。

那么，既然方法有了，郭威要怎么逃跑呢？

无独有偶，就在此时，老邻居契丹的皇帝终于被“选举”出来了。人家新皇登基，自然要一些“份子钱”。而且在当时的帝国版图中，后汉跟契丹直接接壤，人家不用站在山坡上，就能看见后汉的繁荣城市和美丽姑娘。

在边境狼烟四起的情况下，郭威立刻率军出征。结果，等郭威风尘仆仆地赶到边境后，契丹人已经满载而归了。后来，见无仗可打，郭威只能班师回朝。殊不知，他刚刚想要动身，皇帝的第二道命令就到了：无须班师，就地驻防。

好吧，帝国擎天一柱的郭威，就这样被轰出了朝廷，跑到了这个鸟不拉屎的地方来站岗。当然了，这样的后果，郭威也比谁都清楚。

自古以来，不管你有多大的能耐、有多大的背景，也不管你是什么能人异士，只要你离开了权力的中心，就会慢慢地被边缘化，最后走向同一个结局——完蛋，且从无例外。

这一下子，郭威彻底傻眼了，他虽然想远离那个“是非之地”，但并不想失去手中的权力。于是，在边关站岗期间，郭威无时无刻地不在想办法、想主意，希望能够与皇帝好好地交流一番，打消刘承祐对自己的所有误解。

然而，铁的事实证明，郭威是庸人自扰了，他还没有找到解决这些问题的办法，刘承祐自己就给“解决”了！

乾祐三年（950年）十一月十四日清晨，“五大遗产”中的三军总指挥杨邠，禁军指挥使史弘肇，财政大臣王章，按照正常时间去上班。结果，就在上班的广仁殿内，他们迎来了一场刀光血影，直接被数十名侍卫活活砍死了。

这一下子，天下震惊，三位托孤重臣，就这样稀里糊涂地死于非命了。这种无大脑的纯暴力解决办法，也就刘承祐这种极品猪头才能想得出来。

当然了，当了婊子，咱们还是要立牌坊的。在残忍地诛杀了这三个大臣后，刘承祐立刻昭告天下：杨邠、史弘肇、王章等人图谋不轨，意欲谋反，所以我才诛杀了他们！

可见，自古以来，要告一个人有罪，“谋反”真是再好不过的词语了。

要知道，这三人谋反了吗？除非他们吃饱了撑的。但是，人家就是挑明了要办你，别说谋反了，就是你娶个小妾，路边吐口痰，也照办你不误。

补充一句，之所以没有顺便办了宰相苏逢吉，是因为这哥们儿是一个文人，且身体一直不好，估计用不了多久就能追随先帝去了。

至此，伴随着这场惊天动地的大戏，刘承祐第一时间收回了所有权力。然而，他依旧无法高枕无忧，因为在他的面前，还有一个巨大的隐患。

这个人，就是现在孤身在外、掌握大汉精锐部队的郭威。

要知道，这个问题，俨然变成一个千古之谜了。刘承祐到底想干什么？为什么先把郭威调离京城，然后再动手？还是说，刘承祐对自己的本领充满了自信，他就是要留下郭威，来进行一次殊死“单挑”？

不管真相如何，我们已经无从考证了。因为在这个世界里，很多事情本来就说不清楚，也道不明白！

在这个“以成败论英雄”的时代里，真理与谬论，往往只是一念之间；成功与失败，也就仅仅一步之遥。

举一个很简单的例子，在一场商业活动中，如果你的决策成功了，那就是英明神武的“决断”；反之，如果你的策划失败了，那就是愚蠢透顶的“武断”了。虽然成败的因素很多，但这就是人类的主观判断。因此，不管刘承祐当时是怎么想的，对于他而言，自己的这个判断也绝对“正确”！

实际上，抛开这个决策的结局不说，我们唯一知道的是，刘承祐可能压根儿就不懂，当他诛杀了那三个大臣后，已经彻底改写了两个人的命运。

这其中的一人，就是郭威，因为这是在逼他造反！而另外一个人，就是他自己，因为自古权力斗争中，只能有一个胜利者，非此即彼，绝无第三个选择！

最后，铁的事实证明，刘承祐这次的判断，就是想告诉所有人：我之所以这么做，其原因就是……我就想这么做！

好吧，既然您有了这个觉悟，就别怪郭威动手了！

然而，根据历史的记录，即使被逼到了这个分儿上，郭威也没有一丁点儿造反的意思。

为了打消皇帝对自己的猜疑，郭威立刻上疏朝廷，郑重地向皇帝保证，自己决无造反之心，也决无反叛之意，他手下的将领也是拥护皇帝的，望陛下不要听信谗言，请给老臣一个解释的机会。

除此之外，郭威还自揭伤疤，他声泪俱下地写道：“自古岂有雕青天子？幸公无以我为疑。”

咱们都知道，郭威身上有一个刺青，五代十国人皆知道他叫“郭雀儿”。但是，您可能不知道，在宋朝期间，只有军卒和犯人身上才有刺青，所以有“好男不当兵，好铁不打钉”之说，跟现在的说法正好相反。

可见，为了打消皇帝对自己的顾虑，郭威已经完全不顾自己的颜面了，即使让他摇尾乞怜、哀号流涕，当着皇帝叩头谢恩、感激不尽，他也决无二话，并第一时间去执行。

然而，郭威的这番肺腑之言，却没有说到刘承祐的心坎里。相反，郭威得到了一个完全出乎意料的结局！

收到郭威的奏折后，刘承祐压根儿就没看，直接给扔了。除此之外，刘承祐还再接再厉，诛杀了郭威所有的家属，以及郭威养子柴荣的所有家人！

在这场血腥的大屠杀中，郭、柴两家数百口，其中有郭威的两个儿子，柴荣的三个儿子，全部丧命！

刘承祐绝对不会想到，他这样做的结果，不仅让郭威彻底绝后，也会彻底改变中国的历史，并为赵匡胤铺上了一条通往胜利的“光明大道”！

当然了，在诛杀了郭、柴两家人后，刘承祐看似断绝了郭威的后路，实际上，他也把自己的后路彻底堵死了！

“刘承祐，算你狠！老子一定要报仇，一定要让你血债血偿！”

乾祐三年（950 年）十一月二十日，悲痛欲绝的郭威在滑州誓师，率领自己所有的部队南下，剑锋直指开封城！

至此，一场惊天动地、改朝换代的大戏，正式上演。

一个新的时代

得知郭威造反后，刘承祐并没有惊慌失措。因为对于他而言，这一切尽在掌握之中！虽然后汉的第一军事强人造反了，但是他的手上还有一张王牌，一位足以制服郭威的王牌！这张王牌，就是后汉大将，刘知远同母异父的兄弟，镇宁军节度使——慕容彦超。

慕容彦超，年龄不详，出生地不详，发迹经历不详。我们唯一知道的是，这是一个男人，而且还是一个留下了三句壮志豪言的男人！

第一句，就是刘承祐亲自来前线犒劳他，问他有没有胜算的时候，但见慕容彦超抬头挺胸，雄赳赳、气昂昂地吼道：“臣必胜！”

听到了这句豪言后，这个年轻的皇帝长吁一口气，然后满意地走了。毕竟身为一国之君，老在前线也不是事，而且还容易让将领们分心。

可惜的是，刘承祐走得太快了，他只要稍微等一下，就能够听到慕容彦超的第二句话，第二句狂得没边的“豪言”了！

“喂（问手下），对面都是些什么人？”

想象一下吧，慕容彦超此言一出，他的部下立马集体吓傻！我的老天呀，咱们马上就要打仗了，你还不知道对手是谁，这还怎么打！

后来，当听说对面的主将，就是大汉第一猛将“郭雀儿”的时候，慕容彦超倒吸了一口凉气。随后，在稍事平复心情后，慕容彦超就喊出了自己第三句“豪言”，也是他的最后一句“豪言”：“给我打！”

好吧，既然您发话了，我们就开打吧。但问题是，我们是真心打不过呀！

仅仅过了半个时辰，这场战斗就以闪电般的速度结束了，快到刘承祐都不知道怎么回事。他就看见慕容彦超率军进攻，然后掉头就跑，狂跑的速度比来的时候还快。仅仅一瞬间，这位仁兄就彻底地不知所踪了。

从此之后，刘承祐再也没看见过这个人。

当然了，刘承祐的一生，也即将凄惨地落幕了。

两天后，即乾祐三年（950 年）十一月二十二日，郭威率军攻陷了开封城。城破之时，刘承祐率领残兵败将逃了出来。结果在开封北郊一个叫赵村的地方，这位皇帝刚刚躲进一个村民屋中，都还没来得及喘口气，一个侍卫就走了过来，一刀下去，然后拿着刘承祐的人头请赏去了……

当看见刘承祐的人头后，所有人的目光都齐刷刷地落在了郭威身上。对于他们而言，该做的事情已经做了，该办的人也死了，而接下来该干的事情，就变得非常简单了：改朝换代，让这个天下从此都姓“郭”！

殊不知，就在这个节骨眼上，郭威却死活不干。除此之外，他还干了一件更加“过分”的事情。

十一月二十三日，郭威只身入宫，去给李太后请安去了！

要知道，反贼给太后请安，而且还是给自己灭门之祸的仇人请安，真是让人无法理解！

当然了，郭威如何阐述自己的“难处”，李太后如何痛骂自己的儿子丧尽天良，说自己教子无方，导致郭威全家死光光的事情，我们就不得而知了。我们唯一知道的就是：在这次会面后，双方秉持着安定团结、冰释前嫌的态度，达成了三个基本共识。

第一，这个天下还姓刘。这是大汉的基本国策，不可违背，不能更改。

第二，国不可一日无君。至于让谁当皇帝，则由文武百官商议，大家举贤纳明，选择明君。一旦登基，不可随意更改。

第三，在新皇帝选出来之前，由郭威代为摄政，一切国家大事由李太后最终拍板。

天塌了！

得知这些消息后，那些造反的武将们直接疯掉了。要知道，我们这么抛头颅、洒热血，就是为了“攀龙鳞、附凤翼”，好好地发一笔横财！如今倒好，大哥说不干就不干了，合着我们这么卖命，就是给他人做嫁衣了，自己啥好处也没有了！

至此，所有的人都一肚子怨言，他们实在想不透郭威到底要干什么。而三天后的那份诏书，更是在他们的头顶狠狠地浇了一盆凉水！

这一天，李太后“昭告”天下，文武百官已经选出了候选人，新皇帝已经诞生，他就是先帝刘知远的弟弟刘崇（登基称帝后，此人改名为“刘旻”）的儿子刘赟。此人即将入京，届时将举行登基大典。

天又塌了！

就在那些武将们面面相觑的时候，郭威又下达了另外一道命令，一条匪夷所思、出乎所有人意料的命令：三军即刻启程，北上讨伐匈奴！

缺了大德了，真是缺了大德了！要知道，我们就是从那里来的，现在又要回去，这是一个什么情况？难道说，我们这样走一趟，就是为了杀一个皇帝，得到“反贼”的头衔？这不是耍我们玩吗？

话虽如此，但是在郭威“不走，就死”的军令下，所有人只能收起自己的怨言慢吞吞地上路了。要知道，我为什么用“慢吞吞”这个词语呢，因为这支部队走得太慢了，简直比蜗牛还慢！

根据史料记载，乾祐三年（950 年）十二月一日，郭威率军离开了开封城，同年十二月十六日，这支部队才慢吞吞地到达澶州城。要知道，就在一个月前，当这支部队从澶州杀回开封的时候，他们才走了一天半！

太慢了，走得实在是太慢了！当然了，士兵们之所以走得这么慢，除了满腹怨言外，他们都需要足够的时间来思考一个问题，好好地想一想自己的前途，以及那个非常不妙的未来。

就在此时，一个姓刘的皇帝已经在上任的途中了，他走得再慢，也能够去开封城登基加冕。而等这个皇帝登基后，傻子都知道他要干什么，肯定是秋后算账，清除余孽了！

算什么账？算前朝皇帝被杀之账；清什么余孽？就是我们这些弑杀皇帝的人！

要知道，郭威有太后罩着，他有一块免死金牌，但是我们呢？我们啥也没有呀！到了那个时候，我们在开封的那些家眷们，肯定第一个倒霉！

除此之外，更让这些士兵气愤的是，作为首犯的郭威，他反而跟没事人一样，天天轻松悠闲地喝茶聊天，仿佛即将发生的一切，都跟自己无关。这个混蛋难道忘记了，当初我们起兵造反时，到底是为了谁？

就这样，在所有将领急躁不安的心情下，郭威眼睁睁地看着他们，一步步把这些人逼到绝境，逼迫他们远离京城，去万里之外找什么混蛋的契丹人打仗！

最后，所有的将领彻底哗变了，他们达成了一个基本的共识：无论如何，也要把郭威拉下水！

就这样，乾祐三年（950 年）十二月二十日，成为一个永载史册的日子。因为在这一天，在这个距离开封不到百里的宋州，历史上那场真真正正、原汁原味的“黄袍加身”大戏，开始正式上演！

这一天，郭威都不知道怎么回事，他就被数万大军团团包围了，而且还听见他们异口同声地喊道：“郭将军，请当我们的皇帝！”

这句话，说出了大家一致的心声，咱们已经“同甘共苦、生死与共”了，就应该有福同享、有难同当，今天咱们就是一根绳子上的蚂蚱，跑不了你也蹦不走我，你想独善其身，还是省省吧！

在数万士兵震天动地的欢呼声中，一个被“黄袍加身”的郭威出现在了众人面前，一个新的皇帝就此诞生！

当然了，在这数万欢呼雀跃的人群中，就有我们的主角赵匡胤。由于是郭威的贴身士兵，他一定近距离目睹了郭威如何黄袍加身，如何登基称帝的整个过程，并在自己的脑海里，留下了极其深刻的印象。

即使十年之后，这个记忆，都依旧如新！

十年前与十年后的唯一的区别就是，在此时此刻这场大戏中，赵匡胤只是一个跑龙套的群众演员，而在十年后的那场大戏中，他就是男一号兼导演了！

十年后的那场大戏，就是历史上赫赫有名、改变历史进程的“陈桥兵变”。

第三章 后周的建立

皇帝是怎么炼成的

宋州政变后，郭威终于成为一个统治万民的皇帝。这是中国历史发展的一个重大转折点，然而，在当时的人眼中，这却是一件再寻常不过的事情，一个根本不值一提的军事政变。

我为什么要这么说？因为，这是中国的五代十国时期，是一个什么都可能发生的时代！

首先，这是一个君臣绝义的时代！

在这个五代十国里，由于国家传位三四代就灭亡，新的国家和皇帝就跟走马灯似的玩命换。所以在这个时代里，大臣侍奉皇帝，不以忠义为原则，反而以一种打工者的心态去工作，只要你给钱，换谁当领导都无所谓。

因此，在这种心态下，臣子侍奉新的君子，并不觉得可耻，反而引以为荣。历经几个朝代而春风得意者，那真是比比皆是，比如官场“第一老油条”冯道。在这种背景下，只要你有能力跟手段，颠覆国家也就是弹指一挥间的事情，并可以轻易获得所有人的心。

那么，问题来了，郭威为什么不在杀掉刘承祐后，一举入主中原，登基称帝呢？

这个问题的答案，则涉及这个时代另外一个奇特的背景了：这是一个枪杆子里出政权的时代！

从大唐的安史之乱时期起，天下藩镇割据，自立为王，嚣张跋扈，不听调遣，天下也就此瓦解。而这个五代十国，只不过是这段历史的延续和升级而已。

在这个时代里，没有任何的宗教礼数、君臣情谊，这是一个完全以武力定胜负的时代。只要你拥有足够的力量，你就是这个世界唯一的主宰！

按照当时很流行的一句话，这个世界的本质，应该是这样子的："天子，宁有种耶？兵强马壮者为之尔！"

所谓的天子，就是拥有绝对军事力量的人；谁能够掌握枪，谁就是王！至于那些皇室血统的人，统统一边站！

这，就是那个时代所有人的心声。

当然了，虽然这句话没有错，然而，这里却有一个根本无法解决的问题：

在这个时代里，如何控制那些强悍的部下，让他们乖乖听话，进而服从自己，则成为一门高深的学问，更是每位皇帝的必修课。

试想一下，在那个兵强马壮、将骄弑主的时代里，如果郭威第一时间登基称帝，他对自己的军队以及那些听命于自己的部下，会产生什么样的感觉呢？

依赖，百分之百的依赖，且绝没有第二种心理变化。

到了那个时候，当郭威的兵马知道了自己的"重要性"以及在君主心目中的地位后，他们接下来要干的事情，就是漫天要价，开始胁迫君主了。而到了那个时候，迫于各种压力，郭威唯一能干的事情，也就是妥协认栽了。

妥协认栽后的结果呢？政令不行、威严不再、人心不服，再加上反扑的刘氏家族，郭威除了死无葬身之地外，他还有第二条道路吗？所以，对于郭威而言，他必须先安抚刘氏集团，再慢慢缓解内部矛盾，最后让这些士兵想明白了，你们到底为谁而战！

所以，郭威就以北上抗击匈奴为借口，慢吞吞地带领着士兵出征，看着他们焦躁不安，看着他们狂躁不断。最后，让这些士兵一而再、再而三地"强迫"自己当领袖，这才勉为其难，登基加冕。

要知道，只有这样，郭威的士兵才能恍然大悟，知道谁才是他们真正的主宰，最后在没有任何的利益驱使下，为郭威拼命，完成郭威自己的最终目的。

等于郭威让所有人签了一份“投名状”，让大家都上了自己的贼船，并且再也下不来了。

高，实在是高。

可见，不按常理出牌的人，可怕；而自己创建游戏规则的人，更加让人畏惧！

在这个方面，赵匡胤不过是一个跟随者，他并不是一个创造者。

书归正传，在宋州黄袍加身后，郭威立刻掉转马头，开始率军返回开封城。至于那些契丹人，还是下回再说吧，我们还有更重要的事情，去把那些没有干完的活儿，彻底干完！

在班师回朝期间，郭威没有忘记那位即将登基称帝的皇帝。为了消除这个竞争对手，他立刻派遣了700精锐骑兵去“保护”刘赟，并把他“保护”到了地狱里。

好吧，唯一的候补皇帝没有了，在这个天地之间，就剩下一个裹着黄袍的人了。

当年十二月二十五日，自知大势已去后，李太后立刻见风使舵，她对外宣布：之前的协议作废，大家随我一起磕头，拥立郭威为皇帝。

看来，这个女人也不傻。

就这样，广顺元年（951年）正月丁卯日，郭威穿上了真正的龙袍，登基称帝，国号“大周”，定都汴京（开封），改元广顺，史称后周。

广顺元年（951年），郭威论功行赏，大封天下。赵匡胤被提拔为禁军东西班行首，也就是禁军部队里的一个小班长。他开始光荣地负责皇宫安全，天天排班站岗。

升官了，虽然官职不大，但大小也是一个官员了。从此之后，赵匡胤终于可以风风光光地衣锦还乡了。在家里受了什么委屈，他也可以找人出气了。毕竟他的手下，还有十几个小兵呢。

当然了，此时此刻的赵匡胤根本不知道，历史这个导演，它已经迫不及待地要让赵匡胤登上更绚丽的舞台了。

广顺三年（953年）十二月，郭威因病去世，享年50岁。由于没有子嗣（被刘承祐杀光了），唯一的养子柴荣登基称帝，史称周世宗。

当然，那位跟柴荣一起扛过枪、一起喝过酒，于战火中结交，于战斗中一起成长，关系铁得不能再铁的赵匡胤，开始了“大鹏一日同风起，扶摇直上九万里”，踏上了一条如火箭般的升迁之路。

短短三年，赵匡胤就从一个普普通通的保安班长，晋级为滑州副指挥使，再晋级为开封府马直军使，最后晋级为禁军将领。三个步骤一气呵成，三年完成了老爹赵弘殷四十年的晋级之路。真是长江后浪推前浪，直接把老爹拍死在了沙滩上。

当然了，自古有云：拿人钱财，替人消灾！柴荣平白无故给了赵匡胤这么多金银财宝、高官厚禄，其实原因非常简单，他就是让赵匡胤去奋勇杀敌，好好地替自己卖命！

原来，就在柴荣登基的那个月，那个后周的死敌，有“杀子之仇、夺国之恨”的北汉国主刘崇，他就率领五万铁骑，第一时间杀奔了过来！

那么，这个北汉国主刘崇，他是何许人也？那个所谓的“杀子之仇、夺国之恨”，又是怎么一回事呢？

高平之战

北汉与后周之间的这场战争，是一场早晚要打的战役。

咱们前面讲过，当郭威攻陷开封，杀了刘承祐后，他并没有第一时间登基称帝，而是安抚刘氏家族，在一番大规模的海选 PK 后，郭威尊奉刘崇的儿子刘赟为皇帝。

得到这个振奋人心的消息后，刘崇心花怒放，喜悦之情溢于言表！因为不费一刀一枪，他的儿子就变成了皇帝，而他自己，也变成了太上皇！

这普天之下，还有比这更让人高兴的事情？

于是，这个利欲熏心、意满志昏的刘崇，第一时间打发儿子上路，唯恐夜长梦多，煮熟的鸭子飞了。

结果，面对那至高无上的皇位，刘赟跑得这叫一个快，他一路狂奔，最后直接狂奔到了阴曹地府里。

儿子无辜被郭威杀了，自己被他狠狠地涮了一顿，您要是刘崇，您也得急眼！

被彻底涮了一把后，刘崇出奇地愤怒了。当然了，他的第一反应不是去报仇，而是立刻抬高自己的政治地位，至少要跟仇人郭威平起平坐。

老子不当太上皇了，我也要当皇帝！

951年，在郭威称帝后，刘崇立刻颁布诏书，他不承认后周这个“伪政权”王朝，而是继续延续“后汉”的国号，建立了自己的“大汉”王朝！

可惜的是，历史就是这样搞笑和无情，为了区别刘崇和刘知远的汉朝，我们称这个汉为“北汉”。

当然了，虽然建立了一个王朝，但是刘崇自己清楚，北汉这个王朝先天不足，以自己老巢山西太原为中心，也就区区十二个州的土地。面对后周这个庞然大物（接近一百个州），这根本就是螳臂当车，不自量力。

那么，如何让北汉强大起来，替自己的儿子报仇雪恨呢？

最后，无计可施、完全彷徨无助的刘崇，终于像当年石敬瑭一样，走上了一条“割让土地、丧权辱国、连接外狄”的不归路。

契丹，还得求救于契丹。虽然此时此刻，这个政权已经换了一个名字，我们应该称它为“大辽”了！

为了得到大辽的资助，刘崇立刻给辽国皇帝耶律述律写信乞援，并一再保证，当年后晋石敬瑭开出了什么条件，我也决不含糊，一律照办。

侄皇帝致书于叔天授皇帝，请行册礼，告以周使田敏来，约岁输钱十万缗……

——《资治通鉴·后周纪一》

看见没有，刘崇什么条件都答应，唯独认爹这一条，绝对不行！

好吧，既然你有这样的觉悟，耶律述律也就认了，毕竟不是所有的人，都能像石敬瑭那样不要脸。虽然一个“亲儿子”没了，但是多了一个“亲侄子”，这笔买卖还算划算。

就这样，大辽与后汉互通国书，结为“叔侄之国”。刘崇称辽帝为叔，自称“侄皇帝”，而辽国册封刘崇为“大汉神武”皇帝，多次资助，一起讨伐后周这个“叛逆之国”。

郭威活着的时候，刘崇虽然多次进攻，但碍于后周强大的军事力量，还是以防守为主，在依附匈奴的同时，时刻寻找着复仇的机会。

广顺三年（953 年）十二月，刘崇复仇的机会，终于来到了！

这一年，郭威去世，柴荣登基，后周进行了一次“资源重组”。面对这个千载难逢的机会，刘崇立刻联合一直觊觎中原的契丹，集结 5 万大军（契丹出 2 万），咆哮着奔开封城而来！

至此，柴荣这位刚刚登基一个月的皇帝，面临了人生中的第一次危机。而在这个严峻的局面下，这位刚刚 31 岁的年轻皇帝，却表现出来了前所未有的自信与从容！

“朕意已决，御驾亲征，讨伐奸孽！”

此言一出，满朝震惊，以冯道为首的那些官场老油条们，坚决反对皇帝御驾亲征。当然了，这些人给出的理由，也非常合情合理，让人无懈可击。

首先，王朝交替的时候，正是最敏感的时期。这个时候皇帝出京，很容易使人心动摇、社稷不稳，因此不宜御驾亲征。

其次，五代十国这个时代，是一个保全自己、君臣无义、有奶便是娘的时代。在这个时代里，那些卖主求荣、临阵倒戈的事情，简直比比皆是。要是皇帝御驾亲征后，万一遭到了大臣反叛，那后果简直不堪设想。

最后，冯道告诉这位年轻的皇帝，刘崇不过是一个“志大智小、色厉胆薄”的小人，收拾这样的家伙，杀鸡焉用牛刀？皇帝实在没必要御驾亲征，您只需坐镇京城，随便派一个将领迎敌即可。

当然了，冯道的这第三个意见，完全是给了皇帝一个台阶，让柴荣好就此就坡下驴。但是，冯道的前两个意见，却是不争的事实，也是摆在柴荣面前的，两个实实在在的最大隐患。

然而，即使危机重重，即便隐患不断，柴荣还是不改自己的初衷，他还是执意坚持自己的意见：“朕意已决，御驾亲征，讨伐奸孽！”

您这是怎么了，是吃了什么秤砣，怎么就这么死心不改呢？

原来，这个原因非常简单，对于这位刚刚登基的皇帝而言，他比谁都清楚明白：谁，才是他真正的敌人！

这个不共戴天的死敌，不是那个姓刘的窝囊废，而是这满朝的文武百官！

要知道，就在一个月前，这些人还臣服在郭威的脚下，但是仅仅过了一个月，这些人却要跪拜一个没有一丝一毫威望和军功的人，这让他们情何以堪，怎么不会满肚怨言。

对于柴荣而言，由于自己资历尚浅，没有一个将领愿意听命于他，柴荣唯一的办法，就是建立自己的威望，只有这样，他才能威慑群臣，让这些家伙听命于自己！

然而，这个矛盾点也正在于此。

要知道，“威望”这个玩意儿，是这个世界上最神奇的东西，它没法用钱去买，更不能用刀子去恐吓、去征服；唯一获得“威望”的办法，就是干别人不能干的事情，想别人不敢想的事情，并获得空前的成功，让所有的人都彻底信服自己！

因此，为了威望，亲手击败北汉这个强敌，让所有人都信服、崇拜自己，才是柴荣御驾亲征的根本原因！

就这样，在这群老家伙不屑或者是鄙视的聒噪声中，柴荣带着自己一大批刚刚提拔的青年将领，毅然决然地御驾亲征了。

在这些年轻的将领中，就包括本书的主人公——赵匡胤；而他们开赴的决战地点，就是泽州境内的高平县（今山西高平）。

在这里，后周与北汉展开了一场大战，史称“高平之战”。

初露锋芒

由于周世宗柴荣亲自督战，所以在战争的初始阶段，后周的军队还是很有优势的。后来，随着时间的流逝，北汉的部队抵挡住了后周的进攻，再加上契丹骑兵的突然出现，他们将战局慢慢地扭转了过来。

虽然失去了先机，但是后周的部队并没有处于劣势，最差也是一个“五五开”的局面。然而，就在这个瞬息万变的战场上，后周军中却突然传出了一声声“万岁”的怒吼，直接让后周皇帝柴荣不敢相信自己的眼睛，更无法释怀！

原来，发出这一声声“万岁”的后周军，不是在向皇帝柴荣呼叫求援，而是在向北汉的皇帝欢舞雀跃，请求这位新主的赦免！

投降了！后周的部队投降了！刚刚受到一点点的挫折，后周指挥使樊爱能、何徽，就临阵退缩，直接率领右路军投降了！

在目睹了右路军全线崩溃后，柴荣欲哭无泪，自己的那点儿威望，那点儿军功，是多么地渺小和可怜。这就是五代十国的“特色”，士兵只会效忠真正的皇帝，而不会效忠一个乳臭味干的小屁孩。

此时的柴荣，就是那个乳臭未干的小屁孩！

怎么办？怎么办？怎么办？右路大军已经全线崩溃了，后周士气完全受损。更可怕的是，由于右翼的临阵倒戈，柴荣已经完全暴露在了敌人的火力之下。他已经能看见敌人手中明晃晃的刀剑，以及那些对着自己的贪婪眼神！

失败了，大军彻底失败了，对于柴荣而言，自己寸功未立，还变成了一个金灿灿的猪头，如果现在不撤退的话，自己就将变成敌人下半辈子的“本钱”了。也许，柴荣身边那些现在还“誓死效忠”的将领们，他们已经打算这么干了！

好吧，留得青山在，不怕没柴烧，暂时撤退吧……

殊不知，就在这个时候，柴荣身边的一个年轻将领却大喊道：“国家生死存亡，就在于此！主上如此危险，我等岂能不卖命！”

说完，这个年轻将领挥舞着一根盘龙棍，率领自己麾下的1000铁骑，就这样杀奔了出来！

这位“挽狂澜于既倒，扶大厦之将倾”的将领，不是别人，正是赵匡胤！

由于赵匡胤一马当先、身先士卒，他麾下的将士无不勇气倍增，拼死决战。一时间，这1000骑兵如入无人之境，左右厮杀，数万敌军无人敢挡，无人敢阻，皆无可奈何。

看见本方出了这么一个“猛男”后，后周士气为之大振，大家皆奋勇杀敌，开始了潮水般的逆袭！

根据史书记载，这位杀红了眼的赵匡胤，突破了层层的重围，直接杀到了北汉皇帝刘崇那里。

虽然此时此刻，在经过了一番殊死搏杀后，赵匡胤的身边只有区区五十个骑兵，而且他的左臂还挂了彩。但是，整个战场的人都看见了，面对这五十个残兵败将，北汉的主营在缓缓地后退！

没有比这更让人泄气的事情了！在众目睽睽之下，北汉的皇帝刘崇用实际行动告诉了大家，自己就是一个怕死的软蛋！面对这孤身闯营，已经九死一生的赵匡胤，这个胆小鬼的第一反应是：先逃，后战。

至此，北汉军的士气跌倒了冰点。就跟先前的后周大军一样，新一轮的“万岁”之声开始响彻云霄、振聋发聩。只不过，这次喊“万岁”的人，则是不愿意效忠“软蛋”的北汉部队。

当然了，对于自己部队的这种表现，深知“游戏规则”的刘崇也毫无办法，他只能率领自己的残兵败将，不甘心地撤退了。

刘崇撤退后，柴荣也鸣金收兵了。毕竟今天是险胜，而且归师勿掩、穷寇勿追，把兔子逼急了，它还会咬人呢，何况还有契丹这只大藏獒！

那么，这里有一个问题，就在赵匡胤殊死血战的时候，那些契丹人在干什么，他们为什么不来参战呢？

原来，这都是刘崇自己“作死”的结果。

在第一轮的“万岁”之声后，刘崇觉得自己俨然已经大获全胜了，再让契丹人“出力分红”，这笔买卖就太不划算了。于是，刘崇信心满满地告诉契丹人：“战争已经结束了，你们契丹人可以休息了，那里有一个山坡，你们去那里睡觉观战吧。”

结果呢，就在这个山坡上，契丹人就这样默默地看着，看着一支部队突破北汉大军的层层包围，看着北汉大营的节节后退。最后，在听完了新一轮的“万岁”之声，在目睹北汉部队的全线溃败后，这些契丹人就点齐了人马，人家偷偷摸摸地回国去了。

“不作死，就不会死”，这真是一句至理名言！

至此，这场在历史上并不起眼、仅仅持续了一天的高平之战，就以后周的险胜、北汉的惨败而告终。

刘崇经历了这么一场惨败后，他的精神受到了严重的打击，结果呢，刘崇越想越愤怒，越想越生气，就这么憋屈死了。

乾祐九年，即公元956年，北汉开国皇帝刘崇驾崩，葬于交城北山，庙号世祖。同年，其子刘承钧即位，改名为刘钧，史称北汉睿宗。

至此，刘崇与郭威那点恩怨，终于都尘归尘、土归土，到那个世界里算去了。

当然了，一场高平之战，导致了一位君主的驾崩，这绝对是一件极其重大的事情。然而，对于这场战争本身的意义以及对五代十国的影响，已经不是史学家讨论的范围了。

因为，这场战争对一个人的意义，以及对中国未来三百多年的影响，要比这些大得多得多！根据《宋史》记载：高平之战，乃太祖皇帝肇基之始！

此时此刻，由于在高平一战成名，赵匡胤得到了柴荣的恩宠，他一举成为周世宗的心腹爱将，还在后周的军中，建立了自己的威望，并最终成为一颗最璀璨夺目的将星！

由于成为所有人的焦点，无数的人都慕名而来，这些人包括杨光义、石守信、李继勋、王审琦、刘庆义、刘守忠、刘廷让、韩重赟、王政忠等。

这些人将成为赵匡胤的左膀右臂，组成一个“义社十兄弟”的集团，与他一起南征北战，统一天下。并在未来的岁月里，他们让“大哥”黄袍加身，成为一个国家的开国之君！

至此，在这个历史的长河里，这位刚刚年满 28 岁的赵匡胤，他已经得到了足够的机遇，获得了足够的力量。他即将展翅高飞，开始创造自己波澜壮阔、叱咤风云的一生了！

那么，在后周世宗柴荣的统治下，赵匡胤又将干出什么样的事情，立下哪些奇功呢？

这个时代的背景

根据史料记载，如果说周世宗柴荣是五代十国第一个明君，也绝不为过。

柴荣在位期间，他整顿军队、革新禁军、提拔优秀将领、安抚各地百姓、兴修水利、治理河患、缓解各种社会矛盾，最后让全国“为政清肃、盗不犯境、吏民赖之……”

当然了，在励精图治的同时，柴荣还是一个拥有宏伟抱负的皇帝，在他的脑海里，一直有一个梦，一个持续了整整五十多年，历经了整整五个朝代，也没有一个人实现的梦：统一天下！

这里，我们简单地介绍一下，看看这个所谓的五代十国，到底是一段什么样的历史。

故事有点长，从很久很久以前说起吧。

话说公元 755 年，在那个大唐盛世的时代里，一个白胖子为了自己的一己私欲，发动了一场为期八年的大叛乱，史称“安史之乱”。

虽然这场叛乱最终被大唐王朝平复了，但是在这之后，这个在历史上活蹦乱跳的大唐王朝，因摔了这么一个大跟头，伤筋动骨，彻底骨折，直到咽气的那一天，都没有从医院走出来……

在平定安史之乱的过程中，唐王朝因为长期用兵，国库紧张，所以到了最后，唐王朝只能采取一种息事宁人的办法，即对叛军、降将进行各种的妥协、退让。

只要你肯投降，高官厚禄、金银珠宝、佳丽美人，咱们一切都好商量！

就这样，在这种政策下，只要这些叛军名义上服从朝廷，朝廷就任命他们为节度使。至此，这些原来的安、史部将们，摇身一变，成了唐朝地方的藩镇之王。

除此之外，在平乱的过程中，有一些节度使还乘机扩充实力，在叛乱平定后保持了半独立状态。而在节度使的继承上，这些人让自己的儿子继承，或由大将代劳，朝廷根本无法过问，也无能为力。唐朝只能采取姑息政策，任由他们自己发展，最后变成了一个个风水不透、拥兵数万的“国中之国”。

至此，在大唐王朝的版图上，出现了无数的藩镇势力，造成了割据一方的严重局面，史称“藩镇割据”。

这个局面，就是五代十国的前身与背景。

唐朝灭亡后，这些节度使们相继登基称帝。自朱温建立了梁朝后，李存勖又把朱氏一族连根拔起，建立了唐朝，只不过，这个唐朝要加上一个“后”字。

后唐庄宗李存勖死后，后唐明宗李嗣源登基即位。这位皇帝除了治理国家外，还没事拜拜天、求求地，并许下了一个美好的愿望：“某番人也，遇世乱为众推戴，事不获已，愿上天早生圣人，与百姓为主。”

就是说：苍天啊，大地啊，俺就是一个农民土包子呀。因为被人强迫，所以俺才当了皇帝呀。这可不是俺自己的心愿呀。愿上天赶紧降下一个圣人，给百姓们当家做主呀。

你还别说，李嗣源的这番祈祷，老天爷真的听见了，还让他“梦想成真”了。就在他统治期间，后唐天成二年（927 年）二月十六日，圣人居然真的从天而降了。

这一天，就在离皇宫不远的夹马营里，赵匡胤呱呱坠地了。

后来，在李嗣源的统治下，后唐连续八年风调雨顺、国泰民安，小小的赵匡胤也度过了自己美好的童年。等到赵匡胤九岁的时候，李嗣源的儿子李从厚登基即位。这位新的皇帝上台后的第一件事情，就是颁布了一道圣旨，让自己的弟弟李从珂搬家。

要知道，在当时的那个时代里，皇帝如果要节度使搬家，其潜台词就三个字：你去死。因为，一旦节度使离开了自己的领地，就等于失去了自己的武装力量，还有可能在途中被人黑一下。

因此，对于李从珂而言，与其死得这么糊里糊涂，不如明刀明枪地干一票，也算是风风光光地走了一遭。

后唐应顺元年(934年)，李从珂宣布造反，其造反规模之大，涉及人数之多，连皇帝李从厚本人也不能幸免。然而，在这么大规模的“流血事件”中，赵弘殷一家就跟没事人似的，毫发无伤。赵弘殷还在新皇帝那里找了一个官职，后来还升了官。

不管怎样，在这种血雨腥风的背景下，赵匡胤仍然在平安地长大。幼小的赵匡胤根本不知道，在他十岁那年，即公元936年时，这里爆发了一件非常重要的事情。

这件事情涉及规模之广、危害之大，不仅成为赵匡胤一生的难题，也成为他子子孙孙永远的任务，一直延续了319年。

这一年，河东节度使石敬瑭宣布造反，他不仅认贼作父，投靠了塞外民族契丹，而且在叫对方“亲爸爸”的同时，割让了中华民族赖以生存的燕云十六州。

所谓的燕云十六州，即：幽（北京）、蓟（蓟县）、瀛（河间）、莫（任丘）、涿（涿州）、檀（密云）、顺（顺义）、新（涿鹿）、妫（怀来）、儒（延庆）、武（宣化）、蔚（蔚县）、云（大同）、应（应县）、寰（朔县）、朔（朔县）这十六州。

当然了，这十六州的具体位置，以及它们的规模，您全都不用管，只记住一点就行了：在这次卖国求荣中，石敬瑭不仅割让了燕云十六州的土地，他还割让了中原王朝赖以生存的生命屏障——万里长城。

这就完了！

万里长城的重要性

在冷兵器时期，这道万里长城，成为游牧民族和农耕民族的一条分界线。如果没有这道长城的保护，面对游牧民族入侵的时候，中原王朝就要付出更加巨大的代价，甚至是亡国之痛。

翻开地图就知道，中原王朝赖以生存的两河流域全是平原，适合耕种，但不适合作战，可以说根本无险可守。唯有北面的太行山、军都山、燕山这些山脉，才能作为抵挡游牧民族的屏障。而伟大的万里长城，就是沿着这些山脉修建而成的。

长城以外的地方，全是游牧民族的居住地，比如匈奴、契丹、女真、辽、金、元，还有清。一旦那些塞外的游牧民族突破了长城，会造成什么样的影响呢？

整个华北平原将无险可守，游牧民族的部队将纵横天下，所向披靡。

你可能会问，可以防御呀？

怎么防御？如何防御？游牧民族的主要部队是骑兵，而中原正统王朝的主要部队是步兵。假设一下，如果没有长城的保护，这将意味着在千里平原上，中原王朝将用自己的血肉之躯筑起新的长城，直接用步兵去抵御对手骑兵的攻击。要知道，这不是什么可歌可泣的感人故事，而是嫌自己活得太长了！

除了长城以外，华北平原无险可守。不要去指望那条黄河，那条河天天发水灾不说，冬天还会结冰。寒冬腊月的时候，那些游牧民族骑着马，滑着冰就过来了。

北宋就是因为没有长城的保护，才会被敌人那么欺负，最终亡了国。所以一旦长城被攻陷，中国只能以长江为起点，重新构筑第二条防线。这也就构成了南北两个中国的格局。不管是三国争霸，还是南北两朝和北宋、南宋，皆如此。

因此，长城关系到整个中华民族的存活，它的重要性不言而喻。它为中原民族的发展和延续，做出了自己巨大的贡献。

可是，推翻了后唐，后晋高祖石敬瑭就这样把长城拱手相让了！

六年后，即942年，石敬瑭驾鹤西去。他的侄子石重贵继承皇位，史称“后晋少帝”，也称“后晋末帝”。

为了巩固自己的地位，以及妥善处理跟盟国契丹的关系，石重贵在登基称帝后，先后颁布了三道圣旨：

第一，在称呼问题上，石重贵只称“臣”，不称“孙”。这个人比他爸爸有骨气，他不承认契丹这个“亲爷爷”。

第二，在利益问题上，石重贵要求修改当年的协议，重新恢复公平、平等的原则。后来，在无法求同存异下，石重贵索性单方面断绝了与契丹的贸易，并把契丹的商人全部抓了起来。

第三，在尊严问题上，为了给自己的祖先雪耻，并重温当年中原王朝横扫天下的雄风，石重贵毅然决然地下旨：讨伐契丹，生擒德光者，擢升节度使！

这一下子，这位被“悬赏”的契丹皇帝耶律德光，终于被激怒了……

947年，在经过了三次南下亲征后，契丹攻陷了开封城，他们俘虏了石重贵，后晋也随之灭亡。

这一年，赵匡胤20岁。

后面的故事，则跟前面接上了，契丹灭亡了后晋，耶律德光准备顺势统一中原，无奈水土不服，再加上中原人们的强烈反抗，最终，耶律德光只能退回草原，并死在了路上。

契丹退兵后，开运四年（947年）六月三日，幽州招讨使刘知远进驻开封。他登基称帝，改国号为“大汉”，史称“后汉”。而在这一年中，赵匡胤离开了家门，开始了艰苦的流浪之旅。

在这王朝交替的过程中，中国还先后出现了十个割据一方、自立为王、不听中央管理的国家，我们称之为“十国”，或者称之为“十一国”。

这些国家分别是：吴、南唐、吴越、楚、前蜀、后蜀、南汉、南平（荆南）、闽、北汉。

在这十国中，有史学家们认为，“北汉”是正统王朝“后汉”的延伸，就跟北宋、南宋的关系一样，因此不能称之为“国”。如果把它删除了，就是“五代九国”。

后来，不算北汉，加上中国北面的一个“桀燕帝国”和中国西部的“西岐帝国”，这就是现在沸沸扬扬的最新解释——五代十一国。

当然了，不管这些国家是九个，还是十个，甚至是十一个，我就不在这里一一介绍了，反正在后面的历史中，这些国家都会一一浮现出来。

至此，五代十国的历史，暂时告一段落。那么接下来，就是要在这个错综复杂的迷局里，找到那唯一制胜的钥匙，去解决这些难题，并完成那最终的目标了——统一天下！

为了找到这把制胜的钥匙，显德二年（955 年）四月，周世宗柴荣举行了一场大规模的考试，其中的一道题目，就叫作“平边策”。

第四章 霸业的开始

统一天下的决策

要知道，周世宗出这么一道题目，就是在显露自己的野心，寻求一个统一天下的大政方略，决定先对哪个政权用兵。

然而，这些文人意气的迂腐之子，怎能领悟到皇帝的苦衷。这些上交的文章，全都是大讲什么“广纳善言、明修政治、内练武功”的政策，让国家富强起来，最后让所有国家纷纷臣服等等……

这些办法可行吗?

从理论上讲：行！但是，从实际上讲，不行！

按照当年商鞅的说法，这些政策属于“王道”和“帝道”，它们需要长时间的不断积累，甚至好几代人的不断努力，才能够最终成功。所以，对于需要短时间见效、崇尚“霸道”的柴荣而言，这些文章除了让他哈欠连天、昏昏欲睡外，就是一堆废纸，没有一丁点儿的作用。

然而，在这堆废纸中，一篇文章，却切中了要害。这篇文章提供了一个“先南后北”的战略方案，让周世宗眼前一亮！

后来，在仔仔细细读完这篇文章后，周世宗立刻召来了写这篇文章的人，这个人侃侃而谈，向周世宗详细讲述了自己先南后北的统一天下的“三步方案”。

第一步，收拾南方第一强国——南唐。

在南方的所有国家里，南唐的实力最强，也最为富庶，所以首先要消灭它。如果把它消灭了，则更远一带的福建，广东一带的荆南、南汉、吴楚等国，全都会不战而破、望风而降。

这个原因很简单，由于远离中原，且地广人稀，所以那里的人民很有“自知之明”，对于逐鹿中原这件事情，人家基本上就是看戏。且从秦始皇时期起，他们就一直在看戏了。

第二步，兵发后蜀，夺取两川。

如果收复了南方，则完全可以从荆州出兵，沿着当年刘备的进军路线，剑指成都，夺取四川。如果得到了这个“天府之国”，那沃野千里的物产、雄兵百万的大军，都可以成为后周强大的资产。到了那个时候，我们才有足够的本钱，去和那个最终的敌人开战。

第三步，出兵大辽，夺取燕云十六州，还我中原大好河山。

在中国的历史上，没有长城保护的王朝，是不可能长治久安的。所以，当平定了南方，统一了整个中原后，我们要挥师北上，直接跟契丹开战，收复我华夏民族赖以生存的燕云十六州以及那万里长城。届时，天下席卷可平，再现我汉唐盛世之景！

要知道，王朴的这番话，正是周世宗柴荣梦寐以求的宏伟蓝图。当听完这番话后，柴荣立刻从龙座上走了下来，他拉着这个书生的手，异常激动地说道：“原来你才是我要找的人才呀！”

对于这句话，当时所有的人，包括赵匡胤在内，都没有一个人提出任何的质疑，并牢牢地印在了脑海里。

因为这个人，就是后周的第一名相——王朴。

说到这里，我们不禁要问了，王朴，他到底有多厉害呢？

二十年之后，当赵匡胤已经黄袍加身，成为一个王朝太祖的时候，每次他看见王朴的画像时，都要肃立不动，整理御袍，鞠躬参拜，并念念有词道：“倘此人在，朕不得着此袍。”

单凭这句话，您自己想吧，王朴有多么地厉害！

可惜的是，王朴虽然很厉害，但是在历史的长河里，王朴却是一颗流星。他瞬间一飞冲天，璀璨整个夜空，让所有的恒星为之失色，然后突然消失在这历史的天河里，只留下那无限的感叹与追忆。

好吧，不管怎样，王朴从这一刻起，在历史导演的安排下，两个人的手紧紧地握在了一起。他们意气风发、议古论今、畅所欲言，共同勾画着自己美好的未来。

至此，后周终于迈出了自己坚实有力的第一步，开始了统一天下的脚步。

显德二年（955 年）四月，统一天下的第一场战争，正式打响！

天生将才

虽然柴荣接受了王朴的建议，决定按照南唐、南汉、后蜀、契丹、北汉的顺序去统一天下，但是这统一天下的第一场战争，是要发兵后蜀，收复被后蜀占领的秦（今甘肃秦安）、凤（今陕西凤县）、成（今甘肃成县）、阶（今甘肃武都）这四州。

当然了，柴荣之所以发兵四州，并不是脑袋发热的结果，而是他深思熟虑的计谋，并有两个重大的意义：

第一，皇家禁军刚刚重组完成，拿他们来这里练练兵，看看实战的效果。

第二，收复这四州，不仅可以打击后蜀的势力，更可以消除自己的隐患。

但凡熟读过《三国演义》的人都知道，无论是诸葛亮死磕司马懿，还是邓艾与姜维火拼，他们交战的地方，大致都发生在四州这里。由此可见，四州地理位置极其重要，无论是入川还是出蜀，这四州都是兵家必争之地。

鉴于这个原因，柴荣要在讨伐南唐前，先拔去这四根芒刺，并且彻底堵死后蜀进攻中原的道路，让自己再无后顾无忧。

这四州乃是兵家必争之地，后蜀自然要派重兵镇守。虽然后周军取得了一系列的战斗胜利，但是随着时间的流逝，后蜀源源不断的援军到来，这场战争最终成为一场“拉锯战”，鬼才知道什么时候会完。

至此，战争打到了这个分儿上，那些反对这场战争的人，就开始出来胡乱

“灌水”了。而对于这些反对自己的人，柴荣虽然恨得咬牙切齿，但也无计可施。因为总不能把他们全都剐了，让自己变成一个孤家寡人吧！

最后，一意孤行的皇帝与这些反对的大臣们，终于达成了一个协议，派一个人去前线转一圈，摸摸底、观观战，最后由他决定，这场战役还能不能继续干！

那么，选谁呢？谁去背这个超级大黑锅，成为所有矛盾的中心点呢？

这个人就是：赵匡胤。

要知道，这可是一件极其费力不讨好的事情，赵匡胤只要一句话没有说对，这个毫无资历的小子就会瞬间玩儿完！

因此，只要稍微有点儿头脑的人，都不会去蹚这池子浑水，要是实在推脱不掉，大不了当众从马上摔下来，然后痛苦地告诉大家：“对不起，我脚崴了，改日再出战！”

然而，出乎所有人的意料，赵匡胤不仅第一时间就出发了，他还书写了一份详细的作战笔记，并且信誓旦旦地告诉周世宗：“给我几个月，这四州就能全部搞定！”

要知道，赵匡胤的这个建议，可以说是相当凶险。因为他主张继续战斗，虽然会得到皇帝的赏识，但也站在了群臣的对立面。万一赵匡胤打不赢，后果不堪设想，最终可能被抄家，掉脑袋！

然而，强者永远抓得住机会。经过了六年多的耳濡目染，赵匡胤在郭威的身边不断学习着、提高着。在这位伟人的教导下，即使赵匡胤没有读过多少兵书，他也是天生的将才！

人各有命，自有上天来定；天生将才，自能无师自通！

想想吧，中国历史上那些杰出的将领，从横扫半个地球的成吉思汗到农民出身的朱元璋、游牧大漠的努尔哈赤，他们谁是天生的将才？一群连字都不认识的人，还不是一样把对手揍得丢盔弃甲、苦不堪言？

所以，毋庸置疑，赵匡胤就是一个天生的将才，他敢说能攻破这四州，就一定会这么干。

在短短三个月内，赵匡胤首先攻陷了凤州，掐住了四州的咽喉，然后攻陷了孤立的秦州。随后，另外两州守将望风而逃。赵匡胤至此不战而胜，履行了自己的誓言。

至此，经过了这场“四州之战”后，这个在所有人眼中嗜血成性、只会逞匹夫之勇的赵匡胤，摇身一变，成为一名满腹谋略、能够独当一面的将才了！而收复了四州之后，柴荣终于能够腾出手来，开始集结重兵，准备实现自己的最终梦想了！

后周显德二年（955年）十一月，周世宗征发宋州、亳州、徐州、宿州、许州、蔡州、陈州等地数十万青壮少年，从开封出发，剑锋直指南唐门户——寿州城。

至此，后周统一天下的战役，正式拉开了帷幕！

南唐的那些事

南唐（937—975年），属于五代十国的十国之一，定都金陵，历时39年，有先主李昪、中主李璟和后主李煜三位帝王。

南唐一朝，最盛时幅员35个州，横跨了今天的江西全省，以及安徽、江苏、福建、湖北、湖南等省的一部分。其最辉煌的时候，总人口约500万，其繁华富庶的财富，是后周的数倍。

从某种意义上讲，当时的南唐，才是中国最强的一个国家。这个国家的缔造者，就是那位神奇的君主——李昪。

说到这位南唐开国的祖皇帝李昪，这个话可太多了。毫不夸张地说，如果此人不死，柴荣敢不敢南下称雄，这个都不好讲。甚至可以说，如果李昪生逢其时的话，也许这个天下早就是他的囊中之物了。

那么，这到底是一位怎么样的皇帝呢？

话说，在这片土地还姓“吴”的时候，吴国大名鼎鼎的帝王，就是那位号称“十国第一帝”的吴武帝杨行密。

当年，杨行密南征北战时，他率军攻陷了濠州，并在这里得到了一件意外的礼物。

这个礼物，就是一个长得极其漂亮，一双大眼睛水汪汪、亮晶晶、忽闪忽闪的六岁小和尚。这一下子，杨行密这叫一个喜欢呀，他就把这个叫作“彭奴”的小和尚带回了宫，并收为自己的养子。

这样看来，濠州，也就是今天凤阳地方，真是擅长出和尚呀！

当然了，对于杨行密的儿子们而言，凭空出现了一个分家产的，自己的股份越来越少，这让他们情何以堪？于是，在这些亲生儿子的全力攻击下，彭奴不仅天天被欺负，还出现了性命之忧。

最后，实在没有办法了，杨行密就把彭奴交给了手下大将徐温，让他当了徐温的养子，并改名为徐知诰。

后面的事情就简单说吧，杨行密死后，徐温觉得机会来了，他就轰走了杨行密的所有子孙，自己登基称帝了；后来，徐温死后，徐知诰觉得机会来了，他也轰走了徐温的所有的子孙，自己也登基称帝了。

徐知诰登基后，他立刻对外宣布，自己不是一个和尚，而是天可汗李世民的三子吴王李恪的十世孙！当然了，李恪在天之灵愿不愿意认这个世孙，咱们两说。

至此，徐知诰改回李姓，自称李昪，建国号为“唐”。历史上为了区分这个唐朝，称其为“南唐”。

虽然在历史上，李昪是凭借着武力夺取的天下，他也是一个乱臣贼子，然而难能可贵的是，在这场权力斗争中，李昪的双手没有沾上几滴鲜血。

由于李昪知恩图报，对两位养父非常感恩，所以对两位养父的后世子孙，给予了细心照顾，尽力优待。即使是当年欺负他的杨行密的儿子，他也没有难为他们，这些人全都颐养天年、善始善终了。

除此之外，在治理国家上，这位仁义君主也颇有建树。李昪勤于政事、兴利除弊、变更旧法、减少赋税。他在位期间，国家兴旺发达，人民喜笑颜开。李昪死后，他留下了一笔巨大的财产，光他仓库里的存钱，就有整整700万缗！

700万缗是什么概念？赵匡胤的一生，直到他死，他都没有存过这么多的钱！

然而，在国富民强，俨然成为“南方之主”的时候，李昪这位皇帝，表现出了前所未有的小心与谨慎。

李昪在位期间，所有的大臣都劝告他，赶紧四处征战，先把周围的小国都给办了，然后挥师北上，直接问鼎中原！

对于这些建议，李昪只是微微一笑，终其一生，他都在休养生息，决不轻易开战，只知道存钱。

升元七年（943年）八月，李昪突然背上生疮，他自知大限将至。于是，他赶紧找来了儿子李璟，宣布他为新一代皇帝，并说出了那个持续了十几年的

“最终秘密”。

借着回光返照的最后时刻，李昪谆谆地告诫儿子道：“天下诸侯，以北方的中原王朝为死敌，不管他们谁胜谁败，都会南下统一天下。因此，不要把南方小国当成心腹大患，要跟他们保持睦邻友好的关系。这样的话，等咱们北伐中原的时候，这些小国才不会抄咱们后路，给咱们添乱；反之，等中原王朝南下的时候，根据唇亡齿寒的道理，这些小国也会跟咱们联合，共同抵御北方的强敌。

“除此之外，你一定要记住，自古北上讨伐中原者，没有一个成功的案例。所以，我们一定要厚积薄发，不要轻举妄动。等到北方出现了机会，一定要全力北上、入主中原。到了那个时候，南方小国就会不战而胜、望风而降，天下可定矣……”

这些话比较长，但是归纳起来就一句：不许对邻国用兵，待中原有变，立刻争天下！

最后，挣扎中的李昪，他说出了自己最后的遗愿：“儿子，把你的手给我！”

对于这条莫名其妙的说词，李璟不知所云，他立刻照办。结果呢，李昪照着他的手就是一口，直咬得李璟手指血肉模糊，留下了一个巨大伤疤为止。

至此，李昪终于留下了最后一句遗言：“他日北方当有事，勿忘吾言！”

说完，这位在五代十国皇帝“排行榜”中，文治武功远远超过朱温、李存勖、石敬瑭、刘知远、郭威，甚至是柴荣的皇帝，终于不甘心地闭上了双眼，结束了自己的一生，享年 55 岁。

一代雄主，就此陨落；而接替他的人，也堪称“一代熊主”！

二世的“辉煌”

从李璟登基称帝的那一刻起，这位皇帝就骄傲地向全世界宣布：什么叫作“龙生龙、凤生凤”？什么又叫作“虎父无犬子”？这些全都是扯淡！老子就是一个典型的基因突变！

这位雄心勃勃的南唐二世祖从登基的那一天起，就彻底忘记了父亲的谆谆教诲，还有那句临终遗言（白挨咬了）。

李璟在位期间，南征北战，四处用兵，接连吞并了闽、楚两国，一口气增加了十七个州的人口与资源。一时间南唐军威强盛，众国侧目，李璟的势力和威望达到了顶点！

然而，巨大的领土，也带来了巨大的麻烦。从吞并了这些国家开始，这些土地就成为南唐的绝对负担，因为他们总是接连造反，叛了再降，降了再叛，天天如此，根本停不下来！

于是，为了平息这些叛乱，南唐只能不断地派兵镇压，最后形成了一个超级恶性循环。

就这样，当南唐深陷叛乱的泥塘，根本腾不出手的时候，那个终李昪一生，都没有出现的千载良机，却如期而至了。

会同九年（947 年）十二月十六日，耶律德光率军攻入后晋首都汴梁，俘虏了后晋最后一代皇帝石重贵，后晋灭亡。随后，因为无法抵挡中原人民的强烈反抗，耶律德光只能被迫离开汴梁。他引军北返，结果病死在路上。

耶律德光死后，刘知远趁隙而入。他就跟遛了一个弯儿似的，根本没有受到任何的抵抗，就率军冲到了开封城，直接宣布登基称帝了。

假设一下，如果此时李昪还健在，那么，当这个机遇出现的时候，他会不会全力北上、入主中原呢？到了那个时候，这个天下真正的主人，又会是哪一位呢？

可惜的是，错过了这么一个大的机遇后，当下一个机遇到来的时候，李璟还是没有把握住，他甚至不理不管了。

咱们前面讲过，刘知远死后，郭威和柴荣相继即位，他们也几乎把北方闹了一个遍。然而，就在这天赐良机下，李璟却选择了不理不睬。

虽然此时此刻，李璟已经腾出了手；虽然此时此刻，李璟的地盘里没有一个人在造反；虽然此时此刻，李璟的国土和实力，还是后周王朝的数倍……

李璟为什么就是不理不睬呢？

这个原因非常简单，因为此时此刻，这位意欲统一天下的皇帝李璟，已经性情大变了。李璟已经极其厌恶这些“凡间俗事”了，这位皇帝很忙，他非常的忙，他要大力提高自己的艺术创作，并让全国人民都“吟诗赋词”起来！

在中国的文学盛宴上，李璟的代表作品有《游后湖赏莲花》：

蓼花蘸水火不灭，水鸟惊鱼银梭投。
满目荷花千万顷，红碧相杂敷清流。
孙武已斩吴宫女，琉璃池上佳人头。

以及《摊破浣溪沙》：

菡萏香销翠叶残，西风愁起绿波间。还与韶光共憔悴，不堪看。
细雨梦回鸡塞远，小楼吹彻玉笙寒。多少泪珠无限恨，倚阑干。

要知道，这些诗句写得情真意切、活灵活现，读者无不拍手称赞。李璟不仅成为时尚的标准，他更是引领了一个新的时代风潮，据说宋朝那著名的“宋词”，就以李璟的诗句为模板。

然而，一个人口超过500万的南唐帝国，可以有很多的诗人，却只能有一个皇帝。不管是皇帝当了诗人，还是诗人跑到这里当了皇帝，都算是彻底瞎了！

如今这个强大的南唐，因为诞生出了这么一位“杰出”的君主，我仿佛看见，它正在急速地走向衰落。哪怕屈原能够再生，他也会无计可施；即使是十个屈原转世重生，他们也会排队去跳江！

在这种背景下，与其说柴荣是一个“侵略者”，不如说他是一个上天选定的“终结者”，就是为了“终结”南唐这荒诞不经的一切。

后周显德二年（955年）十一月，周世宗征发七州数十万青壮少年，兵发开封，剑锋直指南唐门户——寿州城。

再说一遍吧，后周统一天下的战役，正式拉开了帷幕！

第五章 后周第一战士

涡口大捷

虽然柴荣倾尽全国之兵，意欲吞并南唐，但是战局的进程，远远没有自己想象的那么乐观。仅仅面对南唐第一道防线寿州城，柴荣就死活拿不下来。

说实话，柴荣要是能够轻轻松松拿下寿州城，那才叫新鲜呢！

寿州城，即今天安徽的寿县。此城为淮河中游的重镇，东邻长丰县；北与淮南市、凤台县毗邻；西靠霍邱县；南与六安市、肥西县相连；后面则是安徽省会——军事重镇合肥；再往后就是长江天险了。

因此，毫不夸张地说，寿州城就是南唐的第一道防线，也是绝对不能被攻破的第一道生命线。

纵观中国5000年历史，要想攻陷这座寿州城，都势如登天。先秦时期，秦国大将王翦倾全国之兵，率领60万大军来犯，才一举攻陷了这座不破的堡垒。

公元383年，前秦苻坚也曾率军来这里跟东晋开战，结果大败而归，还留下了一个八万大军击败八十万大军、中国历史上著名的以少胜多的经典战例！

一个多月过去了，任凭后周部队狂轰滥炸，全力攻城，寿州城依旧巍峨耸立，完好无损。

最后，当双方相持不下、毫无结果的战报传回京城后，这位年轻气盛、好勇斗狠的后周世宗柴荣，立刻二话不说，直接颁布了一道圣旨："朕意已决，御驾亲征，谁拦谁死！"

就这样，后周显德三年（956年）正月初六，柴荣带上了后周最后的力量，以及所有能够用到的将领，威风凛凛地冲到了寿州城下。

看见皇帝御驾亲征后，后周的士兵为之一振，士气爆到了顶点。

这个时候，就算南唐李璟再不理朝政、再吟诗作画、再昏庸无能，他也知道这件事情的严重性了。后周的皇帝都御驾亲征了，看样子柴荣真是孤注一掷、破釜沉舟，不攻下寿州城，他就决不返还了！

面对敌人的倾国来袭，李璟丝毫不敢怠慢，他派遣了10万水军支援寿州城，南唐的战舰直接停靠在后周军营的河畔。除此之外，李璟还命令退守的皇甫晖、姚凤重新出动，率领他们所部人马，分别从南面和北面进攻，进而对后周形成包围之势。

这一下子，原来简单明了的战局，立刻变得扑朔迷离起来。对于南唐的守军而言，自己援军的横空出世，让他们个个欢欣鼓舞，原本已经如死灰一般的士气，又重新被激发了起来。

与此同时，敌人援军的突然进入，让原本就遇强则强、毫不畏惧的后周皇帝，也更加激动了起来。对于柴荣而言，他绝对不允许敌人对自己挑衅，何况还是这种堵在自家门口的威胁！

"去，传我的旨意，把赵匡胤叫过来！"

"谨遵圣旨！"

一会的工夫，赵匡胤就风尘仆仆地来面圣了。柴荣对他说道："如今敌人对我军形成了包围之势，让我们腹背受敌，战局极其不利，我要你消灭驻守在北面的姚凤大军，可有把握？"

赵匡胤斩钉截铁地说道："谨遵圣旨！"

"先别这么干脆地答应。"柴荣继续说道，"由于我军正在围城，所有部队不能轻易调动，所以我能给你的兵马，只有区区5000人。可有把握？"

听了这句，赵匡胤依旧斩钉截铁地说道："谨遵圣旨！"

等赵匡胤说完后，其他将领没有一个提出异议，因为在他们的眼中，赵匡胤确实有这个实力和本钱。

然而，虽然在高平一战中，赵匡胤用区区1000兵马，就视数万敌军如无物，确实给人留下了深刻的印象，但是，这次他的对手，不是士气低落的北汉军队，而是装备精良、士气正盛的南唐主力。而且，敌军的数量是他的四倍，整整有2万人之多！

用5000人马，去攻击一个2万人的营寨，谁听见了这句话，都会为赵匡胤揪一下心，捏一把汗。

殊不知，对于赵匡胤而言，这些人还是多虑了。这5000人马虽然不多，但要看在谁的手里。

一天后，面对姚凤的北方大寨，赵匡胤威风凛凛地排兵布阵，然后率领着100多个精锐铁骑，就这样杀奔了过来。

对！就是100多人！

用100多人，去攻击一个整整2万人的营寨，换成是谁，都会瞠目结舌、目瞪口呆！

姚凤当时就蒙了，赵匡胤的所作所为，已经完成超出了自己的理解范围。于是，他下达了命令，三军戒备，暂停进攻，咱们先看看。

殊不知，看了一会儿后，姚凤这才恍然大悟，原来这是一群疯子！他随后怒吼道："三军听令，全军出击，给我砍死这帮龟孙！我倒要看看，他们到底是一群疯子，还是一群刀枪不入的猛男！"

于是，在姚凤的怒吼声中，南唐守军全都冲了出来。他们呼啸地冲向赵匡胤，准备砍了他们去领赏钱。当然了，这些人之所以这么着急，原因也非常简单，毕竟敌人太少，根本不够砍！

面对2万冲向自己的南唐大军，在这种敌众我寡、完全处于劣势的局面下，赵匡胤依旧保持着一颗冷静的心。作为一个超级优秀的军事将领，赵匡胤绝对相信自己的能力。只不过，他所相信的能力就两个字——快跑。

就这样，赵匡胤马上掉转马头，这100多骑兵也立刻转身就跑。当然了，看见赵匡胤转身逃跑后，姚凤勃然大怒，煮熟的鸭子、到手的肥肉，你往哪里逃！随后，姚凤立刻指挥这2万南唐大军，开始玩儿命地追击了起来。

至此，前面的100多个人玩儿命跑，后面2万多人玩命儿追。大家这么你追我赶的一路向西，一直跑到了涡口（今安徽省怀远县东北老元塘）这里，终于都不跑了。

就在这个地方，突然之间传来三声炮响，随后姚凤就惊讶地发现，南唐军队立刻被彻底包围了！

原来，赵匡胤的全力撤退，就是为了一个更大的阴谋！

要知道，通过前一天的仔细观察，赵匡胤比谁都清楚，如今南唐军气势如虹、杀声震天，因此决不可硬拼，只能智取，最好的办法，就是“调虎离山”。

至此，在姚凤得意忘形、自以为捡了一条大鱼的情况下，他根本就不知道，自己已经完全落入了赵匡胤的圈套里。

想想当时的情景吧，正当南唐军追得兴起、得意扬扬的时候，突然之间，他们就被人团团包围了，前后左右皆有伏兵。那真是叫天天不应，叫地地不灵呀。在这种连招架之力都没有，只能被人玩儿命殴打的局面下，南唐军彻底崩溃了，他们四散奔逃，真是一溃千里、一败涂地。

除此之外，刚刚那个还玩儿命逃跑的赵匡胤，也不逃跑了，而是立刻重振旗鼓，返过身杀了一个回马枪。结果，在这种前后夹击下，南唐军腹背受敌，全军覆没。要不是亲兵的全力掩护，姚凤根本就逃不出来，估计今天就搁在这里了。

在这场涡口大捷中，赵匡胤以微乎其微的损失，杀敌一万，俘虏一万。不仅一举攻陷了南唐的北方大寨，还缴获了五十多艘战舰。

天生战神，真是天生将才也！

殊不知，当赵匡胤圆满完成任务，雄赳赳、气昂昂地回到大营后，一场危机已经扑面而来……

滁州之战

回到军营后，赵匡胤发现这里的情况不妙，虽然自己打了一个大胜仗，但没有一个人欢呼雀跃，反之，他们全都愁眉不展。

“小赵呀，我跟你说个事。”说这句话的人，正是一脸愁云、眉头紧皱的周世宗柴荣。

“谨遵圣谕，陛下有何吩咐？”赵匡胤毕恭毕敬地问道。

“是这么一回事，虽然你打了一场大胜仗，但是现在不是庆祝的时候。据探马来报，在我军北面的滁州，皇甫晖集结了10万大军，他们成为我军的心腹大患……”

最后，柴荣用极其期待的眼神看着赵匡胤，并慢慢地说道：“赵将军，你能拿下滁州吗？”

要知道，听到了这句话后，假设我是赵匡胤，我一定会说道：“陛下，这样不好吧，我刚刚出差回来，而且这个任务太艰巨了，能不能暂缓两天？”

然而，听完这句话后，赵匡胤的表情跟上次一模一样，他只是平静地点着头，然后信心十足地说道：“谨遵圣旨，我这就去办！”

可见，迎难而上，能帮助老板处理难题的员工，才是好员工。千古以来，一直不变。

这里，我们说一句题外话，对于很多年轻人而言，他们总是非常地努力，非常地拼搏，然而，在这个超级现实的社会里，努力不一定能获得成就，付出也未必得到获效。这也应验了韩剧《清潭洞爱丽丝》里那句名言：

越努力，越迷茫……

这句话，也是现代社会所有人的通病。

然而，对于这个问题，咱们可以用下面这个办法，即“二问四答”的办法来解决。

这两个问题，它非常庸俗和无聊：

在这个社会里，你真的努力了吗？

在这个社会里，你确信自己努力了吗？

如果您的回答是：“我比谁都努力！”那好，咱们马上进入到那四个小“答案”里，看看您的努力，到底得到了什么成效。

第一，我这么努力，给老板带来了什么？

第二，我这么努力，给公司带来了什么？

第三，我这么努力，给客户带来了什么？

第四，我这么努力，给自己带来了什么？

如果您所谓的“努力”，既不能让老板脸上增光，也不能满足客户，还不能给公司带来利益，甚至不能让自己学到任何东西，那么，退回到上一层的那两个问题：

在这个社会里，你真的努力了吗？

在这个社会里，你确信自己努力了吗？

要知道，在任何时代里，比赵匡胤更努力、更拼搏的家伙们，比比皆是。然而，成功的人，只有赵匡胤这类极少数的人。因此，咱们在努力奋斗的时候，一定要好好地思考一下，我这么努力，却没有得到任何的回报，这里到底出了什么问题？

以上，就是赵匡胤成功的秘密，也是他留给我们的一大启示。

书归正传，当赵匡胤接受了柴荣的任务，信心满满地出营后，赵匡胤真的应该走慢一点儿，他应该回头好好地看一下那些同僚的眼神。

因为，在他们的眼中，这个赵匡胤就是去送死，因为有三个军事因素，让滁州城坚不可摧，根本就攻不下来。

第一个因素，地理位置。

滁州，此城位于苏皖交会地区，为安徽省东部重要城镇。除此之外，由于紧挨着南唐的都城金陵，所以此城为南京的西北门户，自古就有“金陵锁钥、江淮保障”之称。

毫不夸张地说，在南唐的所有城镇中，除了首都和寿州城外，第三个决不能丢的城市，非这个滁州莫属了。

第二个因素，守城战将。

此时此刻镇守滁州城的，就是南唐名将皇甫晖和姚凤。姚凤就不说了，这个皇甫晖却非同小可、绝不一般！

此人原本是一名北方边将，其主要的任务是拿着一把刀，跟契丹人对着砍！后来，因为皇甫晖看不惯石敬瑭的所作所为，更不认同这个认贼作父的败类，所以到了最后，皇甫晖率军投降了南唐，成了李昪麾下的一员悍将。

可见，对比赵匡胤之前交战的对手，皇甫晖比刘崇多了十分勇猛，也比姚凤多了十分足智多谋。毫不夸张地说，此人是赵匡胤至今为止遇见的最强对手，实在是一个强敌也。

占据了优越地理位置，又是猛将把关，这些已经让柴荣愁眉不展、头痛不已了，而滁州城里最要命的，还是那阵形分明、严阵以待、威风凛凛、势如破竹的“人”。

第三个因素，守城的人。

咱们前面讲了，作为防守方的皇甫晖，他的麾下有整整10万大军。反之，作为攻击方的赵匡胤，他拥有多少兵马呢？

还跟先前一样：5000人。

也就是说，赵匡胤即将发动一次1∶20的伟大战役！翻阅中国所有战争史，即使那永载史册的淝水之战，也不过是8万对80万，也就是1∶10的军事对抗。因此，赵匡胤的这一伟大纪录，即使不能“空前”（ 再议昆阳之战，据说是1万对100万），但也足以“绝后”。

至此，在所有后周员工的眼中，这个赵匡胤，他真是一个“实在人”！而他麾下那5000骑兵，更是沉默到了极点，不在沉默中爆发，就在沉默中死去吧……

可不是吗！用区区5000兵力，去以劳攻逸，击垮兵力足足超过自己二十倍的敌军，这不是去送死，难道是去旅游散心吗？

然而，对于全军这种异样的气氛，赵匡胤却不理不睬。反之，这位将军的心情还特别地 “愉悦”。每天行军期间，赵匡胤都要穿上一件崭新的衣服，然后对着众人臭显摆，问问他们自己好不好看。

完了，摊上了这么一个主，这5000骑兵真是欲哭无泪呀。啥也别说了，侍奉这么一个盲目自信的主帅，咱们还是赶紧多写几封家书，多交代一些遗言吧。

三天后，赵匡胤率领5000骑兵开赴滁州城下。在这所有将士中，赵匡胤打扮得最花枝招展，让人一眼就能看见他，简直成了一个另类。

就在这个时候，赵匡胤的那些手下们，他们实在看不下去了，纷纷进言道：

“战场之上，低调，低调为好。君不见三国时期的曹操同志吗，割须断袍，这才保住了一条性命。”

然而，对于这些肺腑之言，赵匡胤根本不屑一顾，他反而抛出了一句极其嚣张的话：“老子穿成这样，是不是还不够显摆？”

疯了，你这是要疯呀！

然而，对于后周将领们而言，赵匡胤疯狂的举动，这才刚刚开始。

在好好检查了自己一身行头后，赵匡胤意犹未尽，他单枪匹马地冲了出来，直接跑到了滁州城下，并对着上面大声喊道：“老子就是赵匡胤，你们谁有种，速速给我滚下来！”

太嚣张了，嚣张到头了。

目睹了赵匡胤这种嚣张跋扈的表演后，所有的南唐大军就跟中了魔咒一样，他们只是静静地看着，没有一个人敢下城交战，他们全都变成了一群不折不扣的软蛋！

原来，不是南唐军想当缩头乌龟，而是一个人的一番话，让他们了解了赵匡胤的为人，也知道了这个人的厉害，并且全都警觉了起来。

这个人，就是赵匡胤先前的手下败将，刚刚投奔而来的姚凤。

面对赵匡胤的挑衅，姚凤苦口婆心、捶胸顿足地告诉大家：“别去，千万别去，这家伙绝对是有备而来，否则他不敢这样‘决一死战’。之前那场战役，这小子用 100 人当诱饵，后面埋伏了 5000 大军；这一回呢，他用 5000 人当诱饵，鬼知道后面埋伏了多少人！”

对于姚凤的这个建议，皇甫晖完全同意。好吧，兵法有云：以己之不败，待敌之可乘。如今咱们要干的，就是凭借天险玩儿命死守，以不变应万变，就全当看一场表演了。

就这样，时间就这样稀松平常地过去了。南唐的大军就这么一直看着，看着这位刚刚名震天下的赵匡胤，变成了一个时装模特，在这里卖命表演，没有一个人鼓掌喝彩……

最后，当太阳下山后，赵匡胤才撤兵而去。而对于自己部下的表现，皇甫晖甚是满意，坐拥坚城、待敌自败，这才是最好的买卖。

当然了，在夜幕完全降临后，皇甫晖也没有丝毫的麻痹，他告诫自己的士兵：“好好地站岗放哨，谁也不许怠慢，一定要加倍警惕面前的敌人。想想之前的涡口吧，我可不想跟姚凤一样，也得到一场惨败。”

殊不知，命运就是这样荒诞不经，皇甫晖越想回避姚凤的悲剧，他还就越容易重演。而且铁的事实证明，仅仅过了一天，他就得到了一个“姚凤式”的结局，并且比他败得还惨，还要倒霉。

第二天，天刚蒙蒙亮，还在睡梦中的皇甫晖，突然被一阵喊杀声吵醒，随后这里出现了无数的后周部队。赵匡胤的人马仿佛从天而降一样，他们瞬间就突破了这里的天险，一下子把战争变成了没有任何准备的巷战。

原来，这一切的一切，都是赵匡胤“明修栈道、暗度陈仓”的结果。

为了攻陷这座固若金汤的滁州城，赵匡胤在白天表演时装秀的时候，他趁敌人不备，偷偷换了一个替身，让他继续上台表演。而赵匡胤自己则换上了一身清爽干练的服装，指挥着一支3000人的精锐部队，来了一次彻底刺激的、毫无安全措施的徒手攀岩！

据史料记载，为了抢占时间，从后面偷袭皇甫晖，赵匡胤整整急行军一夜，终于在天亮前到达了指定地点，并直接偷袭了皇甫晖镇守的第一道防线——清流关营寨。

兵法有云：置之死地而后生。面对这从天而降、无畏生死的后周士兵，南唐大军瞬间就被打蒙，并被打得没有一丝脾气。他们丢盔弃甲、一溃千里，城外的清流关防线也不要了，全军一窝蜂地逃回到了滁州城里。

等所有部队逃回城后，面对追击而来的赵匡胤，皇甫晖当机立断，下令拆除护城河上所有的桥，企图用这种损人不利己的办法，把赵匡胤的部队拒之门外。

然而，皇甫晖的这道命令，完全是一个武断的结果，他可能是脑子进水了，或者是被赵匡胤打傻了。

皇甫大哥呀，多少天险都拦不住赵匡胤前进的脚步，一条人工修成的护城河，能有个屁用！

于是，皇甫晖看见了一幅惊人的画面！在追到护城河后，赵匡胤的部队没有一丝一毫的犹豫，他们扑通扑通地跳了进去，并第一时间游了过来。

突破护城河后，这些已经剧烈活动一夜的后周大兵们，没有一丝一毫的疲倦，反而就跟刚刚洗了一遍澡似的——心情不错，咱们继续干！

这一下子，面对这么一群不可理喻的疯子，这位也曾经生猛无比，全身都是热血的老将皇甫晖，他终于再也看不下去了。但见他伏在城墙上，对着下面大喊道："赵匡胤！人各为其主，你莫要欺人太甚，偷袭算什么本事，有种你等我下去，咱俩单干！"

对于皇甫晖的这个建议，赵匡胤完全同意，他立刻命令部队停止攻城，等待这个"皇甫好汉"。

事实证明，这个单挑的决定，将是皇甫晖这辈子最大的一次错误。

要知道，虽然战局如此被动，但是皇甫晖还是占据了绝对的地理优势，只要他凭借城池死守，再采取坚壁清野的战术，随着时间的流逝，南唐军的地利和人数优势将再次体现出来，并彻底击垮这群数量可怜的后周兵。

反之，对于赵匡胤而言，他最害怕的，就是皇甫晖继续当乌龟，跟自己打持久战、打攻城战。因为他的士兵劳累了一夜，已经是强弩之末了，能够游过护城河，已经算是最大的奇迹，怎么可能还有力量继续攻城略地？

面对这千载难逢的机会，赵匡胤岂能错过，而后面的历史记录，则非常地简单了，简单到只有一句话：

手剑击晖，中脑，生擒之，并擒姚凤，遂克滁州。

——《资治通鉴》卷二九二

至此，赵匡胤用区区5000兵马，就击溃了南唐10万大军，一举攻陷了滁州城。他不仅建立了不世之功，还把整个江北的战局彻底逆转。从此之后，寿州这座孤立无援的绝望之城，再也不会得到南唐一丝一毫的帮助了。

单凭此战，赵匡胤足以永载史册，身处一流名将之列。

一个"半桶水"的书生

击败了10万南唐大军，攻陷了军事重镇滁州城，赵匡胤凭借一己之力，将整个战局彻底扭转。从此之后，寿州城就变成了一座孤城，柴荣可以一心一意地攻城略地了，他岂能不喜笑颜开？

然而，此时此刻的赵匡胤，却死活高兴不起来！

原来，攻陷了滁州城后，柴荣并没有把他召唤回来，而是让他就地任职，成了当地的最高长官。

至此，赵匡胤的噩梦，算是彻底开始了。

在没有攻陷滁州城前，赵匡胤曾经天真地以为，即使攻陷了这座城池，不敢说里面歌舞升平，但也应该相安无事。但是，等到上任之后，赵匡胤才惊讶地发现，根本不是那么回事。

如今这座滁州城，根本就是一盘散沙。

在那个五代十国的年代里，当兵分赃、就地抢粮，这是所有人的基本共识。等入驻了这座城市后，后周士兵立刻开抢，他们到处烧杀抢掠、无恶不作。对于他们而言，肥水不流外人田，自己先中饱私囊再说。

除此之外，那些乱世的土匪、流氓们，不仅给士兵指路，更跟他们联手“组团”。

所以，光天化日之下，就有打家劫舍、奸淫掳掠的事情发生，整个滁州城乱成了一团。城内的居民每天都生活在死亡阴影下，简直生不如死，苦不堪言。

面对此情此景后，想想赵匡胤的心情吧，他都快成为一个“城管”了！

每天，赵匡胤都有无数的案件需要去处理；每天，赵匡胤都要逮捕无数的人，都要去升堂办案；每天……

总之，这些事情让年纪轻轻、只知道拿刀砍人、根本不知道如何治国的赵匡胤，怎么能平静地面对那个字——烦！

历史记载，被这些事情搅得焦头烂额后，赵匡胤终于恼羞成怒了，在面对一个案件的时候，他毅然决然地下令：“这 100 多人都不要审了，统统给我砍了！”

就在这 100 多人即将人头落地的危难之际，一个年轻人站了起来，他平静地对赵匡胤说道：“将军，自古人命关天，您不能这样草率行事。如果您不嫌弃，可以把这些人都交给我，由我去审理……”

对于这个人，赵匡胤是非常清楚的，这是一个跟自己年纪相仿的手无缚鸡之力的文人。他一直沉默寡言，长相也跟他的名字一样，普普通通，没有一丝亮点。

除此之外，这个人的履历也非常简单，没有一点儿战功，只知道他是大将刘词的幕僚，刘词临死前，把他推荐给了皇帝。后来，由于柴荣有了王朴，有了一堆杰出的人才，他就觉得吧，这位从来不怎么读书，只读过“半部《论语》”的人，留着实在是没用，于是就派给了赵匡胤，成为他麾下的一名军事高参。

现在，您猜出这个人是谁了吧？

这个人，就是号称“半部《论语》治天下”，大宋的开国元勋，辅佐两朝的一代名相——赵普。

面对赵普这异常坚定的眼神，赵匡胤终于选择了退让，他把这100多人都交给了赵普，让他务必仔细审理，务必查出一个子丑寅卯来。

仅仅过了一天，赵普就把这100多人查了一遍，而且还真查出了不少冤假错案。

这一下子，赵匡胤彻底震惊了，要知道呀，100多条人命呀！虽然他是一个杀人不眨眼的人，但那是在战场上，没有一个人愿意在平常生活里也做一个浑身是血的主。

赵匡胤握着赵普的手，他激动不已，久久不能释怀，更把赵普当成了柴荣的王朴。至此，赵普在他心中别有分量、不比寻常。

多年之后，为了纪念这件事情，赵匡胤的后世子孙们，在这里修建了一座“端命殿”，歌颂太祖与他的首席大臣，在这里精诚合作，一起开创了一片大好河山。

殊不知，在滁州纪念这件事情的同时，宋朝的皇帝和那些史官们，也在极力回避一件事情，一件令赵匡胤终身忏悔、根本无法释怀的事情。

不孝之子

956年，就在滁州这里，赵匡胤的父亲赵弘殷寿终正寝，安然逝世，享年57岁。

对于这个故事，我们还得从头说起，要不然根本讲不明白。

原来，丢失了滁州城，看见寿州城也朝不保夕了，南唐李璟彻底地慌了，他虽然想御驾亲征，但是已经没有了那个胆儿。于是，为了结束这场战争，李璟想起了割地赔款。

为了这个目的，李璟派出了南唐大学士钟谟、李德明，让他们去寿州城下，代表自己跟柴荣谈判。当然了，谈判的条件非常地简单。

“柴皇帝您好，我们服了，您太厉害了，我们愿意割地赔款。您开一个价，然后拿钱走人，我们全当没发生过这件事情，以后两国睦邻友好、共同进步，您看怎么着？”

一般来说，按照五代十国的基本惯例，出来打仗，就是为了钱，只要敌人给钱，什么都好办。这么多年过去了，一直如此，即使那狼子野心的契丹人，也毫不例外。

然而，眼前的这个柴荣，他却是一个例外！

对于这个意欲统一天下的人而言，别人打仗，是为了“钱”，而他打仗，则是为了“权”。

要钱的人，只能拥有眼前这点儿钱；而要权的人，不仅能拥有眼前这点钱，而且还能拥有别人的钱。

这就是现在常说的那句话：“不要羡慕钱，等咱们事业做大了，要什么钱没有！咱们不光是有钱人的后代，更是有钱人的祖宗！”

秉持着这个思想，柴荣的回答就颇让这两位大学士费解了，这位皇帝不提要多少钱，也不提要割哪些地，他只是提了一些匪夷所思的问题，让这两人莫名其妙、摸不着头脑。

“南唐有没有国库？坐落在什么地方？里面有多少钱？”

事后，当柴荣得到这些答案后，他立刻转过身来对着三军将士怒吼道：“全体将士听命，南唐的首都有700万存款，拿下这个国家，这些全都是你们的赏钱！”

此言一出，后周将士集体振奋，大家全都欢欣鼓舞、热泪盈眶、不能自抑。跟着这个皇帝混，太爽了！

陛下，万岁，万岁，万万岁！我军必胜，必胜，必须胜！

至此，钟谟、李德明这两个家伙彻底地蒙了，他们万万没有想到，自己是来这里谈判的，却谈出了这么一个“反效果”。最后，这两人见谈判已经彻底破裂，也就灰溜溜地离开了。

这两人前脚刚走，柴荣就酝酿了一个更大的阴谋，他告诉自己的部队，自古扬州多钱粮，你们去把那个地方端了，免得李璟这个混蛋再小看我，以为我是一个穷光蛋，就知道要钱！

后来，这支出征扬州的部队没有让柴荣失望，这些人不仅很快就拿下了扬州，而且还趁火打劫，把附近的泰州也给端了。

在这支东进的队伍中，就有赵匡胤的父亲赵弘殷。

本来，赵弘殷是奉命攻打扬州城的，但是在行军途中，他突发重病，只得返回调养。在回营期间，赵弘殷正好路过滁州城，他就跑到了自己儿子这里。

老爹突然来临，赵匡胤是又喜又惊。

赵匡胤喜的是，虽然大家同朝为官，也都参加了这场远征，但是由于所属不同、任务不同，整整一年多了，赵匡胤就没有跟父亲见过面。如今父亲突然造访，赵匡胤怎能不欣喜若狂？

赵匡胤惊的是，没有任何的圣旨文件说父亲即将到来。如今天色已晚，这兵荒马乱的，要是来的不是父亲，而是一支借助父亲名号的敌人部队，他们就是想趁着夜色，一举攻陷了我的滁州城，到了那个时候，我咋办？

兵不厌诈，谋从诡道，我不得不防。

最后，不管城外的信使如何喊话，让赵匡胤马上开城，迎接自己的父亲，赵匡胤只是冷冷地回答道："父子虽是至亲，但天色已晚，城门关闭乃是王事，儿不敢奉命。"

就这样，身染重病的赵弘殷，被自己的儿子拒之门外，整整被冷风吹了一夜。直到第二天早上，等赵匡胤完全看清楚了父亲的脸，他这才打开城门，跪拜迎接自己的父亲入滁州城。

然而，经过了一夜的风吹露宿后，赵老爷子的病情更加严重了，他无法按时回到开封，只能留在滁州养病了。而害得父亲的病情加重后，赵匡胤后悔不已。他鞍前马后、细心照顾，希望能够弥补自己的过错，让父亲的身体重新好起来。

殊不知，就在这个时候，柴荣的一封突如其来的圣旨，不仅让赵匡胤痛苦不已，也终于让他明白了那句谚语的含义：屋漏偏逢连夜雨，船迟又遇打头风。

怎么这么巧！

扬州之战

原来，得知后周军攻陷了扬州后，李璟见和谈不成，只能大举增兵、决一死战了。于是，李璟派遣自己的弟弟李景达为帅，统率2万精兵，前来江北决战。

面对这2万敌军，只是想发一笔横财的那些后周军队，居然人心涣散，不仅主动放弃了泰州城，而且种种迹象表明，他们已经准备放弃扬州城，随时准备开溜了。

这还得了！得知这个战局后，柴荣勃然大怒，他立刻给了赵匡胤2000兵马，让他去支援扬州，并有权斩杀任何后退的逃兵败将。

对于这道命令，赵匡胤第一次表现出了反感，他也不是很清楚，为什么自己心里萌生出一股“黑暗情绪”，让他想跟皇帝对着干。

皇帝呀，我的父亲已经病危了，您就不能换一个人吗？

最后，在赵匡胤这种君命难违、父命难舍的情况下，赵普第一时间站了出来，他信誓旦旦地对赵匡胤说道：“将军，战事要紧，请把令尊交给我，您就放心地走吧……”

赵匡胤听从了赵普的建议，他对这位“长兄”深深地拜谢后，就率军出征了。这之后，赵普尽心尽力地伺候赵老爷子，“朝夕奉药饵”“朝夕无倦”。

等战事平息，柴荣班师回朝后，赵普又亲自护送，带着老爷子返回开封城。然而，由于积重难返，一生南征北战的赵弘殷，还是病死在了回家的路上，最终没有落叶归根。

就这样，赵匡胤没有见上父亲最后一面，他永远失去了自己的父亲。而且，对于父亲的死，赵匡胤有不可推卸的责任。

虽然在父亲的眼中，他已经把这个儿子当成了自己最大的骄傲，即使在九泉之下，也足以含笑，但是，赵匡胤清楚地知道，是他自己把父亲拒之门外，是他自己让父亲的病情加重，是他自己在父亲最为难的时候，弃父亲而去……

树欲静而风不止，子欲养而亲不待。痛苦、忏悔、自责、悔恨，纵使有万言，也不能表达赵匡胤此时此刻的心情。

书归正传，离别了病重的父亲，赵匡胤精神抖擞地开赴战场，他直接冲到了后周撤兵的必经之路——扬州城西面的六合。

在六合安营扎寨后，赵匡胤告诉扬州守军：“胆敢兵过六合者，一律砍掉双腿！”这一下子，扬州守军惊恐不安，他们知道赵匡胤是一个说到做到的狠角色。于是，大家只能重新抖擞精神，开始死守扬州城了。

在颁布了这道命令后，赵匡胤无论如何也想不到，就跟这里的地名一样，他居然中了一个“六合彩”！

原来，大家都在江湖混，行军打仗无非就那么几套路数。赵匡胤选择六合这里，用来完成柴荣交给自己的使命；而对方主将李景达，也选择了六合这里，用来孤立和包围扬州城。

至此，在这种心照不宣的决策下，一场以六合为中心的铁血攻防战，正式打响！

战争打响后，一方是仗着人多、兵力占尽优势的两万大军；另一方仗着人猛、士气高涨的虎狼精锐，双方互有胜负，难分伯仲。后来，在指挥部队沉着应战时，赵匡胤也没有闲着，他亲自赶赴前线督战，并在那些战斗不尽力的、稍有后退的士兵铠甲上，全都留下了自己的剑痕。

事后，等赵匡胤鸣金收兵后，他立刻斩杀了这些有剑痕标志的士兵，以儆效尤！

这一下子，这些准备逃跑，或者是即将逃跑的士兵们，全都被震住了。要知道，前有敌军，后有“赵阎王”，这让我们咋办？前面是被敌军打死，后边是被赵阎王砍死，这还让我们怎么活？

大家在经历了一番痛苦的思考后，这些士兵们决定还是去打敌军，毕竟战死沙场后，朝廷还能追认个名分、给点儿抚恤金啥的，这要是死在这个“赵阎王”手下，不仅啥也捞不着，没准家里人还得跟着遭殃。

就这样，在赵匡胤的铁血恐吓下，后周士兵顽强无畏、英勇前进，把敌军打得丢盔弃甲、抱头鼠窜，直接现出了“纸老虎”的原形。

仅仅一天，在后周士兵莫不玩儿命、以死相搏的攻击下，南唐军就损失了5000多人，还逃跑和投降了将近一万人。李景达只能率领剩下的南唐残兵败将们，灰溜溜地逃跑了。

至此，赵匡胤又以区区少数的兵马，成功击退了数倍于己的大军。在击退了敌军包围网的同时，还获得了继涡口大捷、清流关大捷、滁州大捷后的第四次关键性的胜利——六合大捷。然而，赵匡胤这种局部的胜利，并没有给南唐与后周这场整体战役，带来什么根本性的发展。

如今，战争已经持续了半年，可这个该死的寿州城，就是攻不下来！

第六章 南唐臣服

班师回朝

负责守城的后唐大将刘仁赡，他绝对是一块难啃的硬骨头。整整半年了，任凭后周军四面围攻、用尽办法，刘仁赡依旧会用自己的生命去奋战、去搏杀，并在这个血雨腥风的海洋中，誓死保卫寿州这艘千疮百孔的小船。

就这样，在南唐军顽强的防守下，战争由寒冬（十一月开战）进入温暖的春天，并且，战争局势越发有利地向着南唐军方面发展了。

原来，进入了四五月，由于天气变暖，南方开始频繁下雨，各地水位骤然突变。在这种水位暴涨的情况下，南唐的巨大战舰开始纵横驰骋。它们如猛虎归山、蛟龙入海一般，开始频繁地攻击后周大营，并给予他们沉重的打击。

与此同时，由于水位暴涨，南方道路泥泞不堪，后周的补给遇到了巨大的考验。各种军需、粮草运不上来，后周军的士气开始狂跌。

在这种背景下，柴荣只能留下一部分士兵继续围城，而他则亲率大军，开始北还。当然了，即使不下雨，柴荣也必须回去了，毕竟他是一国之君，不能天天御驾亲征。除了战争之外，还有很多的事情需要这位皇帝来办。

回去之后，柴荣干的第一件事情，就是开垦荒地，增加国家的粮食产量。

在当时，由于战乱不断，产生了很多的无主荒地。因此柴荣规定：无论是谁，只要在这些土地上开垦，得到的所有收成，全部归自己所有。如果田主三年内回来了，归还一部分土地；五年内回来，归还三分之一的土地；五年后回来，则田契无效，土地归开垦者所有。

除此之外，如果田主是为了躲避契丹，则要另当别论重新计算了。因此柴荣还规定：如果是因躲避契丹而荒废的土地，田主五年内归来，归还三分之二土地；田主十年内归来，归还一半土地；田主十年后归来，则田契无效，土地归开垦者所有。

要知道，土地乃国家之根本；粮食，则是国家基本之财富。所以毫不夸张地说，柴荣仅此一项，即救活无数百姓，堪称普度众生，功德无量也。

除了整理田赋，增加国家赋税外，柴荣在其他的方面也丝毫没有任何怠慢。比如说，他请王朴颁布历法，制定《显德钦天历》，取代了先前杂乱无章的各种历法。还比如说，柴荣命群臣制定《大周刑统》，不仅让人民有法可依，还给那些贪官污吏、社会蛀虫们予以警示。柴荣还下令搜集民间的各种珍贵书籍，保护了这些宝贵的文化遗产，并修编历史，重新记录了这段混乱不堪的历史。

对柴荣做的这些利国利民的事情，我就不一一陈述了，而需要特别指出的是，在这些政策当中，柴荣还干了一件极其重要的事情。

要知道，这件事情之所以重要，是因为这不仅将改写后周与南唐的军事对比，甚至能够彻底改写中国的历史！

好吧，这件事情以后再说。咱们现在要说的是，自古以来，打了胜仗以后，我们都要干一件事情，一件迫在眉睫、必须要干的事情：论功行赏。

后周显德三年（956 年）七月二十六日，赵匡胤在战场上的英勇表现，终于获得了回报。这一天，柴荣加封赵匡胤为殿前都指挥使，让他连升三级。不久，又加封为定国军节度使。

要知道，对于赵匡胤而言，这次任命非同一般。他之前的身份是殿前督虞候，就是一个中级的将领。而经过这次升迁后，赵匡胤一跃成为禁军中的高级将领，他不再是一个无足轻重的小角色，而是一颗璀璨夺目的将星了。

除此之外，经过了这次人事变迁后，赵匡胤不仅让家族增光添容，而且他距离那号称“能够当天子”的殿前都检点一职，仅仅差一个等级了。

那么，这个集恩宠于一身、位高权重的赵匡胤，又将干一些什么事情呢？

攻破寿州城

时间过得真快，转眼间到了显德四年（957 年）三月。虽然此时此刻，柴荣还有很多的事情没有办完，他还要发布很多的利民政策，然而，前线战事的频繁告急，终于让这位皇帝坐不住了，他只能御驾亲征，二次征讨寿州城了。

原来，逼迫皇帝御驾亲征、把前线搞得一团糟的人，正是郭威的外甥，柴荣当年的皇位最大的竞争对手——李重进。

李重进，祖籍山西太原，周太祖之甥，福庆长公主之子。由于战功显赫，令敌人闻风丧胆，且因长得比较黑，因此他从敌人那里，得到了一个光荣的称号——黑大王！

咱们前面讲过，由于当年刘承祐的“斩草除根”政策，导致郭威没有了子嗣，他只能选择一个外姓的人来继承自己的皇位了。

因此在当时，身为养子的柴荣和身为外甥的李重进，都是皇位的有力竞争者。然而，在仔细分析了这两位的性格特点后，郭威没有一丝一毫的犹豫，就把皇位传给了柴荣，而没有传给这个本家亲戚。

这次南方混乱的战局，则再次证明了郭威当年的选择，这绝对是一个英明神武的决定。

原因非常简单，虽然李重进勇不可当、武艺高强，在那个以“武”论天下的时代里，他确实比柴荣有威望得多，然而，他有两个致命的弱点，令他与皇位失之交臂，并最终走上了一条不归路。

这两个致命的弱点就是：愚蠢，以及更加愚蠢！

要知道，柴荣班师回朝后，他留下的只是牵制、骚扰南唐军的任务，并没有让李重进攻占寿州城。然而，为了聚集兵力，完成自己的丰功伟绩，李重进毅然决然地下令收编扬州、泰州、滁州等地的兵力，集结全部军队攻城。

没有比这更烂的棋局了。后周军的战略主动放弃，不仅让先前浴血奋战的城市都回到了南唐的手中，增加了未来攻陷寿州城的难度，还让南唐军以这些城市为据点，轻而易举地形成了一个包围后周军的蜘蛛网。

至此，柴荣先前辛辛苦苦建立的优势，就被这个笨蛋搞得荡然无存了。

除此之外，在管理地方上，李重进那“只知兵、不惜民”的五代十国劣根性，也被他发挥得淋漓尽致。

在淮河围城期间，李重进一直把这片土地当成战区，而不是自己的国土；这里的百姓，也不是自己的家人，而是自己的“钱袋子”。

因此，在这种思想下，李重进纵兵杀烧抢掠、无恶不作，他一丝不苟地维持了五代十国部队的一贯作风。

于是，对于这支队伍，南唐的那些百姓们展开了激烈抵抗。

最后，李重进的部队彻底陷入人民战争的“汪洋大海”中，别说攻城略地了，如果他能够顺利上岸，都要阿弥陀佛、菩萨保佑了。

眼瞅着江北战局越来越乱，乱到即将无法收拾的地步后，柴荣终于坐不住了，他第二次御驾亲征，来给李重进擦屁股，收拾这个该死的烂局。

与此同时，南唐李璟再次拜弟弟李景达为将，命他统率五万大军，准备与柴荣决一死战！

李景达挥师北上后，第一时间坐镇濠州城，与寿州城遥相呼应，战略上呈犄角之势。随后，他召集朱元等猛将，全都集结于濠州城待命。

朱元，南唐真正的猛将。在柴荣回国、李重进聚集兵力时，朱元奉命北上救援，他一口气收复了舒州、和州，驻军紫金山，对后周部队形成了包围之势。

除此之外，在鼓舞士气方面，朱元善待士卒，与士兵同甘苦、共患难。他还擅长激情讲演，每次打仗前，直说得慷慨激昂，士卒泪流满面，皆有效死之意。

可见，这个朱元是一个有勇有谋的狠角色，他绝对是后周的一个死敌。

对于这个世之猛将朱元，李景达选择了废其武功，因为他给了朱元一个任务：修长城。

对，就是修长城，史称南长城。

通过这件事情，我们就能知道南唐李景达的本事了，这充分证明了他大无畏的娱乐精神，还有其搞笑大众的优良品质。

重用此等人才，南唐焉能不败！

出乎所有人意料的是，看见敌军开始修筑长城后，柴荣就跟发了善心一样，不闻不问。

当然了，柴荣这种“不管”的局面，也没有维持多久。等这些南唐大兵们修了几十公里，眼看就要连接上寿州城的时候，柴荣突然发起了大规模的进攻。他不仅一举摧毁了这条长城，还顺便砍杀了5000多名南唐的临时工人。

在这一片废墟残垣中，李景达终于明白了，老子再也不当“范杞良”了，老子要学那三国时期的“美周郎”，指挥我那强大的水军，彻底摧毁这些后周敌虏，让他们全都灰飞烟灭。

殊不知，等李景达率军进入淮河时，他才惊讶地发现，什么叫作“天外有天”，什么又叫作“船外有船”！

原来，如今统治这片水域的人，已经不再是南唐的水军，而是一支更加强大的部队了。他们就是柴荣一手创建的后周水军。

要知道，柴荣是一个非常善于总结经验的人，在上一次的战争中，柴荣就发现了自己部队的不足，深感没有水军的弊端。对于他而言，一支没有水军的后周军，就如同一个瘸子跟健康人摔跤一样，这让他情何以堪？

然而，北人骑马，南人操舟，这是自古不变的规律。让后周这群旱鸭子去操舟划船，那可是难如登天。

当然，这个道理也不尽然。遥想当年，关羽这个山西汉子，还不是在荆州训练水军，讨伐中原？未来的岁月里，朱元璋手下那帮渔民兄弟，还不是纵马驰骋，把蒙古铁骑打了一个惨败？可见，世上无难事，只怕有心人，何况还是这么一个年轻气盛、永不服输的皇帝！

回到都城后，柴荣就下令组建水军，他在汴河边上设立了造船厂赶造战船，并命令南唐降将日夜操练。于是，在柴荣第二次御驾亲征的时候，后周就拥有了一支水军，一支比南唐更加强大的水军部队！

至此，在后周强大的水军面前，南唐水军全线溃败，他们仓皇地沿淮河逃窜。而面对这些逃跑的敌军，柴荣下令全军分三路追击。一路沿淮河水路穷追，一路沿着淮河北岸追击，一路沿淮河南岸追赶。三路大军齐头并进，一口气追了两百余里，让南唐军队上天无路、入地无门，被杀死、淹死者甚多，投降者更是不计其数。

根据《册府元龟》记载：此战过后，南唐损失了4万大军。主帅李景达更是一路南逃，直接逃到了皇帝哥哥那里。

显德四年（957 年）三月三日，在消灭了南唐水军后，柴荣亲自披挂上阵，剑锋直指紫金山，他要讨伐南唐猛将朱元，彻底消除这个该死的堡垒，再次将寿州城孤立起来。

这一重要战役的后周主将，就是刚刚升官发财、准备报效皇恩的赵匡胤。

事实证明，赵匡胤绝对对得起这份信任。在皇帝亲临战场，在所有人的目光中，赵匡胤好好地给他们表演了一番，并且用实际行动告诉他们：谁，才是后周第一猛将！又是谁，配得上这天下第一的头衔！

史书记载，仅仅用了一个下午，赵匡胤就击破了朱元坚不可摧的堡垒。当天晚上，朱元，这位南唐首屈一指的猛将，自知大势已去，率领剩下的士兵投降了。

仅仅过了两天，南唐准备了将近半年的寿州援军，就被后周全部清剿，全军覆没了。

目睹了这一切后，寿州城守兵彻底绝望了。刘仁赡伤心欲绝、急火攻心，一下子晕倒了。当天晚上，在刘仁赡昏迷之际，他的手下就把他出卖了。这些人抬着刘仁赡，直奔后周大营，他们开城投降了。

据史料记载，柴荣看见这位猛将后，并没有难为刘仁赡，而是对他加官晋爵，封他为太尉兼中书令、太平军节度使，想让他替后周卖命。然而，对于这些官职，刘仁赡只是微微一笑，他保留了一个军人最后的尊严，直到病死也没有变节……

随着刘仁赡的死去，其他将领的投降，南唐最重要的门户、军事重镇寿州城，在顽强抵抗了一年零四个月后，宣告失守。

至此，不管李璟同意不同意，他的江北地区从此再也无险可守了，而这个中原的版图，即将被重新规划！

三征南唐

显德四年（957 年）四月一日，在攻陷了寿州城后，柴荣却没有乘胜追击，他反而班师回朝，率军返回了开封城。

面对这来之不易的机遇，柴荣说放弃就放弃了，这让后周所有人都十分费解。然而，只有柴荣自己心知肚明，他必须得回国了，要不然的话，自己的后院就该着火了。

原来，在这场战争中，那个该死的李璟，运用自己先进的航海技术，派使者从“山东半岛”跑到了“辽东半岛”，并跟北汉达成了一个基本的共识：“此时此刻的柴荣，他已经变成‘曹操’了，咱哥俩要是再不联手，就得一块玩儿完了！”

“您说得对！”

于是，在响应了李璟的号召后，刘钧意欲联合大辽，一起讨伐后周。一时间，汉辽联军在边境上云集，战争的恐怖阴影，迅速笼罩了整个后周帝国。

在这种背景下，虽然柴荣有意南下称雄，但是在契丹人的威胁下，他也只能撤回后院去砌墙了。而在柴荣撤兵后，南唐上下举国欢庆道：“虽然咱们的君主屁本事没有，但是这外交能力，还是能数一数二的。不费吹灰之力，就让后周全线撤退，皇帝真牛！”

殊不知，仅仅过了一个月，南唐人就再也高兴不起来了，而之前的那张牛皮，也被他们彻底吹破了。

其实，南唐百姓也没啥好抱怨的，因为这个问题的根结，不在南唐，也不在北汉，而是在契丹。

铁的事实证明，如果让这位大辽“千古一帝”耶律述律讲信用、靠得住，母猪何止能上树，简直都能在天上飞了！

在讨伐后周期间，这位皇帝派了一些部队，意思一下之后就撤兵了。而当契丹人撤退后，在一顿骂街声中，刘钧也不甘心地撤兵了。

就这样，在目睹了敌人稀里糊涂地来、稀里糊涂地回去后，后周解除了一场军事危机。而那位永不消停的周世宗，他又可以干正事了！

显德四年（957 年）十月十六日，在休息了半年后，柴荣再度御驾亲征。他亲率 10 万精兵，第三次讨伐南唐。

由于南唐失去了寿州城，导致江北一带根本无险可守，在后周大军势如破竹的攻势下，南唐各地频频告急。仅用时两天，后周大军就攻陷了濠州城。

濠州失守后，泗州守军见大势已去，乞书投降了。而班师泗州后，柴荣以这里的泗水为起点，命令大军沿三路齐头并进——赵匡胤率军沿淮河南岸，周世宗率军沿淮河北岸，所有战舰沿淮河东下，剑锋直指军事重镇——楚州城。

同年十月十八日，在一番浴血奋战后，赵匡胤一马当先，率众进城，并在楚州城的城门上，悬挂上了后周的旗帜。

至此，淮河以北的土地上，南唐的势力被连根拔起，再无一兵一卒。

次年，即显德五年（958 年）三月，在接连攻陷海州、长州、扬州等地后，柴荣突破了淮河，冲出了江北。他率军浩浩荡荡地南下，终于看见了那条浩瀚无边、只能在梦中看见的长江！

当面对这条盼望已久的长江时，我真的不知道，这位皇帝到底在想些什么，他接下来要怎么做。

在柴荣之前，有多少曾经不可一世的英雄豪杰们，率领着自己的千军万马来到这里——突破这条长河，就能统一这个天下，开创一番属于自己的千秋霸业。

然而，有成功的，也有失败的。君不见南北朝时期的苻坚吗？他在这里灰头土脸，输掉了自己的一切；还有那文韬武略的曹阿瞒，终其一生，这里都是他刻骨铭心的梦魇……

就在柴荣思索着是否乘胜追击，一举渡过长江、夺取整个南唐的时候，那个南唐君主李璟，给出了一个完美的答案。

李璟投降

显德五年（958 年）三月初十，李璟呈上了降书顺表，他彻底服软了。

为了表示自己投降的诚意，李璟一共开出了三个条件：

第一，南唐割让十四个州求和，其中包括极其重要的庐州、舒州、黄州和蕲州。

庐州，就是今天的安徽合肥；舒州，今天安徽省安庆市（南京城最重要的门户）的前身；黄州，今天的湖北黄冈；蕲州，虽然现在已经没有了，但是从北周到清初，那里都是江西省重要的行政中心，即省会。

连这些重要的地方都不要了，可见，南唐真是彻底臣服了。

第二，两国以长江为界，南唐岁贡称臣，每年进贡后周银 10 万缗、绢 10 万匹、钱 10 万贯、茶叶 50 万斤、米粮 10 万石。

第三，李璟去帝号，改称“唐国主”，史称“南唐中主”；去南唐年号，从此改用后周纪年。

以上种种条件，在柴荣确认点头签字后，即可画押生效。

至此，后周与南唐长达三年的淮南争夺战，最终以“南唐称臣、后周称霸”而落下了帷幕。

此战过后，后周帝国一口气吞并了南唐16州、60县、226574户，折合人口230多万人。至此，后周总人口突破1000万，成为当时中国最强的一个国。

除此之外，后周在获得大片的土地、人口以及这片土地的丰硕物产后，它还彻底打破了尘封数十年的南北均衡势力，并且重新划分了中国的版图。

在这场战争前，南唐还是中国最强的一个国，此战过后，南唐一下子失去了一半的领土。这个昔日以帝国自居、自命不凡的南方强国，直接变成了一个战战兢兢、仰人鼻息的附属之国了。

得到了这么一个满意的结果后，周世宗满意地班师回朝了。当然了，他也必须要走了，因为他的后院又着火了。

只不过，这一次的着火，并不是敌国外患，而是祸起萧墙。

就在这一年，柴荣最得意的手下王朴，突然辞世了，享年53岁。

王朴是活活累死的，柴荣在前线打仗时，王朴做好了“萧何”的本职工作，他坐镇后方，安抚百姓，筹集粮饷，把各地物资源源不断地运到前线。

毫不夸张地说，没有王朴的亲力亲为、统筹安排，柴荣在前线根本待不了一天，更别提安心打仗了。

据史料记载，在巡察漕运的时候，王朴路经大臣李谷的家，于是登门拜访，跟这个李谷谈了起来。结果，谈着谈着，王朴就突然晕倒在地了，从此再也没有醒过来。

对于柴荣而言，王朴的离奇逝世，对他的打击相当大，他永远不会忘记王朴的《平边策》，以及他对大周王朝的所有贡献。

在王朴的葬礼上，柴荣不顾自己帝王的身份，亲自过来吊唁，并扑在王朴的棺材上号啕大哭。

盖棺定论一下吧：纵观王朴的一生，虽然他的人生就像一颗流星，匆匆划过，且不留下任何痕迹，但是，这依旧无法掩盖他绚烂夺目的光彩。他的人生向我们传达了一个言简意赅的道理：只要奋斗过、努力过，自己干的事情，不管多大、多小，都可以成为永恒。

对了，还有一件事情，在这个葬礼上，有一个痛哭流涕的小孩，他名叫王侁，是王朴的小儿子。后来，出于爱屋及乌心理，不管是之前的柴荣，还是后来的赵匡胤，都对这个孩子恩宠有加，并让他位高权重，成为一名高级官员。

殊不知，这个孩子，不仅辜负了两代皇恩，而且还因为自己的一句胡言乱语，害死了一位国之猛将，造成了北宋时期最大的一次忠良之殇。

这位为国而殇的一代名将，在历史上有一个并不出众的名字——刘重贵。而他那个永载史册、光耀万世的名字，咱们以后再说！

书归正传，虽然王朴这个“死者”，可以“长已矣”了，但是对于柴荣这个“生者”，他却不能“常戚戚”。毕竟他是一个国家的皇帝，这个帝国有太多的事情需要他来处理，他不可能一直这样沉沦下去。

当然了，对于柴荣而言，这个帝国最大的问题，还是北方的那个隐患——契丹。

这些蛮夷小民、化外野人，趁我南下之际，屡次犯境，杀我臣民，夺我百姓，你当我中原无人不成！

开战，不信我中原无人！让你们彻底领教我的厉害！

说到这里，我们不禁要问了，到底是什么原因，让柴荣放弃了《平边策》中“先南后北”的平定顺序，开始背道而驰，非要讨伐契丹呢？

这个问题，确实值得商榷。

第七章 英雄陨落

讨伐契丹

显德六年（959 年）三月二十八日，后周皇帝柴荣，再次披上自己的铠甲，然后颁布诏书：“倾全国之力，讨伐契丹，收复燕云十六州！”

种种迹象表明，柴荣这次出兵，是他深思熟虑的结果。

首先，南方已平，柴荣再无后顾之忧。

咱们前面讲过，自从高平一战后，后周就跟大辽打了一个死结。再加上死敌北汉的一顿搅和，只要一有机会，北汉就会联合契丹犯境。他们就跟街头摆摊的小贩似的，天天吵得你不得安生，而且还时不时杀你的人、抢你的货，甚至还集结起来，发重兵攻打中原的重要城镇。

对于契丹的这种挑衅行为，周世宗的国策是：君子报仇，十年不晚，老子先忍，等收拾了南唐再说。

如今，在一番大规模的南下用兵后，南唐已经臣服了。虽然还没有彻底征服这个国家，但是柴荣已经得到了想要的结果，他终于可以腾出手来，开始解决北方的疆域问题了。

其次，收复燕云，则是柴荣，也是每一个中华子女的最终使命！

当“儿皇帝”石敬瑭把燕云十六州交给契丹的时候，就等于把长城拱手相让了。失去了长城的保护，中原地区便直接暴露在游牧民族的铁蹄之下了。这个后果不堪设想，没有长城保护的王朝，它的命运也就可想而知了。

因此，不管是现在的后周，还是未来的大宋，只要一有机会，他们就会向北！向北！不胜不归！收复我中原王朝赖以生存的燕云十六州，重新抢回那条生命防线，成为每一个王朝子民的使命。

所以，为了这条生命防线，即使今年柴荣不出兵，未来也得干！因为，这不是时间问题，而是原则问题，早晚得解决。

而此时此刻的辽国，正好出现了一个极品皇帝，现在不打，更待何时！

这位辽国的皇帝，就是历史上大名鼎鼎的“三绝睡王”耶律述律，汉名叫作耶律璟。

有的时候，历史就是这样荒诞不经，后周王朝的两个强大的邻居，一个契丹，一个南唐，他们的皇帝居然都叫“璟”，而且秉性一模一样，都是历史上少有的昏君。

殊不知，耶律述律这个“昏君”的头衔后面，还应该加上两个字——“暴帝”。

要知道，李璟昏庸无道的表现，无非就是不理朝政，追求自己的艺术修养罢了；而这位耶律璟同志，就劲爆无比了，人家号称有三绝，即“喝酒，睡觉，打猎”。

喝酒，就要玩儿命地喝，一口气喝他九天九夜（最高纪录），方才罢休；

睡觉，就要玩儿命地睡，有时间就睡，没时间制造时间也要睡；

打猎，就要玩儿命地打，不分昼夜、不分季节、不分牲畜地打，把一个山里的动物打绝了，咱们换一个山头继续干！

综上所述，这就是一个不要命的疯子。

当然了，如果耶律述律只是“喝酒，睡觉，打猎”的话，他也不会得到这个“暴帝”的头衔。人家最大的本事，就是喜欢杀人，并以此为乐。

这个耶律述律到底多喜欢杀人呢？看看《辽史》对他的记载，您就会彻底地清楚明白了：

应历十三年正月，杀兽人海里。三月，杀鹿人弥里吉，枭其首以示掌鹿者。六月，杀獐人霞马。十一月，杀彘人曷主……十四年二月，支解鹿人没答、海里等七人于野……十五年三月，虞人沙剌迭侦鹅失期，加炮烙、铁梳之刑而死……十六年九月，杀狼人褭里……十七年四月，杀鹰人敌鲁……

要知道，从应历十三年到他死，耶律璟每年都会无端杀人，每年还要刷新自己的杀人纪录。因此说他嗜杀成性、残暴不仁，一点也不过分。

辽国在这个极品皇帝的统治下，全国上下陷入一片白色的恐惧之中。朝堂之上，大臣们个个战战兢兢、人人自危。为了保住自己的性命，他们只能屈服于这位“睡王”，任由他胡作非为了。

当然了，后周看见了难得的机遇，这要不趁机讨伐，以后他们换了一个明君当政，已经被欺负了半个多世纪的汉族子民，岂不是将永无出头之日？

性格如火、绝不允许机会白白溜走的周世宗柴荣，立刻颁布了全国动员令，倾尽后周所有的力量，要亲征契丹，一举收复长城。

显德六年（959 年）三月二十八日，柴荣率军出征，剑锋直指燕云十六州。

同年四月十六日，柴荣率军到达沧州，各路援军也先后赶到。等兵马到齐后，柴荣没有做任何休息，而是第一时间率数万大军，直接开赴契丹前线。

同年四月十七日，柴荣率军到达宁州，宁州守军王洪不敢抵抗，马上开城投降了。

同年四月二十日，在等待了两天后，后周水军赶来助阵。随后，柴荣任命韩通为陆军指挥使（陆路都部署），赵匡胤为水军指挥使（水路都部署）。后周部队水陆并进，沿京杭大运河逆流而上，兵锋直指辽国的“南京”幽都府，也就是今天的中国首都——北京。

同年四月二十二日，柴荣率军抵达幽州前哨关隘——益津关。

自古以来，益津关、瓦桥关和淤口关合称三关，是北京南面的三条重要防线，有“不下三关，难抵幽州”之说，可见这三关的重要程度。

然而，面对后周这数万大军，益津关守军一哄而散了。柴荣不费一兵一卒，益津关守军终延辉就出关投降了。

同年四月二十三日，赵匡胤率军抵达瓦桥关，结果跟益津关的情况一模一样，瓦桥关守军自知难以抵挡，也出关投降了。

同年五月一日，在后周所有援军到达后，在这种强大的威慑下，淤口关守军也出关投降了。随后，瀛洲、鄚州太守也接连呈上降书顺表，这些地方也迅速被后周接管了。

至此，在短短一个月之内，柴荣不费一兵一卒，接连收复三关三州，即：益津关、瓦桥关、淤口关；宁州、瀛洲、鄚州。还一举收复了17县，人口18361户，彻底创造了前世未有之局，获得了一场前所未有的大胜利！

那么，配菜吃得差不多了，该啃这块最难啃的骨头了！

重病缠身

显德六年（959年）五月一日，柴荣在瓦桥关前大摆筵宴。他慷慨激昂地告诉诸将："明日出征，大破契丹，收复燕云，让我汉地中兴！"

然而，历史就是这么荒诞不经，当柴荣讲完这番激动人心的话后，他就彻底地病了，而且还一病不起了。

是的，在没有任何的征兆下，柴荣就这样重病缠身了。

那么，柴荣这场突如其来的疾病，到底是"天灾"，还是"人祸"呢？

"天灾"方面的说法，主要有三种：

第一种说法，地名不吉说。

根据《五代史补》记载：当柴荣御驾亲征时，他路过一个地方，就在这里稍事休息，等待三军。在柴荣休息期间，沿途的百姓听说皇帝来了，他们就争先恐后地围了过来，排队给皇帝送吃的。

在面对这些百姓时，柴荣兴高采烈地说道："大家好，你们辛苦了。敢问各位老乡，这里是一个什么地方？"

"回奏皇帝，此地叫病龙台。"一个两鬓斑白的老者回答道。

一听这话，柴荣大惊道："病龙台！感情这里就是一个让自己生病之所呀！"于是，当天晚上，柴荣就感觉身体不适，直接病倒了。

第二种说法，神人索物说。

还是根据《五代史补》记载：当周世宗还没有成为皇帝前，有一天夜里做了一个梦，他梦见一个身披七彩衣裳、脚驾一片祥云的神仙。这位神仙送给他一本《道经》，还有一把金光灿灿的雨伞，并郑重其事地告诉他：未来的你，将成为这个天下之主。

后来，等柴荣屯兵瓦桥关的时候，他又梦见了那个神仙。只不过这一次，这个神仙就非常不厚道了，他收回了之前的书籍与雨伞，然后就扬长而去，再也不知所踪了。

等神仙离开后，柴荣从梦中惊醒了过来，他立刻对左右说道："吾梦不祥，岂非天命将去耶？"随后，柴荣就一病不起，最后只能临终托孤了。

第三种说法：一语成谶说。

根据《辽史》记载，在得知柴荣御驾亲征后，那位著名的"三绝睡王"耶律璟，也不喝酒、睡觉、打猎了，这位皇帝也整顿自己的兵马，准备御驾亲征了。

殊不知，就在这国家危难之际，辽国一个老臣进言道："启奏皇帝，您不用御驾亲征，用不了多久，柴荣必败。"

一听这话，耶律璟这个丈二和尚，摸不着头脑，他立刻问道："爱卿此言何意？"

老臣继续说道："周主姓柴，幽州为燕，自古'燕'与'烟'同音，柴荣此行，就是'干柴进烟火'呀，他根本就不可能成功。"

后来，果不出这个老臣的预言，没过多久，柴荣就病倒，后周也只能撤兵了。

综上所述，因为柴荣去了一个不该去的地方——病龙台，见到了一个不该见的人——讨债神仙，还姓了一个不该姓的姓——柴，三管齐下，他终于病倒，并且无力回天了。

当然了，上述的这些说法，就是一堆胡编乱侃的故事，在茶余饭后瞎扯一下，还是可以的，正式场合，还是算了吧。

实际上，一代帝王柴荣的病因，其实非常简单，一点也不复杂。

细察历史我们就能知道，柴荣登基五年，发动了五次战争，而且还都是亲征。这期间他事无巨细、事必躬亲，每天都要超负荷工作。在这种情况下，柴荣没有过劳死，这本身就是一个奇迹。

除此之外，种种迹象表明，柴荣在出兵前，就已经身染重病了。因为后周的那些大臣们，不止一次劝慰道："待圣体稍安之后，再行北伐，亦不为晚……”

史书记载，显德六年（959 年）五月五日，柴荣终于支撑不住了，于是，在群臣的苦苦劝说下，柴荣终于结束了亲征，他郁郁寡欢地率领军队回朝了。

同年五月三十日，柴荣率军返回了开封城。至此，这场中原王朝与大辽王国第一次大规模的战争，就以这样的结局而落下了帷幕。

当然了，同时落下帷幕的，还有柴荣自己……

一块蹊跷的木牌

显德六年（959 年）六月十九日，柴荣在弥留之际，他接连做了三件事情，用来巩固自己儿子的权力。

第一件事，册封皇后，提高外戚苻氏一族的地位。

第二件事，选择了三位名相范质、王溥、魏仁浦，当作自己的托孤大臣。

第三件事，重组皇家禁军班底，彻底砍断了自己的“左膀右臂”。

在没有任何的征兆下，柴荣就进行了一次“政治大洗牌”，他接连罢免了自己的禁军首领，并把他们轰出了朝廷，直接外放到地方去了。

这一下子，所有的人都大惊失色了，而且在这个节骨眼上，在自己即将病逝的危急时刻，正需要这些皇亲国戚稳定朝局的时候，柴荣把他的这些本家亲戚都轰走了，反而决定重用外人了。他到底是怎么想的呢？

原来，这一切的一切，都是源于一个莫名其妙的木条，以及上面一句危言耸听的话。这句话就是：“点检做天子。”

根据史料记载，这句话最早的出处，可以追溯到《旧五代史》中。不过，上面的记录并不全面。

帝之北征也，凡供军之物，皆令自京递送行在。一日，忽于地中得一木，长二三尺，如人之揭物者，其上卦全题云：“点检做”，观者莫测何物也。

——《旧五代史·世宗纪六》

这段话的意思是说：

柴荣在北征期间，但凡是军用物资，他都要一一过目。有一天，他发现了一块长两三尺的木板，形状就像是一个人在举什么东西，上面还写了一堆鬼画符。除了“点检做”这三个字外，没有一个人能够读懂这些意思。

最后，就是这么一件稀松平常的事情，等到了《宋史》里，却被赋予了一套更加完善的“注解”。

世宗在道，阅四方文书，得韦囊，中有木三尺余。题云“点检做天子”，异之。

——《宋史·太祖本纪》

就是说：柴荣在班师回朝途中，在批阅四方送来的奏折时，突然发现了一个锦囊。它里面放着一个三尺木牌，上面赫然写着“点检做天子”五个大字。结果呢，柴荣大惊失色，他决定防患于未然，立刻罢免了“殿前都点检”的官职。

这里多说一句，单凭这么一句话，柴荣就能这样大动肝火，非要罢免国家高级干部吗？

能！因为这句话，它不是一般的话，而是一句极其要命的谶语。

谶，指的是上天的警示，先前的预言。所谓谶语，即迷信的人指事后应验的话，即成语“一语成谶”是也。

当然了，如果放在现在，咱们一听到“谶语”，第一时间会想到的是：骗子、迷信。然而，在当时的那个时代里，黎民百姓还是宁可信其有，不可信其无，他们对此坚信不疑。

远的不说，秦朝时期那两句“亡秦者胡也”和“始帝死而地分”的谶语，不就给秦王朝带来了巨大的灾害吗？

前一句，直接促成了劳民伤财的万里长城的诞生；后一句，更是让传播的数万百姓，全部人头落地。

谶语的威力，确实不容小觑。

书归正传，在这条谶语中，这个躺着也中枪，无辜被贬的殿前都点检，他是谁呢？

这个倒霉蛋叫张永德。

那么，谁那么缺德，干出这种栽赃陷害的事情，非要坑害殿前都点检呢？

这个人，他的名字叫作：李重进。

为了把这件事情讲明白，咱们还是从头说起吧。

遥想当年，在周太祖郭威登基称帝的时候，这个世界根本没有“殿前都点检”一职，只有一个“侍卫亲军司”。这个官职负责掌管全国的禁军，且郭威就是这支部队的最高司令。

换句话说，郭威掌管着全国的军队，他要是想造反的话，还不是轻而易举？

后来，等郭威黄袍加身后，他一琢磨，这件事情不对呀！要是手下也效仿自己，也拥兵自重后造反，自己岂不是赔死？

于是，郭威凭空创造出了一个“殿前都点检”的职务，让他与“侍卫亲军司”分享军权。他把皇家禁军一分为二，两者互不统属，全都听命于皇帝，才算是解决了这个难题。

那么，让谁来担任这两个职务，共同管理皇家禁军呢？

这两人，就是张永德与李重进。

当然了，郭威之所以选择这两个人，是因为他们最合适。从履历上看，这两人年龄相仿，资历相当；从亲缘上看，张永德是郭威的女婿，李重进是郭威的外甥。因此，他们简直就是绝配！

然而，郭威万万没有想到，这两个本应该志同道合、惺惺相惜的人，却彻底变成了两条“疯狗”，一见面就咬，且非要拼一个鱼死网破！

对于这个问题，很多人都认为是李重进的问题。

咱们前面讲过他，他是一个五代十国“标准”的军人，除了嗜杀成性、出口成“脏”外，由于没有当上皇帝，李重进一直对这件事情耿耿于怀。因此，他对上司柴荣都没有好脸，何况还是一个平级的官员。

与李重进相反的是，张永德给人的感觉是：这是一个不折不扣的老实人。不管是什么时候，张永德都沉默寡言。他不擅长与人争辩，即使受了委屈，背了一个大黑锅，也只是默默地忍受。

因此，在所有人的眼中，李重进是一个“坏人”，而张永德是一个“好人”。

殊不知，在史料的记载中，这个“坏人”，他没有那么地卑鄙无耻、不可救药；而那个“好人”，他也不是那么地光明磊落、大公无私。

根据史料记载，只要一有机会，张永德就要诬陷李重进“谋反”，他就跟一只苍蝇一样，天天在柴荣的耳边“嗡嗡”地叫，且一直没完。

张永德诬陷得最严重的一次，是在显德三年（956年）十一月，他居然派使者携带“证据”进京，直接说李重进有“奸情”，他准备谋反了。

张永德的这番言论，不仅让朝野震惊，还把李重进吓得够呛。后来，由于这些“证据”基本上属于诬告，所以到了最后，周世宗采用了一种冷处理的方式，即：不相信、不决策、不理睬。

总之一句话：我不追究，也不相信，你们都别闹事，踏踏实实地好好干。

根据《宋史》记载，在得知张永德诬告自己后，李重进的反应，就有点让人瞠目结舌了。

原来，得知自己被诬告后，李重进二话不说，立刻单人独骑地冲到了张永德的军营里。当然了，人家不是去报仇，而是去和张永德把酒言欢、互相倾诉去了。他们你一碗我一碗，整整喝了三天三夜。

最后，李重进情深意切地对张永德说道：“你我都是朝廷重臣，且都手握重兵，理应团结起来，为皇帝服务，为什么要兄弟阋于墙，天天这么窝里斗呢？”

听完这番话后，张永德惭愧地低头无语，随后他们冰释前嫌，抛开了所有的成见，继续称兄道弟了。

可见，从这件事情上看，李重进虽然不招人待见，但他也绝对是一个光明磊落的男子汉。他实在犯不着干一些鸡鸣狗盗之事，整一块破木板，暗箭伤人。

因此，历史上写这块“点检做天子”的人，到底是不是李重进，值得商榷。

四大疑点，让这块“点检做天子”的木板，成为一个千古之谜，至今没有人能解开。

第一大疑点：史料。

咱们前面讲了，这段史料主要出自两处，一处是《旧五代史》，另一处是《宋史》。然而，矛盾也正在于此。

按常理来说，《旧五代史》成书于北宋初年的太宗朝，时间上距离木板事件更近，理应记得更加详细。然而，这段文献只是记录了木板的长度——二三尺，以及三个模模糊糊的字——点检做，就啥都没有了。这不符合基本的逻辑。

相反，元朝人编纂的《宋史》，距离那段历史比较远，反而记录得更加详细。不仅写得绘声绘色，还把柴荣的心理写了进去。真不知道他们从哪里搞到的这段资料。

因此，我们绝对不能排除一个问题——这段历史，可能就是一件鸡毛蒜皮小事的无限扩大，或者是为了政治需要，是神话赵匡胤的手段而已。

第二个疑点：逻辑。

咱们前面讲了，张永德状告李重进谋反，柴荣都置之不理、不闻不问，而这么一个子虚乌有的木牌，柴荣就能勃然大怒，最后罢免了张永德的官职，顺便把他轰出了朝廷，这根本就不合逻辑。

当然了，我们也不能排除柴荣在病重期间，满脑子全是糨糊，所以才干出了这种糊涂的事情。但是，您看看柴荣临终托孤时候的部署，那真是布局严谨、滴水不漏。您不要跟我说，这些也是一个"糊涂蛋"安排的结果。

可见，面对这么一个子虚乌有的东西，身为一代英主的周世宗，他又怎么会大动肝火，这么高度重视呢？

第三个疑点：动机。

自古以来，咱们在讨论这个案件的时候，总是习惯地认为，如果扳倒了张永德，最大受益人将是赵匡胤，或者是李重进，因此他们才是罪魁祸首。

实际上，这里有一个天大的误区。

诚然，在一个案件中，但凡玩儿命害人的主，都必须要遵循一个最基本的原则——收益大于风险，然而，从这个角度看，最大的嫌疑犯赵匡胤，他反而没有理由这样做。因为根据成本核算，即使扳倒了张永德，柴荣也不会提拔他当殿前都检点，因为这没有任何的依据。

除此之外，根据史料记载，赵匡胤与张永德的关系，那也是非同一般。赵匡胤迎娶王氏，也就是未来孝明皇后的时候，张永德曾出资数千两，当作赵匡胤的聘礼。而当赵匡胤登基后，每次张永德前来觐见，赵匡胤都免除了他君臣之礼，还不呼其名，依旧亲切地称他为"驸马"（郭威时期的称号）。

可见，两人关系铁到这个分儿上，赵匡胤实在没有理由这么做。当然了，即使赵匡胤有了歹心，他为了更多的利益而出卖了张永德。赵匡胤也清楚地知道，一旦张永德倒台，自己就将抛弃先前的关系网，从而元气大伤。而且，万一皇帝任命其他的人接替张永德，赵匡胤岂不是赔死！

因此，但凡是一个成熟的政治家，在这两项利弊面前，都会做出一个正确的选择。

除此之外，作为本案的另外一个受益者李重进，他到底是否赚了一个盆满钵满，我们还真不好说。

要知道，即使扳倒了张永德，也没法让禁军统一，而且新上来的殿前都检点，百分之九十的可能是赵匡胤。他是张永德的人，跟自己一点儿关系也没有。因此，这种给他人做嫁衣的事，李重进怎么能最终受益呢，这甚至有百害而无一益呀。

第四个疑点：心理。

要知道，自古以来，对付谶语最好的办法，就是“改名”。

秦朝时期，当秦始皇面对那句“亡秦者胡也”的时候，他的第一反应，就是杀尽天下姓“胡”的人，并且征服北方的胡人匈奴。

实际上，对于这段历史，后人借鉴了不少东西。大家普遍认为，秦始皇这是在穷兵黩武，在进行一堆无用功。他首先要干的事情就是，给自己的那些儿子们“改名”，因为他最宠爱的儿子，就叫作“胡亥”，也就是未来摧毁大秦基业的“秦二世”。

无独有偶，西汉末年王莽时期，当时的国师刘歆，也研究出了一个稀奇古怪的谶语：

刘秀发兵捕不道，四夷中集龙斗野，四七炎际火为主。

这句谶语的大概意思是：天下即将大乱，到时候群雄割据，会有一个叫刘秀的人，最终登基称帝。

从某种意义上讲，这应该是中国最准确的一条谶语。

后来，这个利欲熏心，或者是傻得出奇的刘歆，他居然改了自己的名字，从此就叫“刘秀”了。当然了，王莽怎么对待这个人，也就可想而知了。

最后，刘歆被满门抄斩、挫骨扬灰了。而那个真正的“刘秀”，他为了避祸，也隐姓埋名了一年多。

可见，如果柴荣真的重视这条谶语，他绝对会在名字上做足文章。最次的结果，也要毁了“殿前都检点”这个名字。而柴荣这种毫不理会的结果，从另一个方面印证了，这个木牌可能就是一个子虚乌有的东西，根本不足为据。

那么，在这种“史料有疑、逻辑不通、动机不清、心理不明”的情况下，单凭一块小小的木牌，不足以让柴荣痛下狠心，非要撤换自己的殿前都检点。

可是，如果不是这句“点检做天子”起了作用，又是一个什么原因，非让周世宗必须做出这样的一个决定呢？

这个原因，还得从张永德自身的毛病说起。

天降横财

我们老说，一个人失败后，他怨天尤人，总是从外面找失败的原因。实际上，这是绝对错误的，也是绝对找不到的。因为一个人失败的所有原因，都是他自己造成的，跟别人一点儿关系也没有。这就是孟子所说的“反求诸己”。

柴荣之所以罢免张永德，与其说是这句谶语的作用，不如说是他自作自受的结果！

这到底是怎么回事呢？

原来，在柴荣因病班师回朝期间，他正好路经澶州。因为澶州是柴荣发迹之所，所以柴荣对这里感情特别深。他在这里住了很久，也没有返回京城的意思。

眼见君主流连忘返、乐不思蜀了，群臣全都慌了，且因为柴荣重病缠身，除了张永德等少数官员外，其他人根本没有面圣的机会。

在这种背景下，这些大臣就围住了张永德，托他给皇帝带个话：“如今皇帝重病，京城空虚，天下也没有太平，万一有一个突发事件，有人觊觎皇位的话，咱们岂不是赔死，还是赶紧班师回朝，这才是正道。”

听完这番话后，张永德觉得句句在理，他就在面见柴荣后，把这番话原原本本、一字不差地说了一遍。

殊不知，等张永德说完后，柴荣冷冷地问道：“张爱卿所言极是，朕问你一句，这些话是谁教你的呀？”

突然听见这么一句话，张永德毫不避讳，他立刻说道：“是谁、谁、谁教我的，大家都是这个意思。”

事后，柴荣叹着气说道：“我就知道是这个结果，肯定有人教你这么说，难道你不明白我的心意吗？我看你一脸穷相，不足以当此富贵。”

至此，张永德未来悲惨的命运，就此注定。

当然了，您千万别跟我说，他之所以被柴荣辞退解雇，是因为自己“面相”

不好，或者是“好心办坏事”。

您要是这么想的话，您的觉悟也就如此了……

要知道，柴荣的这番言论，可是有极其深刻的政治含义的。咱们设想一下，一个人位高权重、手握重兵，却一点主见都没有，天天被人当枪使，自己还浑然不知，这意味着什么？

这么一个很容易被人说服的人，即使自己没有野心，也难保自己手下没有野心，更难保自己在手下的撺掇下，最终爆发出野心。

因此，不管怎么想，这个手握重兵、毫无主见的张永德，都是大周王朝一个实实在在的潜在威胁！对付这样的人，仅仅解除了他的兵权，这已经是对他最大的恩惠了。

以上才是柴荣罢免张永德的真正原因，跟那个什么狗屁谶语，没有一丁点儿关系。

从一开始，此人就难堪大用，绝对不能托孤。

那么，对于柴荣而言，如果舍弃了张永德，他又该把军权托付给谁呢？

是李重进吗？

别扯了！如果说张永德只是个人能力的问题，他可能被人撺掇造反的话，那么这个李重进，他绝对会杀了自己的小儿子。

因为，从自己登基后，这个人就一直愤愤不平，时刻准备着报仇雪恨，你让这种人成为自己的托孤大臣，这不是没事找死吗？

因此，等罢免了张永德以后，柴荣就把李重进轰到了扬州，让他彻底远离了中央，去当一个地方节度使去了。

那么，接连罢免了张永德和李重进，柴荣又该把军权托付给谁呢？

看来，只有那个人了……

这个人，就是喜从天降，被馅饼狠狠砸了一顿的赵匡胤。

那么，柴荣为什么如此信任赵匡胤呢？两件事情，应该能够说明这个问题了。

第一件事：忠孝的问题。

咱们前面讲过，在父亲病重期间，柴荣让赵匡胤去打仗，结果赵匡胤二话不说，立刻把父亲托付给了赵普，然后就率军出征了。在那个时代里，如果“忠”跟“孝”冲突了，还是“忠”为先，毕竟还是要先效忠皇帝。

实际上，这是一个天大的误区。

在中国古代，不管是什么学说，都把“孝道”作为人最高的道德准则。孝道不仅是中国传统文化中，最基本的社会伦理准则；更是衡量一个人，是否“配当人”的一个最基本依据。

“孝”是如此重要，即使是最高统治者皇帝，也不敢轻易践踏这个字。所以不管是什么等级的官员，只要父母生病了，就一定要回家尽孝，这也成为一种“祖制”，是不可能更改的事情。但是，如果国家正在用人之际，这么一个烂摊子没人管，你不能说卷铺盖就不干呀？一到碰到这种情况，皇帝可以使用自己的杀手锏——夺情。

所谓“夺情”，就是明知道你很悲伤，但是为了这个国家，我只能“很不厚道”地把你拽回来，让你继续为这个国家效力。当然了，统治者也知道这种做法理亏，所以用了一个“夺”字。意思是这不算是命令，大臣可以选择拒绝。

因此，如果当时赵匡胤选择违抗圣旨，就是要照顾自己的父亲，柴荣也无话可说。他不仅不会怪罪赵匡胤，反而还会欣赏赵匡胤的这种孝顺之心。

这个原因很容易理解，根据我们的传统定义，只要是孝子，就一定忠君；反之，连一个父母都不孝顺的人，怎么可能会忠于自己的老板。然而，就是这个赵匡胤，他为了自己的国家，都不用柴荣去夺情，人家就自己跑过来忠君报国了。

可见，对于这么一个人，柴荣怎么能不喜欢他，怎么能不委以重任，最后临终托孤呢？

第二件事：贪心的问题。

自古以来，虽然有“钱财乃身外之物”之说，但是试问这个天下，有谁能够做到这点，做到视金钱如粪土，真正的淡泊于心？

殊不知，赵匡胤却告诉我们：我能！

在讨伐南唐期间，由于赵匡胤的英勇表现，李璟视其为心腹大患，他就想使用一个离间计，彻底铲除这个心腹大患。

有一次，李璟派使者修书一封，直接交给了赵匡胤，并不怀好意地馈赠了3000两黄金，想以此制造赵匡胤私通南唐的假象，从而引起柴荣的怀疑。

然而，面对这3000两黄金，赵匡胤根本不为所动，人家二话不说，就把这件事情告诉了柴荣，并把这些黄金上交国库了。

南唐李璟真是偷鸡不成蚀把米，赔了夫人又折兵，他不仅没有离间赵匡胤与柴荣的君臣关系，反而赔了一笔黄金。

至此，通过明里暗里的不断考察，柴荣得到了一个非常好的结论：

赵匡胤这个人，打仗身先士卒、舍生忘死；生活公而忘私，国而忘家；为官从不贪污腐败、结党营私；甚至为了国家的利益，他能够舍弃自己的老爹，坚持以国事为重，是所有后周官员的楷模。

总之一句话，赵匡胤绝对是一个好干部，他也绝对不会辜负自己的重任。

至此，当提拔了赵匡胤为“殿前都点检”后，柴荣终于欣慰地咽下了最后一口气，他终于结束了自己五年辉煌的历史。然后，柴荣将在那个世界或惊喜着，或痛楚着，或欢欣着，或悲伤着，看着赵匡胤最终黄袍加身，改朝换代，迎来属于自己辉煌的十六年……

第八章 一个新的时代

彻底崩溃的辅政格局

公元959年7月27日，一代帝王柴荣驾崩，享年39岁。同年，34岁的赵匡胤，被提拔为宋州归德军节度使、殿前都点检，成为后周“第一军事强人”，并迎来了一段属于自己的辉煌历史。

历史就是这样荒诞不经，这一年，赵匡胤34岁；而柴荣刚刚登基的时候，也是34岁。

当然了，如果赵匡胤想追随前辈的脚步，也完成柴荣那样的丰功伟业的话，他要干的事情，可比他想象的要难得多。

原来，等赵匡胤走马上任，真正坐上这后周第一军人的宝座后，他才惊讶地发现，自己被柴荣完全地耍了！虽然自己拥有后周的军权，但是他没有使用权。如果赵匡胤想使用军队的话，他得问问那三位大哥，即那三位当朝的宰相——范质、王溥、魏仁蒲。

除此之外，赵匡胤还惊讶地发现，虽然殿前禁军的死对头，那个侍卫禁军首领李重进，已经被彻底轰出朝廷了，但是侍卫禁军的二把手，却一直跟自己对着干，并且咄咄逼人，始终不肯就范。

这个赵匡胤的死对头，就是侍卫司亲军的二把手，马步军副都指挥使——韩通。

韩通，生年不详，并州太原（今属山西）人，后周高级军事将领。乾祐元年（948年），在随郭威平息河中、永兴，凤翔三镇叛乱时，韩通身被六创，奋勇杀敌，勇冠三军，从此成为郭威的心腹，并成为柴荣的一员爱将。

当然了，虽然韩通作战勇猛，但根据史书记载，此人性格刚烈而缺乏谋略，做事鲁莽不经大脑，动不动就迁怒于人，对部下也是打骂随性，很少体恤。因此，韩通在当时获得了一个外号——韩瞠眼。

之所以选择这个毛病多多的人入朝为官，这也是柴荣深思熟虑后的结果。因为，韩通有两个别人所不及的优点，值得柴荣这样做。

韩通第一个优点：忠心。

铁的事实证明，虽然柴荣所有的托孤大臣貌似都忠心耿耿、绝不变节，但只有韩通一人，没有彻底辜负柴荣。

未来，当那场永载史册的政变发生后，这满朝文武之中，只有韩通是唯一抵抗的人，并且用自己一族的鲜血，诠释了何为“忠心”。

这个人，他确实对得起柴荣。

韩通的第二个优点：跟赵匡胤不和。

咱们都知道，但凡托孤的大臣，都要是几个不和的人，这样才能互相制约，不至于一家独大，不然就联合起来颠覆皇权了。而韩通就跟赵匡胤不和，他们更不是一条绳上的蚂蚱。

原来，由于赵匡胤屡立战功，很多人就都依附于他，就连韩通的儿子，那个幼年得了佝偻病，人称“橐驼儿”的韩微，都劝父亲早作打算，跟赵匡胤处好关系。然而，韩通根本不听这个儿子的话，他依旧我行我素、独断专行。

到了最后，韩通跟赵匡胤的关系，到了一个什么地步呢？

赵匡胤登基称帝后，有一年他去开宝寺上香祈福，偶然在墙壁上看见了韩通父子的画像，结果赵匡胤勃然大怒，他下令，“把这面墙给我涂了，看着就心烦！”

单凭此点，韩通与赵匡胤的关系，就可见一斑了。

因此，柴荣重用韩通，让这个“韩瞠眼”跟赵匡胤对着干。柴荣就是要通过这样的人事安排，让军方势力趋于平衡、互相牵制、相互制约，以达到自己想要的结果。

现在，看看赵匡胤面临的局面吧。

内部方面，虽然自己是本朝第一军事强人，但这朝中大事，皆由三个宰相说了算。

外部方面，地方上以符彦卿、李重进、张永德为首，他们各自统率自己的节度使势力，不仅维护地方安定和边疆安全，还始终对中央虎视眈眈。

军权方面，虽然赵匡胤统领一半禁军，但是另一半禁军跟自己对着干，根本不在一条战线。

可见，通过这样的人事安排，帝国每一个方面都得到了完美的牵制，既让地方势力、宰相、军队正常运转，也不会让他们相互勾结，更不会让任何人从中作怪。

高，实在是高，如此之安排，如此之辅政格局，周世宗九泉下有知，也足以含笑。

然而，柴荣根本不知道，就跟后世咸丰托孤八大辅政大臣、两宫皇太后一样，再完美无缺的辅政格局，也会出现一定的缺陷，虽然微小，但足以致命。

何况，柴荣托孤的这个人，还是那个万众瞩目的赵匡胤！

那么，咱们来慢慢地分析一下，看看柴荣这套坚不可摧的托孤系统，是怎么被赵匡胤步步蚕食，最终土崩瓦解的。

首先，宰相方面。

三大宰相当中，王溥是一个“实在人”。柴荣刚死，尸体还没凉呢，王溥就暗送秋波了，很快投靠到了赵匡胤的一边。

魏仁浦也是一个“实在人”。这个人无欲无求，就准备干几年回家养老了，唯一的要求就是那点儿退休金了。所以，他实在犯不着蹚这池子浑水。因此，对于这么一个极其“热爱和平”的主，如果赵匡胤想要争取的话，绝对不是一件难事。

又解决了一个。

三大宰相当中，赵匡胤已经收编了两个宰相，那么不管范质是一个“老实人”，还是一个“精明主”，他已经不重要了。因为二比一，他已经彻底输了。

其次，地方方面。

在所有的节度使中，天雄军节度使符彦卿实力最强，也跟后周的关系最为紧密，因为他六个女儿中的两个，都是周世宗柴荣的皇后。

殊不知，符彦卿不仅是后周的老丈杆子，他还是大宋王朝的岳父！因为，他最小的一个女儿刚刚出嫁，未来将成为“淑德皇后”，而符彦卿刚刚收编的这个贤婿，就是赵匡胤的弟弟，未来的宋太宗——赵匡义。

可见，凭借这层关系，符彦卿实在犯不着为了一个七岁的小娃，就跟赵匡胤撕破脸对着干。

以上，就是周世宗安排的三方势力里面错综复杂的人际关系。这些都让柴荣始料不及，更让这个辅佐集团失去了牵制和平衡的能力。

最后，军权方面。

要知道，对于柴荣而言，再怎么委以地方重任，那也是天高皇帝远，远水救不了近火；宰相再怎么忠心耿耿，他们也是文臣，笔杆子终究斗不过枪杆子；唯有控制了这些武将，让他们无法拥兵自重，这样才不会联合起来造反。

然而，就是这个问题，柴荣看似做得井然有序、无懈可击，实际上却漏洞百出！

为何？看看下面这张职务表，您就会知道所有的原因了。

在这之前，咱们先重温一下后周的军队系统布局。

后周的中央军，也就是所谓的禁军，一共分为两个系统，即：殿前司和侍卫司。而在这两个最高统帅下面，各有四级官员。

也就是说，帝国最重要的兵权，一共掌握在10个人的手里。而在那场兵变前，这10个人以及他们跟赵匡胤的关系是：

侍卫司系统：

职务	姓名	备注
侍卫亲军马步军都指挥使	李重进	在野，没有实权
侍卫亲军马步军副都指挥使	韩　通	唯一的死敌

续表

职务	姓名	备注
侍卫亲军马步军都虞候	韩令坤	赵匡胤儿时玩伴，光屁股同志
侍卫马军都指挥使	高怀德	赵匡胤的妹夫
侍卫步军都指挥使	张令铎	赵匡胤三弟的亲家

殿前司系统：

职务	姓名	备注
殿前都点检	赵匡胤	时刻准备着……
殿前副都点检	慕容延钊	赵匡胤的兄长，亦师亦友
殿前都指挥使	石守信	“义社十兄弟”之一
殿前副都指挥使	慕容延钊（兼职）	赵匡胤的兄长，亦师亦友
殿前都虞候	王审琦	“义社十兄弟”之一

以上就是在这两大系统中，赵氏集团的真正力量。在这两大军权系统中，只有两个人不属于“赵家班”。

这两人中，李重进远离中央，虽然有一个“一把手”的官职，但因为不在京城，基本上就是一个“吃空饷”的官员。而“二把手”韩通，他虽然是侍卫司副统帅，但是让他一个人去抗衡八个人，去面对一群“饿狼”，这根本就是强人所难，也无力回天。

除此之外，由于韩通天然的“韩瞠眼”特性，他怎么可能会有群众基础，又怎么对抗德高望重的赵匡胤？

至此，在迅速控制了军队，控制了地方，控制了朝廷后，柴荣费尽心思建立起来的辅政系统，就被赵匡胤轻而易举地攻破了，而他下一步攻陷的目标，也不言自明了。

于是，该来的，终究还是来了……

陈桥兵变

时间过得好快，一转眼柴荣已经病逝半年多了，而此时的时间，也已经转到后周显德七年（960 年）正月初一了。

这一天，正是举国欢庆的春节。在一片祥和的气氛中，后周的大臣们一一行礼，他们向七岁的小皇帝柴宗训跪拜朝贺，预祝大周风调雨顺、国泰民安……

殊不知，除了赵匡胤以外，没有一个人会知道，这个春节，将是新皇帝柴宗训的第一个春节，也是他作为皇帝的最后一个春节。

在这满朝文武的朝贺声中，北方边境镇州、定州传来八百里加急文件，声称北汉已经跟契丹联手，他们已经引兵南下，不日就将杀到开封城前。

这一下子，满朝震惊，七岁的小皇帝吓得不知所措，年轻的苻太后也毫无政治经验。最后，柴荣托孤的两位宰相范质和王溥，在仓促间决定：代小皇帝颁布圣旨，命归德军节度使、检校太尉、禁军统帅、殿前都检点赵匡胤率军出征，即刻起程！

对于这个决定，包括韩通在内的所有大臣，都全票通过，没有一个人表示异议。毕竟，韩通要镇守京城，不容有失，而赵匡胤天天在外面打仗，由他带兵出征，也非常合适。

虽然根据事后的结果来看，这些大臣们绝对下了一步饥不择食、自寻死路的超级大烂棋，但是在当时，这绝对是他们的上上之策。

于是，在这种背景下，赵匡胤奉命出征了，而在他出征的途中，发生了两件神奇的事情，两件让所有人都心惊肉跳的事情。

第一件事情，点检做天子。

不知道从什么时候起，开封城里就开始流传了一句谣言，或者是一句谶语：“将以出军之日，策点检为天子。”就是说，等军队出发后，赵匡胤这个殿前都检点，就要登基称帝了！

这一下子，开封城的百姓再与世无争，他们也无法抑制自己内心的恐惧与不安了。要知道，如今“主少臣强”，再加上“点检为天子”这五个字，谁都明白这意味着什么！

当然了，老百姓们不在乎谁当皇帝，他们真正在乎的是，一旦改朝换代后，这里又将掀起一场血雨腥风的屠杀，而那些最深受其害的人，就是他们自己！

为什么这么说？前车之鉴，血的教训！

就在十年前，那个号称“一代明主”的郭威发动政变后，他的手下把开封城屠了一个尸横遍野、干干净净！当年的那些场景，这些人还历历在目，如今历史就要再次重演了，你让这些百姓怎能不胆战心惊？

于是，开封城里立刻炸开了窝，上至富商大贾，下至黎民百姓，大家全都乱作一团。有些人甚至打好了行李包裹，提前离开这个是非之地了。

在这种背景下，正月初三那一天，当赵匡胤的部队浩浩荡荡、纪律严明、井然有序地出城后，百姓们见没有出现谣言中的情景，他们那颗悬着的心，也终于彻底安定了。

然而，百姓们的“葫芦”刚刚被压下去，军队这个“水瓢”又浮了起来，并且愈演愈烈，还一发不可收拾了。

第二件事情，天下奇闻，两个太阳。

根据《宋史卷一·太祖本纪》记载：当大军离开开封城，正在开赴战场，路经陈桥驿的时候，突然之间，当时军中的第一大忽悠，号称精通天文、地理、占卜、面相之术的殿前司军校苗训“苗神仙”，他玩儿命地指着天上，并对全军大喊道：“大家快看，天上有一个太阳，它的边上还有一个太阳！”

原来，此时此刻的天上，居然出现了一个奇异的天象，但见两个太阳一上一下，黑光纵横，它们正在玩儿命地掐架！

这一下子，士兵们争先恐后地往天上看。当然了，我们绝对有理由相信，在这烈日炎炎之下，在没用任何的护具情况下去瞅太阳，别说看见两个太阳了，您能在一瞬间看见无数个太阳！

于是，在很快的时间内，所有人都看见了这两个太阳！最后，苗神仙煞有其事地做了一个总结：这就是天命！

当然了，我们现在看见这段历史，会认为这就是一场闹剧。

然而，当时的人们居然都相信了，且都深信不疑！

所谓“旁观者清，当局者迷”，应该就是这个道理。

除此之外，古人需要这套东西，特别是这种君权神授的封建迷信，更能起到重大的作用！

君不见，在那个烽火连天的秦末时期，陈胜的那句千古名言——“燕雀安知鸿鹄之志”，根本就没有引起多少人的共鸣；相反，吴广的那句脍炙人口、家喻户晓的“大楚兴，陈胜王”，却让所有人心潮澎湃，最后全都揭竿而起。

这就是迷信的力量，作为神圣而有力的精神动力，这股力量确实有自己独特的一面。

否则的话，在那个楚汉争霸的岁月里，如果刘邦没有斩杀白蛇，号称自己是赤帝子转世，他如何管理自己的臣民，如何让自己的士兵抖擞精神，去跟那个真正的“力拔山兮气盖世”的项羽拼命？

因此，从某种意义上讲，天命所归、君权神授这些东西，才是百姓们真正的最爱！

于是，不管是天上有一个太阳，还是两个太阳，还是有无数个太阳，这些都不重要了。重要的是，大家伙都听到了那句说到他们心坎里的话——“天命所归”。

这就齐活了！

当天晚上，这些将领们就聚集在了一起，大家畅所欲言，互相交流经验。有人就提议道：“如今皇帝年幼，不懂朝政，不懂军事，我们还跟这个娃娃混什么！不如顺应天意，立点检为天子，这样我们提着脑袋为国家杀敌，也能有人记得我们的功劳，这才是正道！”

“这个办法，我看行……”

于是，谋立新君的种子，彻底被这些士兵们种下去了。但问题是，阴谋造反毕竟不是请客吃饭，那是有很高的技术含量的。要是论吃喝玩乐、打家劫舍，这些士兵们还有用武之地，但是干这种高智商的政治游戏，这些人就有点儿捉襟见肘了。

那么，谁来给这颗种子施肥浇水，让它开花结果呢？

这个接手的人，就是赵匡胤的第一幕僚，且一样雄心勃勃的赵普。

要知道，赵普是一个有野心的人，且从来没有隐藏过这个事实。

在滁州战役结束后，赵普跟随赵匡胤返回了京城。虽然他深得赵匡胤的信任，但是赵普的官职，还是一个小小的幕僚，这让他天天郁闷不已。

有一天，闲来无事的赵普到处闲逛。他找了一个很有名的卦摊，准备算上一卦，看看自己的命运。正当赵普开始问卦的时候，当朝宰相范质一行人正好路过此处。

看着范质那“天庭开阔、印堂发亮”的相貌后，赵普发自内心地感叹道：

“如此面相，不知修了几世福气，才能得此高位……”

殊不知，赵普话音未落，这个摊主就看出了里面的玄机，他故作泄露天机地说道：“员外何出此言？我见员外的相貌，强于他数倍，不日即将飞黄腾达，何来羡慕二字？”

得到这么一个占卜的结果，不仅令赵普振奋不已，也更加坚定了他实现抱负的决心，他更加尽心尽力地辅政赵匡胤了。

然而，当这些武将们找到他，让他挑头谋反，拥立赵匡胤当皇帝时，赵普的第一反应却是：不干！

不管是虚情假意也好，还是推三阻四也罢，反正赵普就是不干，打死也不干。

当然了，也没法干！赵普清清楚楚地告诉大家：“赵匡胤是一个赤胆忠心的臣子，他一定不会背叛大周王朝，也不会饶恕你们这些乱臣贼子的！”

听到这句话后，大家想想也是：天上不会掉馅饼，如果真掉了一个馅饼，那也不是馅饼，而是陷阱。咱们将心比心一下，突然让一个人莫名其妙地当皇帝，换成是谁，这个人也得急。

最后，在赵普的好言相劝下，这些将领们就各自散去了。但是，开弓哪有回头箭，大家已经挑明了让赵匡胤当皇帝，这就等于是谋朝篡位了，即使赵匡胤不办他们，回头柴宗训也得收拾自己！

于是，过了一会儿，大家又重新聚集了起来，他们对着赵普亮起了兵器，并发狠话道：“按照军规，军中有聚众谋反者，立刻灭族论处。如今我等要拥立太尉当皇帝，估计都活不到明天日出了，你还跟我谈什么去打契丹人。现在太尉不接受册立的话，大军就绝对不前进了！”

话都说到这个分儿上了，赵普也就该乖乖就范了。然而，赵普也不知道是怎么想的，他居然还有话说：“外寇压境，将莫谁何，盍先攘却，归始议此。”

面对赵普这样拒不合作的态度，这些士兵们全都不干了，大家纷纷喊道：“主上幼弱，我辈出死力破敌，谁则知之！不如先立点检为天子，然后北征。”

铁的事实证明，赵普所谓的“打死也不干”，那也就是说说，只要打不死，咱们还得干。见火候差不多了，另外一个重量级人物说道：“兴王异姓，虽云天命，实系人心。汝等各能严饬军士，勿令剽掠，都城人心安，则四方自定，汝等亦可共保富贵矣。”

总之一句话，你们要听我的，要严肃军纪，不能纵兵抢劫，否则咱们全都玩儿完。只有先做到这一点，咱们才能劝赵匡胤改朝换代。

据说，说这句话的人，他就是赵匡胤的弟弟——赵匡义。

那么，我为什么要用到“据说”二字呢？因为在未来的“烛影斧声”里，这段文字将涉及一段极其严重的政治问题。

未来的事情，还是未来再说吧。不管这句话到底是谁说的，反之结果是一样的，当天晚上，赵匡胤的左膀右臂赵普和赵匡义，他们都同意了诸位将领的请求，已经准备密谋造反了。

于是，第二天的清晨，即显德七年（960年）正月初四，历史上大名鼎鼎的“陈桥兵变、黄袍加身”的故事，终于拉开了帷幕。

根据司马光的《涑水纪闻》记载：就在这一天的清晨，还在睡梦中的赵匡胤，他都不知道怎么回事，就见一大群人破门而入。这些人乱哄哄地冲到自己的床前，并不由分说，直接对着自己大吼道：“诸将无主，愿策太尉为天子。”

天，这是一个什么情况？赵匡胤当时就蒙了！你们拿着朝廷的俸禄，又不是什么绿林好汉，怎么就“无主”了呢？

这些人根本不容赵匡胤反驳，就把赵匡胤扯到屋外。这些人扒掉了赵匡胤的衣服，并给他穿上了一件崭新的衣服，一件刚刚裁剪完成的御用龙袍！

就跟十年前一模一样，赵匡胤彻底变成了郭威，他终于复制了郭威当年的一切，一样地“被动”加冕，一样地“被动”穿衣，一样地“被动”地接受着诸位将领的朝拜，看着他们对自己三跪九叩，听着他们对自己高呼万岁。

一个新的皇帝，终于诞生！

以上，就是史书中记载的赵匡胤陈桥兵变、黄袍加身的大概过程。现在，我们来简短地回顾一下这起事件的整个过程。

正月初一，北方传来紧急军情，赵匡胤奉命带兵出征。

正月初二，慕容延钊率先锋部队出发，与此同时，京城开始流传一句“点检为天子”的谣言。

正月初三，在赵匡胤出征期间，天上出现了“二日互殴”的奇景，这也变相应验了赵匡胤当天子的说法。于是，当晚所有将领哗变，他们决定谋朝篡位了。

正月初四，赵匡胤一觉醒来，他就“被动”地黄袍加身，从一个执掌兵权的大臣，直接变成了一个崭新王朝的皇帝。

短短四天的时间，赵匡胤就完成了一个改朝换代的壮举，其速度之快，效率之高，真是让人瞠目结舌，古往今来独一份！

纵观这次政变的整个过程，赵匡胤好像一直毫不知情、置身事外，他仿佛很无辜、很委屈，完全是“被迫”登基的。

然而，从细节看这起事件，您就会惊讶地发现，这根本就是一场蓄谋已久、计划周密的大戏，而赵匡胤本人，就是这场大戏的总导演！

那么，在这场大戏中，又会有哪些历史疑问呢？

疑窦丛生

对于这场政变的过程和结果，没有任何的史学家表示异议。

唯一的争论是，对于赵匡胤而言，所谓的“陈桥政变”，这到底是一场他毫不知情、被迫登基的闹剧，还是一场他蓄谋已久、自编自导的贺岁大片？

虽然从结果来看，所有人都选择后者，毕竟皇位不是馅饼，不可能凭空而降，然而，这个矛盾也正在于此。因为所有的证据，都被赵匡胤偷偷摸摸地暗地销毁了，我们无法证明“陈桥兵变”这件事，就是赵匡胤自编自导的贺岁大剧了。

我们唯一能够提出来的，就是对这场案件的三大疑问了。

疑点一，北方真的有军情吗？

如果追溯源头的话，赵匡胤这场陈桥兵变的导火索，就是契丹与北汉的联合入侵。换句话说，如果契丹跟北汉不入侵的话，赵匡胤不会奉命出征，更不会在陈桥发动政变。

那么，这场契丹跟北汉的联合入侵的军事行动，它到底是有，还是没有呢？

纵观史料，不管是《旧五代史》《宋史》《资治通鉴》《续资治通鉴长编》，还是敌国的《契丹国志》，都清楚地记录了这件事情：在显德七年（960 年）正月，北汉的刘钧确实联合了契丹，一起入侵大周帝国。

当然了，敌国这个时候起兵入寇，也是完全有可能的，毕竟大周“主少国疑”，在这权力交接不稳之际，北汉和契丹一起捞个便宜，这也是人之常情，无可厚非。

那么，历史的真相，真是史书上的那些记录吗？

在这些书籍中，《旧五代史》是赵匡胤派人编纂的书籍；《宋史》是宋真宗赵恒编纂的书籍；其他的《资治通鉴》《续资治通鉴长编》，那是后人对前朝书籍的“再版”。毕竟时隔了半个多世纪了，能记录下来就不错了，谁还去找人证和物证呀！

因此，在这种不断的“再版”下，前朝的那些真实的历史，要么就被人掩盖了，要么就被人修改成了现在的样子，成为我们约定俗成的历史了。

至于那本《契丹国志》，看着名字挺唬人的，是一本敌国的史料书籍，其实呢，根本不是这么一回事！

这本所谓的《契丹国志》，是南宋给辽国编纂的史书，其主要的内容，全部照抄《旧五代史》《宋史》《资治通鉴》等书，也就稍微改了一下版权。

一句话，如今所有记录北汉与契丹联合出兵的书籍，全都来源于《宋史·太祖实录》，就是这本书的一个补充和说明。而对于这本《太祖实录》，我们也就不好说了。

既然《宋史》的资料不准确，那么看看其他的资料，那本专门为契丹人写的《辽史》，咱们就能找到一个不同的答案了。

根据《辽史》记载，这次所谓的“汉辽联合军事演习”，只字未提。相反，《辽史》却记录了另外一件事情。

原来，在这一年的春节，就在赵匡胤黄袍加身的时候，辽国人确实没有闲着。当然了，人家不是在出兵打仗，而是忙着平复内乱。

根据《辽史·穆宗传》记载：

辽穆宗耶律璟九年（959 年）十二月，在这位“三绝睡王”的英明领导下，辽国王子敌烈、前宣徽使海思及萧达干等人谋反，最后被耶律璟镇压了下去。随后，耶律璟又是祭天又是忏悔，向老天爷和列祖列宗汇报平叛经过，让他们也跟着自己一起高兴等等。

冬十二月戊寅，还上京。庚辰，王子敌烈、前宣徽使海思及萧达干等谋反，事觉鞫之。辛巳，祀天地、祖考，告逆党事败。丙申，召群臣议时政。

十年春正月，周殿前都点检赵匡胤废周立，建国号宋。

——《辽史·卷六本纪穆宗上》

换句话说，就在赵匡胤“陈桥兵变”的时候，辽国自己忙得焦头烂额，莫说侵犯后周了，就是后周主动献上一片土地，辽国也没有工夫来取。

相反，这个联军的另外一个北汉，你还是忘了他吧，要是自己的“亲爸爸”不出战，你就是借给刘钧十个胆，他也不敢单独来！

除此之外，根据大臣们的表现，也能从另一个方面说明，这件联合入侵的事情非常蹊跷，疑点重重。

当赵匡胤黄袍加身的消息传回京城后，文武百官面面相觑、无计可施。宰相范质只能抓着副宰相王溥的手，高声痛骂道：“仓促遣将，我辈之罪也！”后来，由于宰相范质抓得太用力了，以至于指甲都陷入了王溥的肉里，几乎都要出血了，最后疼得王溥哇哇大叫了。

可见，从范质的表现，还有这句话就能看出来，对于辽国大军南下的这个情报，他们应该是有所怀疑的，只是没有来得及确认，就仓促地让赵匡胤出兵了，才酿成了今日的大悲剧。

疑点二，哪里来的黄袍？

黄袍是什么？黄袍是天下的象征，是自己君临天下的证明！因此，在那个皇权专制的时代里，除了皇帝本人外，别说穿黄袍了，就是没事收藏几件，那也是嫌自己活够，准备被株连九族了！

可见，因为龙袍不好找，普通人也不能有，因此当年郭威黄袍加身的时候，就是因为缺了它，所以才找了一面破黄旗，就这么凑合了一下。

那么，这里问题来了，赵匡胤的这件龙袍，它是从哪里冒出来的？

您千万别跟我说，这件龙袍是那“两个太阳”留下的，或者是那些士兵们连夜赶制的。

明朝岳蒙泉《绿雪亭杂言》里面的诗句，才是对这件事情最好的注解。

仓卒陈桥兵变时，都知不与恐难辞。
黄袍不是寻常物，谁信军中偶得之。

可见，对于赵匡胤而言，这件黄袍要不是预先准备好的，估计连他自己都不信。而他要这个玩意儿干什么用，结果也就不言自明了。

疑点三，赵家人的反应。

根据史料的记载，当赵匡胤黄袍加身的消息传到京城后，赵匡胤的母亲杜氏，这位老太太没有一点儿惊慌失措，她反而不慌不忙地说道："我的儿子心中有一个远大的志向，今天果然干了。"

除此之外，杜老太太还谈笑自若地补充道："吾儿生平奇异，人皆言当极贵，又何忧也。"

可见，哪有儿子都发兵造反了，母亲还在家里谈笑风生的道理。因此，杜老太太的表现只有一种解释：赵匡胤想取代后周的事情，绝不是一天两天的事情了，甚至在自己的母亲那里，这早就不是什么秘密了。

因此，对于这段历史，明人岳正曾，曾赋《宋太祖》一诗称赞道：

家母素知儿有志，他人却道帝无心。
史官兼载非相牾，后世那知费讨寻。

除此之外，赵匡胤对家里人的妥善安排，更是坚定了这首诗句的观点。

原来，在奉旨出征前，赵匡胤就秘密地把家人转移了，全都安置在了城内的定国寺。可见，要是赵匡胤不想干一些什么惊天动地的事情，他为什么要转移自己的家人呢？他根本就是看到了前车之鉴，怕自己的家人走上当年郭威家人的老路，被京城的皇帝屠杀干净呀！

因此，虽然上述的这些历史，都是后人的一些野史笔记，有些事情不尽可信，然而，从兵变后赵匡胤一家安然无恙的表现来看，赵匡胤确实做了一些安排，防患于未然了。

至此，通过剖析这三大疑点，赵匡胤到底是"被逼无奈"地登基，还是自导自演了一场闹剧，人心自有公论，我就不再阐述定性了。

当然，不管历史多么地疑点重重，赵匡胤登基称帝这件事情，已经成为一个事实，并再也不可能更改了。

后周显德七年（960 年），在"稀里糊涂"地黄袍加身后，这位意气风发、刚刚新鲜出炉的赵皇帝，立刻颁布了自己第一道圣旨："众将听令，你们贪图富贵，拥立我当天子，那就必须要听我指挥。"

一听这话，众人立刻齐刷刷跪倒，他们对着赵匡胤回答道："唯命是从。"

很好，要的就是这个效果。看见诸将完全服从自己后，赵匡胤立刻与诸位将领立下盟约，颁布了那著名的《约法三章》：

第一，咱们都是少帝和太后的臣子，不能欺负他们孤儿寡母。

第二，后周王朝的文武百官，那都是咱们的好同志，不许欺辱他们，更不许滥杀一人。

第三，大军进入京城之后，不许拿百姓一针一线……

听从我这些命令的人，事成之后，重重有赏，不服从者，一律灭九族！

至此，听完这些话后，众人的回答也非常痛快，就一个字——诺！

于是，赵匡胤号令三军返程。

在大军起程前，赵匡胤偷偷地派了两个人，让他们第一时间返回京城，去给自己干一公一私两件事情。

所谓"私事"，就是赵匡胤派遣了苗半仙的副手楚昭辅，让他赶在大部队之前，偷偷摸摸地进入开封府，去保护自己的家人，顺便告诉他们：皇帝轮流做，今天到我家，咱家中了一个超级的六合彩！

可见，这件事情好干，甚至是一个美差了。

想想吧，在当时的那个社会里，登门报喜说中了状元的人，都能得到一笔不菲的赏钱，何况还是一个说中了"九五之尊"的使节，这还不保证你一生荣华富贵，金票大大的……

所谓"公事"，就是赵匡胤要派遣一个官员回京，去告诉那三位宰相，还有韩通、小皇帝以及他的干妈苻太后，如今我赵匡胤的身份已经今非昔比了，你们的身份也得跟着变一变！

可见，这就好比是什么呢？赵匡胤就是让这个人单枪匹马地进宫，然后告诉现在的君主柴宗训："你小子赶紧给我滚下来，因为这个位置已经换人了！"

得此任务，大家想象一下吧，即使柴宗训再𡱒，他再拿这个新的皇帝没辙，他也能够直接砍了这个使者的脑袋。

在中国的历史上，有这种费力不讨好，甚至引来杀身之祸的倒霉主吗？

您还别说，还真有这么一个人！

这个人，就是大唐的开国元勋——尉迟敬德。

遥想当年，在那场改变中国历史的玄武门之变中，尉迟敬德亲自斩杀了李元吉（李世民的三弟），还从容不迫地割下了他和太子李建成的首级。后来，当看见这个一身是血、杀气腾腾的尉迟敬德后，李世民一琢磨："这个形象可以呀！这么着吧，亲爱的尉迟敬德同志，烦劳您进一趟宫，去保护一下我的父皇。"

当然了，李世民的这个"保护"命令，只是一个文雅的说法，其真实的内容到底是什么，那真是司马昭之心，路人皆知。

当然，那个逼宫的人，毕竟是中国两大门神之一的尉迟敬德！试问赵匡胤现在的手下们，谁有这个黑大汉的本领和胆魄？

最后，赵匡胤的眼光落在了一个将领身上。虽然这个将领非常年轻，官职非常卑微，此前一直默默无名，但是赵匡胤清楚地知道，此人绝对不会辜负自己的期望，他一定能够干好这件事情！

铁的事实证明，赵匡胤确实没有看走眼，此人胆识超群，他不仅完成了这个艰巨的任务，而且还在不久后，独自一人深入敌境，并完成了一项更加骇人听闻的壮举！

这个人，就是北宋著名将领——潘美。当然了，如果您喜欢那本民间演义，也可以在这个将领的名字中间，加上一个"仁"字。

登基称帝

显德七年（960年）正月初四上午，潘美一个人风尘仆仆地冲到了大殿之上，他趾高气扬地告诉群臣："你们已经换了一个主人，准备跪拜新君吧！"

这一下子，天彻底地塌了！

当听完这句晴天霹雳的话语后，这里的所有人都惊呆了，大家面面相觑、无言以对。唯一的"壮举"就是，宰相范质抓着另一个宰相的手，他在无奈地骂街，以及看着自己那10个纤细的指甲，到底有多么地锋利无比……

以上，就是在这风雨突变、生死关头之时，后周群臣的丑态。当然了，这些人可能忘记了，这个大殿之上还有一个誓死效忠后周王朝的人。

这个人，就是侍卫亲军马步军副都指挥使——韩通。

对于韩通而言，当他看着这三位宰相如杂耍般的表演，目睹了群臣无可奈何的表情后，韩通已经彻底明白了：与其在这里继续浪费时间，不如赶紧去干一些实事，这才是正道！

于是，韩通扔下了文武百官，扔下了那个年幼无知的皇帝，第一时间奔出了崇元殿，要去召集自己的部队。不管希望多么渺茫，不管实力多么悬殊，他也要为后周、为柴荣尽到自己最后的义务！

然而，现实是何等残酷，当韩通调集了所有能够战斗的部队后，他才惊讶地发现，自己的部队就这么一点人马，守个城门都费劲，更别说去抵挡赵匡胤的百战之师了。

怎么办？怎么办？怎么办？时间已经所剩无几，赵匡胤马上就要兵临城下了，韩通必须找到一个切实可行的办法，才能让后周度过这场最大的危机。

最后，韩通认为目前唯一可行的办法，就是缩小目标，去逮捕赵匡胤所有的家人，然后以他们为筹码，去跟赵匡胤谈判，进而拖延时间，等待四面勤王之师。

于是，韩通立刻掉转马头，率领士兵直奔定国寺而去，因为根据探马回报，赵匡胤一家就在那里。

可惜的是，根据历史记载，就在去定国寺的路上，韩通没有看见赵匡胤的家人，却撞见了赵匡胤的亲信王彦升，并接受了这位仁兄的一份“大礼”。

这份大礼，就是一阵遮天蔽日的箭雨。

在王彦升乱箭齐射的攻击下，韩通的部队全线溃败，韩通只能跑回自己的家里，准备在这里做最后的困兽之斗。然而，韩通还没来得及关上门，王彦升就率军攻了进来，并把韩通及其全家，全都诛杀了一个干干净净。

至此，伴随着韩通的惨死，后周唯一的军事抵抗，就这样悄无声息地落幕了，而且用“抵抗未遂”这四个字来形容，也绝不为过。

大势已去，无力回天矣……

显德七年（960 年）正月初五，在数万大军的簇拥下，赵匡胤风风光光地进入了明德门，他重新踏上了这片极其熟悉的土地。要知道，就在四天前，这里的一切还与他无关，然而此时此刻，这片他从小长大的地方，即将要变成只属于自己的财产！

我真的准备好了吗？这里的一切，真的属于我吗？

此时此刻，我无法形容赵匡胤的心情，也无法形容开封城百姓对这位新皇帝的感情，是恐惧，是不安，是仇恨，还是高兴？我唯一知道的是，用不了多久，这些百姓就将臣服于这个男人，并且永远歌颂他的名字。

这些臣服于他的人，就从那三个宰相开始吧。

史书记载，在赵匡胤进入皇宫后，没过多久，将士们就“簇拥”着范质、王溥、魏仁浦等人前来报到了。

一看见这三位宰相，赵匡胤立刻摆出一副六神无主、什么都不知道的表情。他痛哭流涕地握着范质和王溥的手，声泪俱下地说道：“我深受周世宗的厚恩，今日却被将士们逼迫，结果木已成舟、事已至此了。我愧对天地呀。你们说，我该怎么办？”

怎么办？三大宰相还能怎么办！就在大家沉默的时候，赵匡胤一边的军校罗彦瑰按捺不住了，他提着宝剑厉声大喊道：“我辈无主，今日必得天子！”

好吧，话都说到这个分儿上了，我们还能再说什么。最后，在一个唱红脸、一个唱黑脸的双重攻击下，王溥第一个撩袍跪倒，对赵匡胤行臣子大礼。紧接着第二个行礼的人，就是大家谁也没有想到，一直以忠心耿直著称的范质……

至此，大局已定。

显德七年（960 年）正月初五申时，赵匡胤穿上了那件真真正正的龙袍，他威严地来到崇元殿，准备在这里举行周帝的禅位大礼。

然而，就在这个普天同庆、庄严凝重的禅位大礼中，却出现了一个完全不和谐的音符：赵匡胤没有得到禅位诏书。

要知道，这是一件多么令人尴尬的事情。虽然对于赵匡胤而言，有没有禅位诏书，结果都是一样的，但是咱们中国人办事，历来都讲究一个名正言顺，且要留字为据。

这可让人咋办呢？

就在这个尴尬的时刻，翰林学士承旨（官名）陶谷慢悠悠地站了起来，他从容不迫地从怀里掏出一份诏书，史称《周恭帝禅位制书》，并大声地朗读了起来。

有了这么一份退位诏书，那真是万事俱备了，一个打造皇帝的合法程序，就这样完美地落下了帷幕。礼毕，赵匡胤正式端坐在龙椅之上，群臣对他三跪九叩，高呼万岁。

就这样，一个全新的王朝，在这个男人的手中正式开启。我们称这个王朝为“宋”。当然了，准确地说，是“北宋”。

至此，一个在中国历史上存活了三百多年，靠武力和征服，彻底结束了五代十国混乱不堪的时代，在中国历史上留下了一个军事上积贫积弱、文化上却跨绝百代，科技上更是硕果累累的大宋王朝，正式扬帆起航了！

第九章 帝国的恩怨

恩恩怨怨，没有是与非

显德七年（960 年）正月初五晚，赵匡胤在侍女的服侍下，入住了只有皇帝才能居住的“万岁殿”。

对于这个宫殿，对于这里的每一个地方，赵匡胤比谁都要清楚。遥想当年，他在这里先后侍奉了两位君主，替他们站岗放哨。如今，赵匡胤却要睡在他们曾经休息的床上，用非正常的手段接过他们的衣钵，去完成他们那未完成的天下伟业。

我真的不知道，赵匡胤在这里的第一个夜晚，他到底是怎样度过的。

毕竟，柴荣才刚刚入葬两个月，他那个不甘心的魂魄，应该还在这个宫殿中到处游荡、四处徘徊吧。

也许，当天晚上，赵匡胤就会与柴荣在梦中相会，他们会隔空对骂，打一个鱼死网破；也许，他们反而会把酒言欢，互相倾诉过去和未来；更也许，他们会惺惺相惜，结拜忘年之交，共同谱写一首发自内心的感慨颇深的歌：

曾经的一切，早已化成灰。

柴荣和匡胤，究竟谁欠谁？

谁的错和谁的对，谁能判断是与非。

不要说你错，不要说我对。

恩恩怨怨，没有是与非……

要知道，柴荣应该清楚地知道，在这个五代十国的乱世里，自己那七岁的幼子柴宗训，他绝对不可能守住后周的大好江山。即使赵匡胤不取，也会由张永德、李重进巧取豪夺，或者是张匡胤、王匡胤取而代之。

因此，既然历史选中了赵匡胤，而没有选择自己，柴荣也没有什么好抱怨的，毕竟自己英年早逝，毕竟自己不是历史选中的那个接班人。

同理可证，对于赵匡胤而言，他也应该明白这个道理，谁规定了天下只有一家姓氏？谁规定了自己不能取而代之？而唯一不同的是，赵匡胤拥有一颗报恩的心，虽然他欺负人家孤儿寡母，抢夺了人家的大好河山，但是他绝对能拍着胸脯对柴荣说道："对于你的后代，我照顾得无微不至、仁至义尽。在这一点上，我完全对得起你！"

根据《避暑漫抄》记载：赵匡胤在登基称帝第三年（建隆三年）时，秘密地雕刻了一块碑文，并安置在了太庙寝殿的一个秘密夹室里。

据说，这块石碑叫作"誓碑"，平时用镶嵌金丝的黄布包裹起来，外面的门锁也坚固无比。而只有在每年四季祭祀和新皇帝登基的时候，一个根本不识字的宦官才会拿着钥匙把门打开，皇帝独自一人进去，对这块碑文焚香、跪拜，并默默背诵上面的文字。

这块碑文上，共刻着三行字，史称"勒石三戒"。

一、柴氏子孙有罪，不得加刑，纵犯谋逆，止于狱中赐尽，不得市曹行戮，亦不得连坐支属。

二、不得杀士大夫及上书言事人。

三、子孙有渝此誓者，天必殛之。

翻译成白话文就是：

第一，柴荣的后代子孙不管有多大的罪，也不能够处以死刑。即使犯了谋反这种十恶不赦的大罪，也只能在狱中让他自尽，而不能公开处刑，更不能连带无辜的家属。

第二，我朝不能杀士大夫，更不能杀上书进言之人。

第三，这条就是一个毒誓了，意思是哪个不孝的子孙违背了这个誓言，天打五雷轰，老天替我劈死你！

除此之外，《避暑漫抄》还记载，“勒石三戒”的内容属于国家一级秘密文件，历代皇帝都要死守这个秘密，不能让任何人知道，即使是自己最信得过的心腹大臣，也不能知道这个碑文的内容。

后来，这个秘密被皇室一代一代地传承了下来，直到北宋末年，靖康之耻后，金军在掠夺开封城的时候，他们才偶然打开了这道大门，人们才目睹了这块已经存在了百余年的神秘石碑。

最后，《避暑漫抄》记载道，等到南宋建国，太尉曹勋从金国逃回后，他偷偷摸摸地告诉赵构：“宋徽宗让我告诉您，太祖皇帝有三条碑文在太庙，内容如下，你要继续履行上面的誓言。”

当然了，之所以出现这种情况，是因为赵构这个皇帝，他是在战乱中临时登基的，根本就不知道这回事。

因此，按照这一思路，我们再好好地整理一遍整个两宋的历史，您就会惊讶地发现：

纵观整个宋朝，不管是北宋，还是南宋，都没有一个柴氏家族成员因为犯法而被处死的记录。当然了，《水浒传》里虚构的柴进不算。相反，正史里多次记载了大宋统治者对柴氏家族的优待政策，其数量之大、范围之广、时间之久，基本上可以与整个大宋王朝相始终。

可见，一个全新的王朝的君主，能够这样全心全意、毫不保留地优待亡国之君的后裔，这在中国历史上，如果用“仅此一家”来形容，估计也绝不为过。

因此，我们绝对有理由相信，宋朝的继任者们，他们确实在履行太祖赵匡胤的誓言，并按照这块碑文上的内容去干。

那么，历史的真相，真的是这样吗？而这本记录此事的《避暑漫抄》，它到底又是一本什么书呢？

答案是：这本书什么都不是！

要知道，所谓的《避暑漫抄》，其实就是一本摘抄历朝历代、诸子百家文献的读物，其主要性质，就跟现在路边上卖的杂志差不多。而这个碑文故事的来源，则取决于一本叫作《秘史》的书。而直到今日，我们也没有人见过这本《秘史》，更不知道这到底是一本什么书。

除此之外，这本《避暑漫抄》的作者，更是一个千古之谜了。要知道，每一本书的封面上，都是有一个作者署名的，而这本书的作者署名是谁呢？

这个人，就是宋朝大名鼎鼎的四大诗人之一的陆游。

天地良心呀，真是为了图书销量，无所不用其极呀！要知道，陆游是宋朝人，记录石碑的事情无可厚非，然而《避暑漫抄》这本书的其他内容，则是元代人的人文趣事。你让已故的陆游去记录元朝人的生活，真不知道是怎么想的！

因此，这本书的作者绝对不是陆游。在通过史料的分析后，我们普遍认为，这本《避暑漫抄》应该是明朝人胡乱摘抄的结果，最后借陆游的名气提高销量而已。而这本书真正的作者，以及这些明朝编辑胡乱摘抄的前身，应该是宋朝叶梦得编纂的一本历史小说——《避暑录话》。

然而，这个矛盾也正在于此，因为叶梦得的这本《避暑录话》里，压根儿就没有太祖碑文这件事！所以说，我们也不知道怎么到了明朝这里，就出现了太祖碑文这件事。

除此之外，柴宗训本身的悲惨命运，也反面印证了这块碑文，就是一个子虚乌有、道听途说的最终产物。

赵匡胤登基后，虽然没有杀死柴宗训，却把他发配到了偏远的房州那里，让其要人没人，要钱没钱。后来，到开宝六年时，柴宗训又不明不白地离奇逝世了，直到今天，依旧死因不明。

在柴宗训生前，他就没有得到宋朝的优厚待遇，而柴氏子孙之所以没有被处刑，是因为他们一直在宋朝统治者的监视里，过着“二等国民”的生活，压根儿就没有出将入相、建功立业的机会，何来触动刑法之事。

因此，我个人认为，太祖的这块碑文，很可能压根儿就不存在，而所谓的厚待柴氏子孙，不过是宋朝统治者们惺惺作态，为了更好地稳固江山而已。

好吧，不管怎么说吧，这块碑文到底是真实存在的，还是子虚乌有的产物，历史上一直议论纷纷。我们暂且不表了，我们唯一知道的就是：

不管这块碑文是真是假，赵匡胤善待亡国之君的心，却是货真价实，这更是其他王朝不能媲美的。宋朝皇帝们在这方面，确实做得不错。

虽然赵匡胤所谓的“善待”，就是没有杀你……

总有人要跳出来

显德七年（960年）正月初六，在与柴荣的魂魄扯了一夜，妥善安置了小皇帝和他干妈后，赵匡胤终于能够腾出手来，开始论功行赏，重新分配这块香甜可口的“蛋糕”了。

第一批分到这块蛋糕的人，就是陈桥兵变时立下功劳的全体将士和谋士。

在这个问题上，赵匡胤那是相当地慷慨，他根本不吝啬钱财，但凡有功的，一律加官晋爵，给予良田美眷、金银珠宝，你们要啥有啥。

除此之外，赵匡胤还赋予了他们，两个成语的全新定义——度日如年、杯水车薪。

啥叫“度日如年”：日子过得非常好，每天像过年一样开心。

啥又叫“杯水车薪”：每天坐在办公室里喝杯水、聊聊天，月底可以拿到一车工资。

当然了，对这两个成语的注解，这仅仅是我个人的意见，大家千万别学。

第二批分到这块蛋糕的人，就是后周的那些大臣。

中国有句古训说得好：“一朝天子一朝臣。”然而，赵匡胤却不这么想，人家采取的政策是：“一朝天子两朝臣。”

后周所有的大臣，不管是文臣还是武将，不管是京官还是地方官，赵匡胤均采取了妥善的安置方案，即：只要肯归顺我，之前的官职保持不变，谋臣权相升官一级，满朝文武各有赏赐。

这一下子，那些不服从赵匡胤的官员们，全都得到了提拔；而那些早就投靠了赵匡胤的官员，更是得到了相应的重用。

当然了，即使没有这个政策，王溥也早就对赵匡胤暗送秋波、择木而栖了；而即便有这个优待条件，范质依旧不识时务、死不悔改。他不仅一直保持自己耿直的脾气，而且还敢在公共场合直言不讳，痛骂赵匡胤大逆不道、忘恩负义！

要知道，对于这么一个不予合作的主，如果换成别的皇帝，估计早就“咔嚓”了（比如说朱棣），然而，对于这么一个被迫屈服自己的大臣，赵匡胤却把他当成了自己的管仲、魏徵，不仅对他委以重任，还虚心接受了范质所有的批评。

至此，在赵匡胤将心比心的作用下，范质终于彻底臣服了，他终于承认了赵匡胤的地位，全身心地为新王朝的发展尽心尽力。

殊不知，赵匡胤虽然能够接受范质的批评，但这并不能表示他能虚怀若谷、谦虚纳谏。相反，只要一有机会，赵匡胤就会捉弄一下范质，好好地报复一番。

拜现在很多连续剧所赐，不管是汉武帝商量军情，还是唐太宗讨论国事，群臣都是站在金銮宝殿上，与皇帝商量军机国事的。其实呢，根本不是那么回事！

从春秋时期开始，君臣都是“坐而论道”的，即大家都是坐着谈论事情。唯一的区别是，皇帝有一个龙椅，大臣们只能坐地下，没有任何的靠背，最多就一个坐垫。当然了，虽然不舒服，但好歹也是一个座位。

殊不知，这种持续了上千年的君臣礼仪，等到了宋朝这里，被赵匡胤无情地打破了。

有一天，在一个早朝的时候，赵匡胤突然对宰相范质说道：“爱卿呀，朕最近有点儿眼花，这些字有点儿看不清楚，你上来一下，给我读读这段话。”

赵匡胤说完后，范质立刻谨遵圣旨，站了起来，毕恭毕敬地走到了皇帝的龙书案前。结果呢，范质刚刚低下头来读这段话，他的身后就出现了一个小太监，偷偷摸摸地把宰相的椅子搬走了。

等读完这段文件后，范质回头一瞧：噫？什么情况？怎么椅子没有了？

想象一下吧，这位以耿直著称的宰相，他当时就想骂街了：“我椅子呢？谁那么缺德？有种站出来，我大嘴巴子贴你！”

然而，这里毕竟是庄严无比的金銮宝殿，范质不能干这种有失身份的事情，他只能哑巴吃黄连，有苦说不出了，只能这么干站在那里了。

群臣一看，当朝宰相在那里站着，我怎么还能觍个大脸坐着？于是，大家齐刷刷地都站了起来。这时候又跑出来一群太监，把这些椅子全都撤走了。

当天早朝结束后，见群臣都没有提出反对意见，赵匡胤心满意足地走了。此后，从第二天早朝开始，群臣就不再坐椅子了，他们统一站着上班了。

当然了，不管是“报复”也好，还是为了“维护皇权”也罢，赵匡胤都是在真心实意地对待范质，并给予了他最高等级的人文关怀。范质生病了，赵匡胤亲自上门，赏赐黄金二百两、白银一千两、绢两千匹，不久还赐钱百万。

有了前朝范质这块“金字招牌”，那些反对赵匡胤、对新朝不满的人，也就改变了对赵匡胤的态度，并且忠心耿耿地对新王朝的发展尽心尽力了。

第三批分到这块蛋糕的人，就是后周的那些封疆大吏了。

首先分到这块蛋糕的人，就是天雄军节度使符彦卿，而这块蛋糕的“分量”，也让这位老将极其满意。

在得到这块蛋糕后，符彦卿立刻上京谢恩，并第一时间告诉赵匡胤：“后周都没有了，您还是别叫我老丈人了，请直接称呼我名字吧。”

对于这个问题，赵匡胤没有同意，他一直没有改口，并且始终如一。当然了，这里还有另外一个原因，符彦卿虽然是后周的外戚，但他也是赵匡义的岳父，所以他还是赵匡胤的“老丈人”。

第二个分到蛋糕的人，就是忠武军节度使张永德。要知道，赵匡胤的殿前都检点一职，就是从张永德手中接过来的。因此对于这位前上司，赵匡胤一直称其为驸马（后周的），赏赐金银珠宝、如花美眷，更是不在话下。

目睹了赵匡胤对这两位将领的做法后，那些或等待着、或观望的各地节度使们，全都打消了自己的疑虑，纷纷依附新朝了。

当然了，赵匡胤不管怎么分这块“蛋糕”，总会有人认为不公平，他们会跳出来说自己分得少，何况这里本来就有一些不识时务者、自不量力者、心怀野心不服者……

这不，赵匡胤还没有分完蛋糕呢，就有一个人公然跳了出来，他要跟赵匡胤好好地掰掰手腕了。

这个不识时务、自不量力、根本不服赵匡胤、准备反抗中央的人，就是昭义军节度使——李筠。

挑战者的逻辑

李筠，并州（今山西太原）人，自幼从军，以勇武著称，史称能开百斤硬弓。由于镇守潞州（今山西长治），李筠经常用一己之力去抵挡整个北汉的进攻，其战绩扬名天下、路人皆知。

殊不知，李筠原名李荣，为了避讳周世宗柴荣的名字，所以才改用了现在的名字。当然了，对于自己的这个新名，李筠颇为满意，他逢人便说："李筠、李筠，玉帛云乎哉！"而凡是知道这句话的人，无不拍手称赞。

原来，孔子有一句名言："礼云礼云，玉帛云乎哉！乐云乐云，钟鼓云乎哉！"而李筠就是取了"礼云"这两个字的谐音，把它们变成了自己的名字。

可见，虽然李筠是一员武将，但他还读过一些书，有那么一点学问，绝不是一个目不识丁的武夫。

当然了，除了有一些学问外，李筠还有另外一个特点：刚愎自用、狂得冒烟！对于李筠而言，在这个世界上，他就服三个人：老天爷、自己，还有那个顶头上司。

然而，李筠的这个顶头上司，他既不是这个"赵皇帝"，也不是那个"柴老板"。

显德七年（960 年）二月，赵匡胤的使者来到了潞州，他加封了李筠的官职，并且带来了一块非常美味的大蛋糕。然而，对于这 "香甜美味"的东西，李筠的第一反应是：不要，打死也不要！

史书记载，面对赵匡胤的圣旨，李筠态度决绝，极度恶劣。但是在儿子和诸将的苦言相劝下，李筠还是接受了赵匡胤的任命，并以臣子之礼跪接了新皇帝的圣旨。

接受了赵匡胤的圣旨，李筠也算是大宋王朝的一分子了。然而，让所有人始料不及的是，如果李筠能够这样轻易认输，那才叫新鲜呢！

原来，举行完了册封仪式，大家要一起好好地吃一顿，庆祝自己升官发财。殊不知，就在这个酒席宴中，李筠突然命人挂起了一幅画像，并对其顶礼膜拜，痛哭不已。

更让所有人拍案惊奇的是，这幅画像上面的人，居然是后周开国皇帝郭威！这也是李筠唯一服的那个人！

看见没有，李筠此举就是要告诉所有人：老子只服从郭皇帝一人，柴荣都是一根葱，你赵匡胤装什么大瓣蒜！

在新朝的特使面前，公然祭拜前朝的皇帝，这就不是什么礼仪问题了，而是极其严重的路线问题了！赵匡胤的使者瞠目结舌，而李筠的手下也是面面相觑。好在，这些人里面有一个聪明人，他立刻圆场道："我们将军喝高了，失态失态，误会误会，请大家多多包涵，请勿见怪。"

最后，这场本来应该皆大欢喜的酒宴，就这样不欢而散了。而通过这件事情，赵匡胤彻底明白了一件事情：李筠这个人，就是一个优柔寡断的妇人！

诚然，大丈夫生于天地之间，一口唾沫一个坑，要么说服就服，要么说反就反！那么李筠的表现呢？

如果你要反，你就不要接圣旨，直接拔刀子；如果你要服，那就要装孙子，不要给前朝掉眼泪。这一下子倒好，李筠接了圣旨，证明已经归顺了新朝；可归顺新朝了，他还想着拔刀子。

这种既要当孙子，又要拔刀子，或者是既不当孙子，也不敢拔刀子的做法是想干吗？您自己问问李筠，他到底想干啥？

实际上，就连李筠自己，他都不知道自己想干啥。

《宋史·周三臣传》记载，得知李筠祭拜郭威后，北汉皇帝刘钧大喜过望，他立刻派遣使者送来一封密信，并告诉了李筠一个“千古不变”的道理：

这个世界上，没有永远的敌人，也没有永远的朋友，只有永恒不变的利益！

李筠，我们合作吧！

殊不知，当看完这封信后，李筠的反应就一个字：烦！再加上一个词语：闹心！

我到底是反还是不反？

李筠仿佛把自己逼上了绝路。反吧，自己心里实在没底，赵匡胤是个什么人，李筠比谁都清楚；而开封城那数十万的皇家禁军，其彪悍无比的战斗力，李筠也比谁都心知肚明。可是，不反吧，自己祭拜郭威的事已经全国皆知了，就连死敌刘钧都忽悠自己造反了。自己还当一个乖宝宝吗，谁还会相信自己呀？

就在李筠优柔寡断、进退失据的时候，那个在开封城龙椅上的赵匡胤，已经给出了一个标准的答案。

显德七年（960 年）三月，赵匡胤又派遣使者来到潞州，他继续提拔李筠的官职，同时召李筠的儿子李守节入京，让他出任皇城使，负责保护京城的安全（类似清朝的九门提督）。

这次大宋使者二出宫，傻子都知道赵匡胤要干什么了！给李筠加官晋爵，是为了安抚这个小子，让他悬崖勒马，不要继续闹事；调李守节入京，是为了要一个人质，顺便看看李筠的表现，是否铁了心要跟赵匡胤过不去！

然而，对于赵匡胤的这些任命，李筠的回答还是那样暧昧不清，还是那样优柔寡断！

一方面，李筠继续调兵遣将、加紧练兵，挑明了要跟赵匡胤过不去；另一方面，李筠把北汉交给自己的密信上交了朝廷，并且信誓旦旦地告诉大宋使者，自己绝无二心。

至于让儿子入京这件事情，李筠也表示完全同意。毕竟这个兔崽子是一个亲宋派，他天天让老子不要造反，搞得老子耳边无法清净。现在正好，把李守节轰到京城，让自己眼不见、心不烦，从此得到一个天下太平。

当然了，李筠的这种不清不楚、不明不白的处理方式，更让朝廷所有人大跌眼镜。

你李筠到底要干什么？说你不反吧，你天天内心不服、心存贰志；说你反吧，你又把密信和儿子送来，彻底表明自己的决心。

李筠呀，李筠，你自己说，你把这些东西送到京城，到底是为了什么？是为了向赵匡胤示威，为了让赵匡胤放心，还是为了麻痹赵匡胤的所有警惕？

你到底是反，还是不反？给一个痛快话行不，你也算是一个男人！

殊不知，这个开封城里万人之上的赵匡胤，已经给出了一个标准的答案。

当面对李筠的儿子李守节后，赵匡胤劈头盖脸，毫不修饰地骂道："太子，你咋来了（太子，汝何故来）？"

可想而知，这句话就是一个十万伏特的晴天霹雳，谁听见了，都会被直接劈死！李守节吓得屁滚尿流，他跪在地上不停地磕头道："陛下何出此言？一定是有人栽赃陷害，离间我父亲跟陛下的关系！"

一听这话，赵匡胤也懒得跟他费话，把脸一沉，随后对着李守节痛骂道："不要在这里强词夺理了。那个老贼把你派来，就是想让我杀了你，然后借此起兵。然而，我不会上这个老贼的当。我今天放你回去，你告诉那个老贼，赶紧负荆请罪、归顺于我，否则我百万雄军即刻起程，杀得你等片甲不留！"

说完后，赵匡胤也没工夫跟这个人费话，他就摆了摆手，叫了两个侍卫把李守节拖走了。当然了，虽然保住了一条命，李守节还是惊魂未定，甚至一肚子委屈。

老爸，我真是你亲生的吗？犯得着对我这么狠吗？非要赵匡胤杀了我祭旗！这个问题，你今天必须给我解释明白。

书归正传，李守节怎么跟老爸对骂，咱们暂且不表，我们唯一知道的是，赵匡胤把话都说到这个分儿上了，看来战争已经不可能避免了。这片中华的土地上，又要掀起一场血雨腥风的殊死较量了。

到底是很傻，还是很天真

建隆元年（960 年）四月，原后周昭义节度使李筠，在经过了 100 多天的思想斗争后，终于起兵造反了。

虽然在历史的档案里，李筠干这笔造反的买卖，是生平的头一回，然而，《下河东》里唱得好：“王登基二十年干戈未定，乱五代尽都是各霸称雄。”

为了成功造反，李筠立刻干了三件事情。

第一件事情，派人收集、编纂、书写赵匡胤的罪行，痛骂赵匡胤出身卑微，对柴荣忘恩负义，欺负人家可怜的孤儿寡母等等。从根子上追究宋朝的不合法性，进而打击赵匡胤人马的士气与信心。

第二件事情，李筠绑架了赵匡胤的使者以及那些不服从自己的将领。他将这些人打包送到了北汉，以表明自己的决心，更希望北汉能够借此机会出兵。

第三件事情，李筠秘密派人前往后蜀，他想去说服那里的孟昶出兵。但是很不幸，这个使者虽然没有背叛他（参考后蜀，这点很重要），却让宋朝的刑警队员们立了头功。

当然了，哪怕上面三件事情李筠都干成功了，也无法改变事情的结局。因为这个原因很简单，既然李筠要造反，他只能真刀真枪地去干，去跟赵匡胤打一场殊死的战争，才能完成自己最终的目的。

咱们都知道，自古以来，要想在战争中获胜，无非就三条——“天时、地利、人和”。所谓的“天时”跟“人和”，这些都是虚无缥缈的东西，鬼知道都是一些什么玩意儿，而唯独这个“地利”，那才是货真价实的筹码。

这个货真价实的“地利”，它更是李筠手中最大的筹码。

李筠镇守的潞州，古称上党，高居太行山之脊，史称 “居天下之肩脊，当河朔之咽喉”，自古就是兵家必争之地。而李筠的手下，更加不乏深谋远虑之辈，谋士闾丘仲卿就直言不讳道：

“大梁（开封）兵甲精锐，难与争锋，不如下太行，直抵怀、孟，塞虎牢

（三英战吕布那地），据洛邑（洛阳），东向而争天下。”

要知道，闾丘仲卿的建议完全正确，这也是赵匡胤一直忍耐李筠的根本原因。

对于赵匡胤而言，如果李筠这么干了，他完全可以割据今天河南省的沁阳、孟州、荥阳、洛阳一带，成为一个富得流油的土豪，同时可以与北汉、契丹联合，对大宋形成三面夹击之势。到了那个时候，不敢说大宋帝国危在旦夕，但也绝对能被折腾得可以。

然而，对于这么一个最强的进攻套路，李筠却选择了自废武功，他直接把这个建议毙掉了。因为对于他而言，所谓的“地利”，那才是虚无缥缈的东西，老子拥有“天时”和“人和”，这些才是硬道理！

那么，这个所谓的“人和”是什么？

李筠告诉闾丘仲卿，什么叫作开封兵强马壮、难与争锋？就算这些都是真的，那又怎样？因为这些兵马，将来都是老子的东西！

欲哭无泪！闾丘仲卿都想直接投降了。

这是一个什么狗屁道理？试问他们听命于你，一百多天前干吗去了？再试问一下，如果现在是周世宗本人转世重生，还会有几个人倒戈归顺、倒打一耙？

当然了，这番言论，仅仅是李筠自信的开始。

“人和”的问题解释清楚了，现在咱们谈谈“天时”吧。要知道，此时此刻的我，才是这个世界真正的主宰，因为“吾有儋珪枪、拨汗马，何忧天下不平哉！”

这里所谓“儋珪枪”，不是李筠的神兵利器，而是一个叫作“儋珪”的擅长使用长枪的将领。而所谓的“拨汗马”，是一匹能够日行700里的宝马良驹，据说逃跑时候很给力。

看见没有，就是这么两样东西，居然成为李筠跟赵匡胤叫板的最大本钱！当然了，每次我看见这两句话的时候，都会觉得很眼熟。

是吧，真的很眼熟……

后来，当我重新翻阅历史书籍的时候，我终于找到了这句话的原型：“吾有画杆戟、赤兔马，天下谁敢近吾身！”

据说，当年喊出这句话的人，貌似没有履行这个诺言，他最终兵败被俘，在白门楼那里被人活活吊死。

可见，此时此刻的这个李筠，他就是三国时期吕布的转世投胎！一样的天真无邪、一样地妄逞匹夫之勇，一样地很傻、很天真……

李筠的故事告诉我们：见过“猪跑”的人，吃过“猪肉”的人，虽然对这个操作流程烂熟于心，但也会犯错，变成一个“大猪头”。

从这个方面看，李筠真是一个猪头。

当然了，虽然李筠净干一些无厘头的事情，但是只要他一骑上马，他依旧是一个勇猛无比的将领，更是一个难以对付的杰出统帅。

建隆元年（960年）四月，李筠率军出征。他一战就夺取了泽州，并一举掐断了赵匡胤的咽喉。当然了，这里所谓“咽喉”，不是指从军事上取得了优势，而是直接威胁到了开封城的粮食问题。

原来，攻陷了泽州后，李筠的局势直接好到了极点，只要他能再接再厉，一举爬上和坚守住太行山，赵匡胤就拿他一点办法也没有了。届时，李筠能借太行山之险，一冲而下，占据整个黄河上游地带，进而控制沿岸的永丰、回洛、河阳等重要粮仓，甚至断绝宋朝开封城的漕运之路。

可见，对于赵匡胤而言，局面已经烂到了极点。没有别的办法了，他只能力求速胜，跟李筠比赛去爬山，趁着他立足未稳之际，一举平息这场叛乱了。然而，就在赵匡胤调兵遣将的时候，一个更坏的消息接踵而至：

为了响应李筠，北汉皇帝刘钧已经御驾亲征，他从太原出兵支援李筠了。

真是“屋漏偏逢连夜雨，船迟又遇打头风”，没有比这更坏的消息了。好吧，既然事已至此，赵匡胤只能选择自己的最终方案了：

御驾亲征，亲自讨贼，就像当年柴荣那样，把这件事情彻底搞定！

其实，赵匡胤是多虑了，自古“杀鸡焉用牛刀”。铁的事实证明，李筠连一只鸡都不如。或者是说，李筠是被另外一只鸡施了魔法，被拖住了后腿，这才变成了一只鸡！

原来，就在赵匡胤风尘仆仆地出兵，准备去爬太行山的时候，那个先到的李筠，却在太行山下悠闲地喝茶聊天，跟北汉皇帝刘钧有一句没一句地互相扯皮！

穷困的赞助商，凄惨的李筠

建隆元年（960年）五月，就在李筠攻陷泽州城、准备去爬太行山的时候，北汉刘钧给他带来了一个好消息，这位皇帝已经御驾亲征，不日即将到达。

得知北汉皇帝将要带来“精锐之师”支援自己后，李筠这个高兴呀。说怎么着刘钧也是一国之君，我得给足了对方面子。

于是，李筠选择了按兵不动，先等等这位皇帝。结果呢，李筠这么一等，他既贻误了战机，也让自己的心里彻底蒙上了一层阴影。

原来，由于年年战争，北汉早已今非昔比了。堂堂一国之君，居然只带来了区区几千人马，而且还包括很多的老幼病残弱。

堂堂一国之君，居然用牛车当自己的代步工具，我说你什么好呢？莫说我李筠势利眼，换成是谁，也不想跟你一起玩，太掉价！

刘钧都惨成这样了，他还挺爱摆谱，居然要李筠以臣子之礼觐见，准备册封他为西平王。而根据史料记载，当天李筠愤怒无比的脑子肯定是短路了，他居然真的以臣子之礼去觐见了，而且还接受了这个官职。

当然了，李筠之所以这样做，也可能是以大局为重，为了双方能继续合作这部大戏，不想节外生枝而已。然而，就是这个继续合作的问题，双方怎么谈都谈不拢，甚至差点儿兵戎相见，直接翻脸了。

为什么会这样？三点原因足矣。

第一，平等问题。

为了共同对抗赵匡胤，李筠与刘钧举行了一场会谈，且谈话一直在友好、坦诚和相互理解的气氛下进行。双方回顾了多年的传统友谊与血海深仇，并就共同感兴趣的问题交换了意见。最后，刘钧册封李筠为西平王（差点儿成平西王），并委以重任；而李筠也接受了这个官职，却告诉这位皇帝：“册封我可以，给我官职也行，但我效忠的上司，只有那后周的开国大帝郭威，你这个无名小卒，在我眼里就是一个屁。”

伤自尊了，刘钧彻底伤自尊了！而连这种最基本的君臣关系都没有搞清楚，这个合作还怎么继续。

第二，契丹问题。

看见李筠这么鄙视自己后，刘钧不甘示弱，他立刻搬出了那个大靠山，自己的契丹干爹。与此同时，不管是显摆也好，还是其他什么原因，刘钧都不怀好意地告诉李筠：“我的干爹很猛，要不我牵线搭桥，你们认识认识……”

殊不知，刘钧话音未落，李筠就勃然大怒，他立刻挑明了自己的立场：“这笔买卖不管怎么，都不许契丹人参股。这是一个最基本的底线，要坚持 100 年不动摇！否则的话，咱们就地解散！”

您看，刘钧搬出契丹这个大靠山，本来是想打击一下李筠嚣张跋扈的气焰的，结果却整出了这么一个反效果。刘钧真是欲哭无泪，直接想用脑袋去撞墙！

第三，利益问题。

在中国的历史上，但凡涉及利益，就不可能一帆风顺。俗话说得好，亲兄弟还要明算账，何况这俩还不是亲兄弟！

按照先前的协议，李筠与刘钧联手后，双方有人出人、有力出力，到最后分赃的时候，按照双方的人头和战绩分配，务必做到一视同仁、童叟无欺。

然而，等看见刘钧的部队后，李筠彻底地后悔了。因为对于他而言，他彻底高估了北汉的实力。他原本以为北汉能够帮助自己成就大业，结果却来了这么一群老幼病残弱。不仅啥也不能干，还要分自己的钱，这让他情何以堪！

与此同时，刘钧对这个“口是心非、效忠二主”的臣子，也根本不信任。为了防止李筠暗中捣鬼，虚报假账，刘钧派来一个叫作卢赞的监军，专门负责所有的财务账单，防止李筠骗自己。

这还没开战呢，这两位仁兄就同床异梦，各有各的打算了，这个仗还怎么打？

最后，汇报一些这个会议的结果吧。经过无数次互相扯皮后，刘钧作为“这部大戏”的投资者，负责出钱出人；而李筠作为这部大戏的制片人，负责找导演、雇演员，最后按照票房的大小分红、分利。

当然了，作为制片人的李筠，他从投资人那里得到的所有“经费”就是——区区几千个卖相不堪入目的士兵，一个毫无市场的西平王头衔，外加一个叫卢赞的军事特派员。

好吧，等了这么多天，互相扯皮了这么久，就得到了这么一点儿东西，真是衰得可以……

殊不知，对于李筠而言，这些衰的事情，才刚刚开始！

就在刘钧与李筠举行会谈、互相扯皮之际，赵匡胤已经率军日行八百里，不顾一切地爬上了太行山，并且对泽州形成了包围之势。

即使战局突变，李筠也毫不在意，毕竟这场战役早晚得打，赵匡胤的那些部下也早晚是自己的人。而且此时此刻，李筠的实力也早已今非昔比，他手下还有数千北汉雄军，虽然个个“熊”得可以。

就这样，为了迎接自己那场伟大的胜利，李筠命令儿子李守节驻守潞州，负责保护自己的大本营。随后，李筠率领3万大军威风凛凛地出征。他屯兵于长平（今山西省高平市西北），准备与赵匡胤上演一场先秦时期的巅峰之役——长平之战。

李筠的理想是美好动人的，然而，现实却是残酷无比了。莫说复制那场古代的经典战役了，李筠都不知道自己为什么会输！

李筠的3万大军被赵匡胤轻而易举地消灭了。而自己曾经那坚定不移的誓言，貌似也不是那么回事。

“看见吾来了，汝等怎么不造反呀？”

除此之外，当李筠兵败退守泽州后，他还得到了一个意外的消息。

原来，由于自己照顾不周，导致那些远道而来的朋友，即那北汉派来的监军卢赞、河阳节度使范守图，连同那几千名北汉的好兄弟，他们全都被赵匡胤嘁里喀喳，变成了一具具冰冷的尸体了。

目睹了这些好朋友的惨死后，李筠仿佛突然顿悟了一样，为了这些“为他而死”的好兄弟，李筠就此选择了决不投降，誓死反抗了。至于那匹拨汗马，老子也不用了。

虽然，这些“好兄弟”的那位顶头上司刘钧，早已经偷偷撤股，弃这位合作伙伴于不顾了。

后来，在泽州誓死抵抗了一个多月后，建隆元年（960年）六月十八日，泽州城终于被赵匡胤攻破。而在这城破人亡之际，李筠见大势已去，他找来了一堆柴火，并用它们结果了自己。

这位一生犹犹豫豫的人，在自己生命中的最后一刻，倒是非常地果断。李筠这纵火一跳，不仅成全了赵匡胤的胜利，也彻底颠覆了自己一生优柔寡断的事实。

不管怎么，李筠敢作敢当，他诠释了自己“纯爷们儿”的定义，也为自己的行为埋了单。虽然这个代价，稍微有那么一点点大……

殊不知，在泽州城的冲天大火中，没有一个人能够预料得到：这团熊熊燃烧的大火，不仅映红了赵匡胤胜利的笑脸，同时，远在千里之外另外一个人的命运，也被这团大火彻底定性。

这个人，他就是李重进。

杀鸡儆猴的结果

建隆元年（960 年）六月十八日，在攻陷泽州城，逼迫李筠以火自焚后，赵匡胤本想继续北上，去端了李筠的老巢潞州城，然而，赵匡胤的大军刚刚上路，潞州的李守节就率众投降了。

至此，仅仅过了两个月，赵匡胤就彻底平息了一场大叛乱，他满意地班师回朝了。随后，赵匡胤平定这场叛乱的结果以及自己希望的那“增加威望，杀鸡儆猴”的效应，也立刻浮现了出来。

李筠之乱被平定后，那些在各地纷纷观望，或者是心存二心的节度使们，立刻知道了下一步的“行动”以及这样做的结果了。

同年六月，成德节度使郭崇提交了降书顺表，宣布投降了。

要知道，郭崇是后周的三朝元老，当听说赵匡胤夺取了后周的天下后，此人心怀怨恨、屡犯天颜，还把赵匡胤的特使打了一顿。然而，就是这么一个对后周忠心耿耿的大臣，当看见了“那盘烤肉后”，他终于对新朝臣服了。

同年七月，保义节度使袁彦在潘美的劝说下也投降了。

对比忠心耿耿、外戚出身的郭崇，袁彦跟前朝的感情就很一般了。而他之所以选择拥兵自重、招兵买马，完全就是想要自保，或者看看有没有机会造反。因此，当这个“投机者”看见了李筠的下场后，下一步该干什么，估计不用潘美劝说，这位仁兄早已清清楚楚、明明白白了。

同年七月，建雄节度使杨庭璋也率军投降了。

跟郭崇一样，杨庭璋也是后周的外戚，他的姐姐是后周太祖郭威的妃子。所以，当李筠想要造反的时候，他就派人联系了杨庭璋，请求一起造反起义。然而，对于这个问题，杨庭璋的回答真是暧昧得可以，他不反对这个意见，但也决不同意。

秉持着这种“坐山观虎斗”的思想，当赵匡胤与李筠分出胜负后，这位仁兄二话不说，立刻单人独骑进京，好好地表达了一下自己此时此刻的心情……

至此，当看见李筠“玩火自焚、抱憾终身”的下场后，那些尚且处于观望之中，或者是心存二心的各地节度使们，立刻改变了自己的心态，纷纷收起了自己嚣张的气焰，全都归顺了这个新朝。

然而，虽然郭崇、袁彦、杨庭璋相继臣服了自己，赵匡胤的内心依旧无法平静，因为他清楚地知道，除非“那个人”也臣服自己，否则这个刚刚建立的大宋王朝，将永远有一个挥之不去的梦魇！

那个人，就是前朝第一老臣，声望极高、能与自己南北争、拥有资格登基称帝的李重进。

殊不知，就是这个李重进，他早就“造反”了！

原来，当李筠起兵造反后，李重进就立刻派遣使者秘密前往北地，联系李筠，结合一个“二李超级联盟”，共同讨伐赵匡胤。

要知道，如果这个联盟成立了，这就不仅是对赵匡胤造成巨大危害了，而是有可能让宋朝亡国了！因为这“二李”可以一南一北地进攻，对赵匡胤形成夹击之势。再加上北面的契丹，南方的南唐，赵匡胤用“十面埋伏、四面楚歌”给自己作诗，貌似也绝不为过。

可惜的是，就是这么一个可以灭掉赵匡胤的联盟，却让李重进自己搞砸了。准确地说，是被他派遣的使者搞砸了。

当得到这个异常艰巨的任务后（从南到北，穿越整个宋朝国土），这个叫作崔守珣的使者，没有一丝一毫的犹豫，立刻拍着胸脯保证道，一定不会辜负君主，誓死完成这个使命。

殊不知，这个崔守珣的君主，貌似不是李重进……

首先，根据史料记载，崔守珣最佩服的人，就是那个“天下第一老油条”冯道。因此，这个人犯不着放弃赵匡胤的火炉，没事去守着李重进这个冷灶。

其次，根据蛛丝马迹的记录，崔守珣应该很早就认识赵匡胤了，因为他是赵匡胤忠诚的“牌友”！

所以说，李重进不派崔守珣出使，这个人都有可能把他卖了，何况他现在的手中，还有一个可以邀功请赏的巨大“馅饼”。

于是，等离开了扬州后，崔守珣没有一丝一毫的犹豫，他直接冲到了赵匡胤这里，并留下了一段经典对话：

崔守珣：“启奏我主万岁，李重进拥兵造反了，有盟书为证。”

赵匡胤：“他终究还是反了。敢问爱卿，如果我赏赐他免死金牌、丹书铁券，他还会造反吗？”

“必反无疑！”崔守珣坚定地回答道。虽然在说这句话的时候，他也不知道是从哪里得到了这个定义，但是，毋庸置疑的是，正是这句话，最终要了李重进的命。

“好吧，我彻底明白了，我也知道该干什么了……”

于是，赵匡胤立刻提拔了崔守珣的官职，给予了他无限的赏赐，并让他马上回到扬州，不管用什么办法，一定要拖延李重进造反的时间。这样就足够了。后来，铁的事实证明，崔守珣别的本事一般，但是这撒谎、拖后腿、当搅屎棍的功夫，还真是天下无敌也。

就这样，在整整两个月的时间里，李重进就跟一个群众演员似的。他既不想当主演，也不屑当配角，人家就这样默默地看着，看着李筠全军覆没、城破人亡，最终变成一具烧焦的尸体……

当然了，等看完了这部大戏，准备书写自己的“观后感言”时，李重进这才惊讶地发现，这部大戏的“男一号”，貌似应该自己去演，这样会更合适！

早知如此，何必当初，悔之晚矣……

殊不知，就在李重进捶胸顿足、悔恨无比的时候，那位刚刚得胜回朝的皇帝，已经迫不及待地要拍一部“续集”了，而这部大戏的“男一号”，就是这个被单方面敲定了的李重进。

建隆元年（960 年）七月，处理完了李筠的善后工作，赵匡胤立刻颁布了一道圣旨，改封淮南节度使李重进为平卢节度使，立刻起程，移镇青州，克日即行。

虽然从级别来看，这是一个平级的调动，但是此命令一经颁布，所有人都明白了赵匡胤的心思，也彻底知道了李重进的命运。

还记得后唐李从厚、后晋石敬瑭的故事吗？对，就是让节度使搬家，进而削减他们的实力，或者是逼迫他们“起义”。

从唐朝末年开始，节度使的根据地，基本上就是他们的命根子。节度使一旦搬家，其结果就跟“虎落平阳、龙游浅水”差不多，还有很大概率被人半路“黑”一下。

因此，虽然此时的这个时代，已经改名为“宋”，但这五代十国百年来传下来的“规矩”，却早已根深蒂固，甚至影响了人们的思维方式，当然也包括李重进。

于是，当收到这份圣旨后，李重进二话不说，立刻选择了李从厚、石敬瑭的那条路，那条一往无前、视死如归的造反之路。

当然了，虽然也是第一次造反，但李重进的造反模式，跟李筠的有一拼，毕竟被耳濡目染了这么多年。

在他们的造反模式中，无非就两条：招兵买马，寻求赞助。

这两条中，第一条靠自己，自负盈亏；而第二条就要忽悠别人了，让那些土豪们出钱出力了。

在这个方面，李筠那个赞助商（北汉）不给力，家里根本没几个子儿；而李重进这个赞助商，那就非常给力了。因为这个土豪家财万贯，有的是钱，而且他跟赵匡胤之间，还有那种刻骨铭心的仇恨在里面。

李重进找到的这个赞助商，就是南方第一大户，南唐的皇帝李璟。

殊不知，虽然李重进写了一份言简意赅的书信，派人秘密地送到了南唐，他希望李璟看在过去与赵匡胤苦大仇深的分儿上，能够出兵帮助自己，然而，让李重进万万没有想到的是，由于天天吟诗作画、梦里看花，李璟的脑袋明显地“高人一等”了，他处理国事的方法，也变得那么地“与众不同”了。

看见这封书信后，李璟啥表示也没有，他只是把这封密信送到了开封城，直接让赵匡胤变成了最后的收信人！

这一下子，赵匡胤正愁师出无名，找不着借口揍李重进呢，而这封如“及时雨”般的书信，正好给了赵匡胤一个最好的借口。

再这一下子，得知南唐李璟如此处理国事后，李重进气得暴跳如雷，他就跟那三国时期的张飞一样，开始无缘无故地体罚下属，并动不动就棍棒伺候了。

还是这一下子，看见李重进如此行事后，他的下属们全都伤了心。于是，有几个下属趁着夜色，他们偷偷摸摸地逃跑了。

最后这一下子，这位本来就疑神疑鬼，认为天下人都负了自己的李重进，终于暴走了。后来，这位基本诊断为“疯癫着魔”的李重进，一口气逮捕了十几个高级官员，并且第一时间就砍了他们的脑袋。

当然了，杀人可以，但必须给一个说法。而李重进的说法就是：我怀疑他们要造反，所以砍了他们祭旗。

至此，在宋朝宰相赵普的“预言”声中，李重进未来的悲惨命运，已被彻底搞定。

李重进守薛公之下策，昧武侯之远图，凭恃长淮，缮修孤垒。无诸葛诞之恩信，士卒离心。有袁本初之强梁，计谋不用。外绝救援，内乏资粮，急攻亦取，缓攻亦取。

——《续资治通鉴长编》

就是说：李重进这个人，他没有薛公的计谋，没有诸葛孔明的深谋远虑，没有诸葛诞的布施之心，更没有袁绍的名门声望，他拥有的东西，不过就是一座孤城而已。而怎么攻陷这座孤城呢？

急攻亦取，缓攻亦取，怎么着都能取！

建隆元年（960 年）九月二十日，赵匡胤削夺了李重进所有的官职爵位，并颁布了御驾亲征令。当然了，虽然赵普信心十足，认为此战不费吹灰之力，然而，赵匡胤还是不敢小看李重进。在这次御驾亲征的过程中，赵匡胤调遣了慕容延钊、高怀德、石守信、王审琦、李处耕、宋延渥等超一流的名将，意欲与李重进决一死战、一决雌雄！

可惜的是，虽然赵匡胤非常重视李重进，但是铁的事实证明，赵普的预言才是真。

面对赵匡胤的讨伐大军，离心离德的李重进根本无力抵抗，而赵匡胤的大军还没有开赴扬州城，李重进的部下就揭竿而起，把这位上司“内部处理”了。

建隆元年（960 年）十月二十一日，见大势已去、无力回天后，这位曾经所向披靡、纵横驰骋的老将，终于选择了李筠的处理方式，即生起一团篝火，然后把自己扔了进去……

至此，这位秉性刚烈的李重进，选择了一个男人自杀的方式，宁可葬身火海，也不给敌人留下当众炫耀的尸体。

男人，真是一个男人……

当然了，伴随着这个男人的死，赵匡胤终于平定了这个天下。从此之后，在赵匡胤统治的国家里，再无反宋的大旗。

那么，“内忧”已经全部处理完了，那些“外患”们，也该被赵匡胤提到日程上了。这个刚刚平息了各方势力，终于君临天下的赵匡胤，他又准备拿哪个国家开刀祭旗了呢？

第十章 杯酒释兵权

出兵南唐，还是算了

事实证明，一个精力过剩的男人，他是无法安生过日子的；那么，十万个这样精力过剩的男人聚在一起，他们又会爆发出什么样的故事呢？

这个问题，就是赵匡胤现在要面对的现实。

建隆元年（960 年）九月二十日，赵匡胤御驾亲征，他率领 10 万大军南下扬州，准备讨伐李重进。然而，赵匡胤啥仗也没打，李重进就焚火自杀了。

这一下子，赵匡胤和身边的 10 万个大老爷们儿，极其郁闷，好不容易出来一趟，就这么灰溜溜地回去？还是说，再找一个对手，好好地发泄一下心中的这口怨气。

正好，扬州城的前面，就是母亲河长江了；而长江的对面，嘿嘿……

亲爱的南唐李璟同志，命苦不能怨政府，你自认倒霉吧！

殊不知，让所有人始料不及的是，最先开始行动的人，不是赵匡胤，而是那个南唐皇帝李璟。

原来，大家都在江湖混，谁也不傻！李璟虽然是一个“百无用处”的文人，但他也非常地清楚赵匡胤要干什么。当李重进焚火自杀，赵匡胤却一反常态不回家后，傻子都知道他要怎么做！

于是，这位心虚的李璟，立刻派遣使者过江，主动献上大量的金银珠宝，并用实际行动向赵匡胤表示：“各位远道而来，辛苦、辛苦。来来来，我请大家喝酒吃饭。全由我买单，一点儿不要钱！只要不砸馆子，一切都好办。”

当然了，即使南唐使者装孙子都装成这样子了，赵匡胤还是不依不饶。但见他在这个酒席宴中，对着这些南唐使者痛骂道：“说！你们的国主为什么要跟我国叛臣暗中勾结（汝国主何故与吾叛臣交通）？”

然而，面对这当头棒喝的一声吼，南唐的使者冯延鲁却面不改色、心不跳，这个人慢悠悠地回了一句，并让赵匡胤差点儿跳起来。

“陛下，您只知道我们私下里勾结了，但是您还不知道吧，我们还曾经参加过叛乱呢！”

听完这句话后，赵匡胤当时就怒火中烧了！好小子，居然敢承认自己的犯罪事实，赶紧坦白从宽，看我怎么办你！

冯延鲁继续慢吞吞地说道：“启奏陛下，当年李重进派来的使者，就是微臣负责接待的。我们国主给李重进的回答，也是微臣代为转达的，所以我清楚地知道这整个事情。”

“哦，你们国主怎么回答李重进的？”赵匡胤迫不及待地问道。

冯延鲁答道：“我们国主是这样说的，大丈夫因为不得志而造反的，古往今来无数，我们也能够理解。但是，你李重进不在李筠造反的时候起义，这就等于丧失了时机，根本没戏了。如今天下安定，宋主雄才伟略，就是白起、韩信再生，也肯定没戏了，何况还是一个区区几千兵力的李重进。所以，我们就把李重进的使者轰走了，决不参与此事了。”

这马屁拍得，爽！

要知道，冯延鲁的这番回答，那是相当地巧妙。按照赵匡胤的定义，但凡是被劈头盖脸痛骂的人，都会语无伦次、惊恐万分，他就可以看场大戏了。

然而，这个冯延鲁却毫不畏惧，还振振有词。他不仅撇清了南唐与李重进的关系，还不失时机地奉承了一下大宋的当今天子，把赵匡胤比成了一个能够轻易收拾掉白起、韩信的英明皇帝。面对这番言论，任谁都会高兴不已。

后来，这个问题掰扯清楚后，赵匡胤又出了一题："就算是这样吧，但是现在吧，我手下的将领们都劝我乘胜渡江，夺取南唐，你看怎么样？"

你这不是扯吗！

面对这种赤裸裸的威胁，冯延鲁毫不畏惧地回答道："陛下英明神武，如亲率大军南下，我南唐绝非您的对手。然而，请陛下认真考虑一下，我南唐虽弱，但还有数万精锐之师，他们都是先主（李昪）的随身侍卫，全都发誓与南唐同生共死！因此，陛下要是想与这数万部队浴血奋战，那就请南下吧；与此同时，陛下如果不惧长江的天险，不怕那不可预知的风浪，以及不惧怕前方攻击受阻，后方被切断粮道的危险，您就请来南唐吧。我们随时欢迎您！"

话说到这个分儿上了，面对南唐这咄咄逼人的反恐吓，但凡是一个"正常"的君主，都应该拍桌子骂街了——"你知道什么叫作'天子之怒'吗？我现在就告诉你！"

然而，在赵匡胤最应该暴怒的时候，这个男人却选择了忍，但见他微微一笑地说道："哈哈哈，阁下的话真有意思，我就是跟你开了一个玩笑，你不要这么当真。莫非你是来当说客的吗？"

"不，我就是奉旨来这里，请你吃饭的。"

"这不结了，来来来，继续喝酒……"

在这场外交中，冯延鲁凭借不卑不亢的气势，绵里藏针的语言，得体的说话方式，终于打消了赵匡胤南下的念头。他不仅圆满地完成了任务，还解除了南唐一场迫在眉睫的灭顶之灾。

可惜的是，就在南唐百姓拥护冯延鲁、称赞他为英雄的时候，这些人根本不知道：这个敢梗着脖子跟赵匡胤叫板的人，他根本就不是自己的救世主。而真正让他们避免兵祸的人，其实是他们的那个死对头，那个大宋王朝的开国皇帝赵匡胤本人！

事实也正是如此！

想象一下吧，十几万个精神亢奋、士气正浓的男人聚集在河边，他们无时无刻地不想冲过河，去掠夺对面城堡里的金银财宝和美丽姑娘。结果呢，他们被一个手无缚鸡之力的文人冷嘲热讽的一顿，就这样灰溜溜地走了，这可能吗！这个文人不是火上浇油，逼迫这些愤怒的大兵出征吗？

因此，唯一能够让这次军事行动取消，将这些血灌瞳仁的宋兵变成"软蛋"

的人，只有他们自己的顶头上司，那个拥有宋朝最高股份的大老板。

实际上，赵匡胤从一开始，就不想去打南唐。

为什么？因为赵匡胤清楚地知道，如果他下定决心过江，莫说那个小小的冯延鲁了，就是那不辱使命的唐睢来了，他也会照杀不误，直接拿这个人的脑袋去祭旗。

因此，如果赵匡胤选择攻击南唐，他早就开打了，而且有很大的概率获得最终的胜利。然而，按照统计学的说法：有很大概率获得的胜利，并不是百分之百会获得胜利。只要不是百分之百，就有可能会失败。

对于赵匡胤而言，万一失败了呢？

要知道，这不是赵匡胤杞人忧天，而是凡事都要往坏处想。君不见那些血淋淋的前车之鉴（苻坚、曹操）吗，他们俨然成了赵匡胤的梦魇。

对于赵匡胤而言，他比谁都清楚自己的家底有多薄。好不容易按住了李筠、李重进这两个“葫芦”，要是在长江上稍有闪失，让南唐这个“瓢”再浮起来，那就太得不偿失了。

除此之外，要是万一重复了苻坚的悲惨命运，那些后方刚刚消停的节度使们，岂不是要重现当年“十六国”的辉煌伟业，赵匡胤还不得赔死！

因此，在没有百分之百的把握下，赵匡胤是绝对不会出兵的，至于那个公开叫板的冯延鲁，我忍了你，又能如何！

诚然，忍字头上一把刀。如果可以的话，谁都愿意用暴力解决问题。但是一个哲学家说得好：懂得暴力的人，是强壮的；懂得克制暴力的人，才是可怕的。

赵匡胤，你才是这个世界上最可怕的人。

当然了，如果二十年之后，赵匡胤的弟弟能够明白这个道理，他也不会得到那个悲惨的结局了。

赵匡胤的这个弟弟，就是宋太宗赵光义。

迁都洪州，李璟之死

虽然取消了攻击南唐的军事行动，也成全了冯延鲁的一世英名。然而，赵匡胤不甘心这样灰溜溜地班师回朝。为了发泄一下大兵们的不满情绪，赵匡胤索性举行了一场大规模的军事演习，顺便威慑一下这个不肯投降的南唐。

殊不知，包括赵匡胤在内的所有人都没有预料到，这场纯粹为了自娱自乐的军事表演，居然收到了神奇的效果，更做到了“不战而屈人之兵”的功效。而且，它还间接害死了一个皇帝。

这个皇帝，就是南唐中主——李璟。

当李璟目睹了宋朝模拟的“沿长江逆流攻击金陵”的军事演习后，直接被吓傻了，他也终于明白了一件事情：

“原来，老子所在的都城金陵，根本无险可守，更是位于战斗的最前沿呀！”

为了避祸兼更好地逃跑，这位素来缺乏主见的李璟，提出了一个迁都洪州的打算，并在一片的反对声中，他毅然决然、坚定不移地执行了！

洪州，也就是今天江西的省会南昌。从军事角度看，要想从金陵到南昌，需要沿长江逆流而上，还要经过军事重镇九江，以及战略要地鄱阳湖，只有这样才能到达。

因此，不管是从战略角度上讲，还是从防御设施上算，南唐暂时退守洪州，摆开一个防守反击的阵势，亦不失为一条切实可行的权宜之计。

然而，一个国家的迁都，要准备的事情多如牛毛，岂能草率而行？特别是这次李璟迁都，这基本上就是他脑袋一热的结果。结果呢，洪州的配套设施根本没有到位，城市的扩建工程也没有完成。

在这种情况下，莫说安置这些搬迁而来的官员及其家属了，就是开一个早朝例会，由于“庙小和尚多”，很多官员就跟挤公交、抢地铁似的，他们根本找不到地方下脚。

除此之外，由于洪州城市狭小，且不及金陵的十分之一，根本没有那么多的配套设施，这就导致了官员们晚上无处可去，也没有地方去娱乐消费。因此，这长夜漫漫的，他们只能这么硬挺、干熬着，且还不是一天、两天……

于是，在这种背景下，那些善于享受的南唐官员、和同样喜欢繁华热闹的李璟，全都后悔了。不仅天天抱怨洪州简陋、艰苦的生活，而且无时无刻不思念东归，回到他们的那个“安乐窝”里了。

最后，由于思念过度，李璟终于病倒了，且一病不起，就此逝世了。

建隆二年（961 年）六月，李璟在洪州郁郁而终，享年 45 岁。

盖棺定论一下吧，对于这个皇帝而言，人生真的是荒诞不经、无法预知。李璟千里迢迢地搬到这里，原来不是为了避祸，就是为了死在这里。这叫什么事！

除此之外，对于这个难得做出明智决断的皇帝而言，李璟在临死之前，他居然又做了一个最为“英明神武”的决断。

在李璟的遗言中，他告诫自己的子孙，一定要把自己的坟墓留在洪州，且违背我誓言者，不是南唐的忠臣孝子！

这说明什么？这位皇帝就是要把南唐的首都留在这里，保留住跟大宋对峙的最后一点本钱！

可惜的是，就跟当年忘记父亲的教诲，白白挨了一口咬一样，李璟的这个继承者，这位刚刚25岁就登基称帝的南唐新君，也忘记了父亲的临终遗言。李璟死了以后，这位新皇帝就率领文武百官回到了金陵，并把父亲的坟墓安葬在了这里。

至此，南昌（洪州）这个超级短命的国都，仅仅被扶正了三个月，就被南唐彻底抛弃了。而放弃了南昌城，不仅标志着南唐以退为进、东山再起策略的全部破产，也标志着南唐将继续腐败下去，直到不久的将来，在这位新任国君的统治下，迎接那亡国末路的结局了。

这个南唐新一代的国君，就是李璟的六子李从嘉。只不过，在历史的文献中，我们更喜欢称呼这位南唐第三代君主为李煜。

最近比较烦

建隆二年（961年），注定是永载史册的特殊一年。在这一年中，长江南面的第一强国南唐，换了一个主人；而在长江北面的第一强国宋，也同样发生着一件震惊全国的事情。

这件事情的来龙去脉，就从赵匡胤阴晴不定的心情说起吧。

在长江上举行了一次大规模的军事演习后，赵匡胤就班师回朝了。然而，在班师回朝的过程中，除了赵匡胤本人兴高采烈外，其他的将士都郁闷无比。他们不解、他们愤怒，他们想找人宣泄！

因为，这些人无论如何也想不明白，为什么一个文人（冯延鲁）的一番废话，就能把他们战无不胜、攻无不克的皇帝，彻底变成一个软蛋。

对于他们而言，跟这种文人费话什么，直接砍了他祭旗，顺便杀到南唐去，这才是正道！然而，现在是一个什么情况？被一个文人随便骂了几句，我们就灰溜溜地往家跑了，这算怎么回事？

当然了，只有赵匡胤本人，才清楚这个问题的真正答案。

对于赵匡胤而言，现在的局面才是他最想要的结果。李重进已死，扬州顺利回归，南唐继续当着软蛋。这个结果有什么不好？难道非要打过长江，不小心犯了苻坚、曹操的错，然后功亏一篑？

到了那个时候，才是万事休矣呢！

因此，对于赵匡胤而言，此行的所有目的已经达到，这才是他最想要的结果。他怎么能不意气风发呢？然而，等这位皇帝回到了皇宫后，他却一反常态，开始变得整天愁眉不展、唉声叹气了，仿佛谁都欠了他不少钱。

被人羞辱，反而得意；得胜还朝，反而生气，这是一个什么情况？

看见皇帝整天无精打采后，大臣们就得问问是怎么回事。结果，赵匡胤摇头叹气地说道："你们认为皇帝很威武、很神圣是吧？其实一点儿都不爽，比我当节度使时候差远了！"

这一下子，群臣全都傻眼了，这还怎么安慰皇帝呢？难道说，满足赵匡胤的愿望，大伙齐心协力地造反，把他重新变成节度使？

大家伙也不知道说什么好，只能让这位皇帝继续郁闷下去，郁闷到心情越来越差为止了。

当然了，有不敢劝慰皇帝的，也肯定有不怕死猛冲的。这不，就有一位大臣冒死进谏了。

有一天，赵匡胤在后院拿弹弓打鸟。他玩得正起劲呢，结果这个大臣要求面圣，声称有十万火急的事情要觐见。

一听这话，赵匡胤哪里敢怠慢，立刻放下了手中的弹弓，匆匆忙忙地去听上奏。结果呢，哪里有什么军国大事，赵匡胤听见的都是一些稀松平常的小事，甚至普通得不能再普通了。

赵匡胤这个气呀，说人家玩得正在兴头上，你偏偏要来败我的兴，真是岂有此理！然而，面对这位雷霆之怒的君主，这位官员一点儿也不在乎，他还放了一句火上加油的话："微臣说的事情再不是，也比打鸟玩乐重要（臣以为尚亟于弹雀）！"

想象一下吧，当你听见这种不知死活的话后，你会作何感想？但见赵匡胤武人本性大爆发，他抡起手中那把心爱的斧头，就这样直接砸了过去。

这一下子，赵匡胤不仅让这位大臣挂了彩，还直接干掉了对方的两颗大门牙。

说实话，这个大臣真是一条硬汉，要是别人挨了这么一下，不仅疼得死去活来，估计下面也得湿了一片，然而，这个大臣一不哭、二不闹，人家啥也没说，只是默默地弯下了腰，然后捡起了那两颗大板牙，最后小心翼翼地收了起来。

赵匡胤更加愤怒了，他对着这个大臣大吼道："你干什么？把这个证据拿起来，难道还要告我不成？"

这个大臣捂着嘴回答道："告您是不可能的，但今日之事，必将有人写入史书里！"

好吧，算你赢了。面对这个死不悔改的倔头，赵匡胤愣是一点儿脾气也没有。历史也再一次证明，但凡想要永载史册的明君，都是那种要名不要利的主。事后，赵匡胤笑嘻嘻地拿出了钱包，花了一笔不菲的私了费，终于把这件事情抹平了。

抹平的结果是什么呢？那位想青史留名的官员，最终也没得逞。在这件历史事件中，这位官员的名字永远都是某人。

虽然打跑了这个官员，也赔了不少银子，赵匡胤依旧愤愤不平、无法释怀。他不是心疼那些银子，而是这满朝文武之中，居然没有一个人知道自己的苦衷与不甘！

当然了，如果有的话，那也只有一个人。只有这个人，能把自己的所有心事，看一个清清楚楚、明明白白。

"陛下，您是在郁闷'王剑儿'的事情吧？"

说这句话的人，就是大宋朝第一宰相——赵普。

真是一语中的……

所谓的"王剑儿"，就是在那场陈桥兵变中，保护了赵匡胤的家人，诛杀了韩通一家人的王彦升。

话说当年陈桥兵变、赵匡胤登基称帝后，他犒赏了所有的有功之臣，而唯独这个王彦升，他不仅没有得到任何官职，反而还锒铛入狱，差点儿被斩首示众了。

原来，这个原因非常简单，毕竟王彦升违反了赵匡胤的约法三章，他擅自杀了前朝大臣。干了这么一件极其出格的事情，因此必须要承担这个相应的罪名。

然而，傻子都明白这里面的道理。没过多久，在群臣的一致求情下，赵匡胤就收回成命，还“勉为其难”地赏赐了王彦升一个京城巡检的官职，就是让他负责整个京城的治安。

可见，把自己的“家”都交给了王彦升，足以说明赵匡胤对其的信任程度。然而，就是这个得意忘形的王彦升，再接再厉，又干了一件极其出格的事情。这不仅让赵匡胤愤怒无比，还彻底放了一句狠话：终生不得受节钺！

这句话什么意思呢？你王彦升这辈子，都别想当节度使！

原来，王彦升自从当了首都警察局局长后，他非常地爱岗敬业，人家日夜在开封城巡逻守护，严厉打击各种非法活动，保障首都人民的人身安全。然而，有一天晚上，这位仁兄也不知道怎么想的，他看谁都不像好人了，直接打击到了宰相王溥的家里。

听见这位凶神恶煞敲门后，由于有韩通被灭门的前车之鉴，王溥被吓得够呛呀，他诚惶诚恐地开门，颤颤巍巍地问他有什么事。

殊不知，王彦升根本不理会这位当朝宰相，人家大摇大摆地走了进来，并很无厘头地说道：“半夜巡逻，非常辛苦，我来这里讨碗酒喝。”

你拉倒吧，不用王溥这种高智商的官场老油条，就连傻子都知道你半夜此行的目的。你王彦升半夜跑到这里，无非就是变相的勒索受贿而已。

然而，也许王溥非常地小气，也许他装傻，根本没有听懂王彦升的意思。总之，不就是说讨碗酒吗，好酒好菜没问题，金银珠宝就算了。

最后，王彦升无功而返，或者是其他史料记载的那样“彦升得白金千两而退”，他吃完了这顿酒席后，就高高兴兴地离开了。

殊不知，当第二天太阳升起的时候，王彦升就知道自己这样做的后果了。

第二天早朝时，王溥就把这件事情报告给了赵匡胤，而这位新科皇帝的反应，也就可想而知了。

异常愤怒的赵匡胤下旨，立刻罢免了王彦升所有的官职，并把他外放到了地方，降为唐州刺史，并发誓永不晋级（后来还是升职了，王彦升被任命为护国军节度使）。然而，虽然这件事情过去了，但是王彦升带给自己的震撼，却远远没有结束。

至此，赵匡胤终于明白了郭威、柴荣的苦衷，虽然自己已经黄袍加身，成为一个帝国的皇帝，然而，那五代十国根深蒂固的“兵骄则逐帅，将强则叛上”的思想，没有一丝一毫的改变，甚至根本不给自己一点儿面子。

这不，还没怎么着呢，王彦升就恃功自傲，当面勒索国家一品大员了。这要是任由事态发展下去，估计用不了多久，这位将领就会不明白给谁打工了！到了那个时候，后果就不堪设想了！

于是，在平定了“二李”叛乱后，赵匡胤把心腹大臣赵普召来，对他说了一番肺腑之言：“天下自唐末以来，区区几十年的时间，换了八个皇帝，这到底是一个什么原因？这种战火不熄、生灵涂炭、天下大乱的局面，到底什么时候是一个头？我想改变这个社会，建造一个长治久安、和谐稳定的世界，可要怎么办呢？”

一听这话，赵普先是拍了一堆马屁，什么陛下能够想到这些，是天、地、人、神的福气呀，这是英明之主、天下人之福等等。随后，赵普说出了酝酿已久，将彻底改变这个世界，并给宋朝三百余年定下治国精神，甚至改变中华民族特有本色的办法：控制武将的权力，削弱武将的经济，收回武将的精锐部队，让他们变成无权、无钱、无枪的“三无产品”，这样天下自然就能安定了。

> 惟稍夺其权，制其钱谷，收其精兵，天下自安矣。
>
> ——《续资治通鉴长编》卷二

赵普的话还没有说完，赵匡胤就打断道：“打住，打住，爱卿所言极是，朕知道该怎么做了……”

于是，在这种思想下，一个建立中央集权的办法，就在赵匡胤的心中孕育而成了。

这个办法，在历史上有一个大名鼎鼎的名字——杯酒释兵权。

杯酒释兵权的真相

根据司马光的《涑水记闻》，这个家喻户晓、众人皆知的故事，它是这样演绎的：话说有一天（据说是建隆二年七月十五日），赵匡胤召集大将们喝酒。喝到高兴时，赵匡胤突然说道："别看我现在这么高兴，实际上我天天吃不下饭，也睡不着觉……"

一听这话，这些大将们就很奇怪，他们问道："陛下富有四海，何出此言？"

赵匡胤回答道："当初你们贪图富贵，把黄袍披在我身上，让我当了皇帝，你们好做开国元勋。万一有朝一日，你们的部下贪图富贵了，也逼着你们当皇上，你们怎么办呢？"

真是一语中的：居此位者，谁不欲为之！

大将们一听这话，立刻吓得全体跪倒，皇上这不挑明了对自己不放心吗？于是，他们集体玩儿命磕头道："那您说咋办？"

赵匡胤说道："干脆这样吧，咱们打仗不就是为了享福吗？你们现在回家，你要房子我给你房子，你要地我给你地，你要钱我给你钱。你再多娶几个小妾，晚上活动充实点儿。咱们君臣之间再结成儿女亲家，我的公主嫁给你儿子，我的儿子娶你闺女，这样一来的话，君臣结成秦晋之好，互不猜疑，你们看行吗？"

这有什么不行的？这帮大将回家后，第二天就纷纷上辞职信了："我崴脚了，骨折了，不能再骑马了。""我感冒了，不能再上班了。"没过几天，这些大臣们都知趣地回家了。

最后，赵匡胤很是高兴，他和平地解决了问题，顺利地收回了权力，君臣之间还相安无事，也留下了这段千古美谈的历史——杯酒释兵权。

然而，这么一个脍炙人口、家喻户晓的故事，如果我跟您说，就是一个后人杜撰的传说，它甚至跟"喝酒、赵匡胤"一点儿关系都没有，您会相信吗？

事实正是如此。

作为宋朝初年政治、军事上的一件大事——杯酒释兵权，几乎所有的文献、史书都会重复地讲述这件事情，仿佛这就是一件毋庸置疑的事情。然而，随着时间的推移，越来越多的学者们开始怀疑这件事情，并质疑此事的真伪了。

因为，这个原因非常简单，现在所有“杯酒释兵权”故事的来源，都是宋人的笔记，而非官方的权威文献。

要知道，如果“杯酒释兵权”这件事情真的发生过，那这绝对是赵匡胤的一项伟大的壮举，理应被永载史册，大书特书才是。然而，不管是当时的官方文献《国史》《实录》，还是元朝人编写的前朝《太祖实录》《三朝国史》《宋史·太祖本纪》等，都对此无只言片语。

对于宋初而言，如此重要的一件军国大事，居然在官方文件上惜墨如金，甚至一字不提，这岂不是咄咄怪事？还是说，这里面另有隐情，或者是压根儿就没有发生过！

而记录了这件事情的各种民间文献，则将此事人为渲染、大书特书，最后将此事演绎成为一个“声情并茂”的电影！

这个“杯酒释兵权”电影的原型，最早见于丁谓的《丁晋公谈录》。

这个丁谓可是一个猛人。此人不仅是宋真宗的宰相，而且还坑死了一代名臣寇准。

当然了，后来的事实证明，丁谓坑死了寇准，可谓损人不利己，他未来的下场，比寇准要惨烈得多。

虽然在中国的历史上，丁谓最终上了《佞臣传》。但是，丁谓毕竟是一朝宰相，他不仅有自己独特的发言权，更是那段历史的见证人。

那么，这位丁谓同志，他到底见证了什么呢？

在这本《丁晋公谈录》中，丁谓记录了这么一件事情：

有一天，赵普急匆匆地告诉赵匡胤：“不要再让石守信、王审琦掌握皇家禁军了！”

一听这话，赵匡胤当时就蒙了，说这哥儿俩是我义社十兄弟呀，他们难道要造反吗？

赵普继续说道：“这两个人不会造反，但是他们管不住自己的下属，臣担心他们手下要造反的话，他们也就身不由己了。”

听完这番解释后，赵匡胤哈哈大笑地说道：“宰相多虑了，区区下属，这两个人还是管得住的，而且我如此器重他们，他们怎能有负于我？”

赵匡胤话音未落，但见赵普冷冷地回答道：“陛下不知周世宗吗？周世宗的手下，他管得住吗？周世宗也器重自己的手下呢，结果怎么样的呢？”

一听这话，赵匡胤浑身冷汗直流。这个周世宗的手下，你我心知肚明，何必再言。于是，赵匡胤立刻听从了赵普的建议，收回了这二人的兵权，并把他们轰出了朝廷，去地方上任职了。

综上所述，《丁晋公谈录》里记载的这个故事，虽然有收缴兵权在里面，但是这里面没有“杯酒”，也没有“释兵权”，更没有赵匡胤什么事，这完全是赵普一个人自导自演的结果。

那么，就是这么一个和“杯酒释兵权”八竿子打不着的故事，是如何与这个经典故事扯上关系的呢？

几十年后，宋真宗赵恒驾崩西去，赵祯登基称帝，史称宋仁宗。

仁宗一朝时，当时的著名宰相王曾，在整理前朝笔记的时候，就把这段故事写入了自己的《王文正公笔录》。为了增加这个故事的阅读性，王曾将它重新书写了一遍。

于是，这个故事就变成了这样：

太祖赵匡胤登基称帝好几年后，宰相赵普多次进言，说石守信、王审琦这俩人位高权重，还掌握着皇家禁军，这样早晚得出事，还请皇帝把他们调到别处，防患于未然。

刚开始的时候，对于赵普的这个建议，赵匡胤只是微微一笑，他完全信任这两位好兄弟。可是，架不住长时间地被灌输着三人成虎，任谁也会改变自己的想法，推翻自己的初衷了。

于是，在这种背景下，赵匡胤找来了石守信、王审琦一起吃饭，并在这个酒席宴上，赵匡胤说出了自己的苦衷：

“我和各位，那都是同生共死的好兄弟，因此我绝对没有怀疑过你们。然而，这么多年过去了，文臣们天天在我耳边嗡嗡叫，说得我头都大了，我也保护不了你们了。这么着吧，你们不如选一个风水宝地，去地方当一个土霸王。当地的赋税收入，足以让你们荣华富贵一生了。这样颐养天年，岂不快哉？

“除此之外，我再跟诸位联姻，我收你们的儿子为姑爷，收你们的女儿为儿媳，让诸位当国丈。这样咱们结秦晋之好，以示君臣无猜，你们看怎么样？”

这还有什么可说的！对于石守信、王审琦而言，他们也早就过够这种日子了。所谓树大招风，这么日复一日、年复一年地被人吊起来当靶子打，自己再皮糙肉厚，也有抵挡不住的时候。如今，自己不仅啥事没有，还能彻底地功成身退，对于这样的好事，他们还能提什么反对意见！

于是，石守信、王审琦马上第一时间磕头谢恩，且唯恐皇帝说话变卦，立刻交出了兵权，定下了儿女婚姻的时间，就这样去地方上享福去了。

至此，“杯酒释兵权”故事的基本框架，就此敲定。

后来，等历史的车轮转到宋真宗时期，当时那个砸缸救人的司马光，在自己的《涑水记闻》中，又对这件事情进行了重新的演绎，把它最终演变成为咱们现在众人皆知的“杯酒释兵权”了。

综上所述，在这三位作者的不断演绎、不断加工下，我们绝对有理由相信，所谓的“杯酒释兵权”，根本就是一个后人杜撰的传说。

然而，这么一个永载史册的故事，虽然是宋代文人演绎的结果，但是在那段真实的历史中，它确实存在过，并且真的与“杯酒”有关系。

这段历史，也许才是“杯酒释兵权”的真正前身。

统统交权

话说开宝二年（969 年）十月，赵匡胤在自己的御花园内做东，他邀请了十二位节度使们吃饭。

被邀请的这十二位节度使，他们都是威风凛凛、驰骋一时的天下名将。其中就包括天雄军节度使符彦卿、天平军节度使石守信、归德军节度使高怀德、安远军节度使武行德等等。

然而，在这十二位封疆大吏中，并不是每一个人都兴高采烈，对皇家宴会憧憬不已。在这些人中，有一个人就非常忐忑，因为他心中有鬼；还有一个人就非常难受，因为他心中实在是不忿！

这个心中有鬼的人，他叫作王彦超；而那个心中不忿的人，他叫作郭从义。

先说这个心中有鬼的人，大家还记得，这个为人非常“痛快”的王彦超吧。

遥想当年，赵匡胤刚刚浪迹天涯的时候，就曾经投奔过他，结果这个王彦超那叫一个“痛快”，他只用了区区十贯钱，就把这位真龙天子轰出了家门。

可见，你要是王彦超，当年干过这样的“壮举”，你的心中也得有鬼。

好在赵匡胤是一个心胸宽广之人，人家根本就没有记仇。而在王彦超诚惶诚恐地说完“浅水岂能藏神龙耶，当日陛下不留滞于小郡，实乃天意也”后，赵匡胤哈哈一乐，这一页就算过去了。

殊不知，王彦超这一页好翻；而郭从义的这一页，却翻得异常艰难了。

为什么？因为这位仁兄是一个实在人，肚子里没啥花花肠子。结果在这众目睽睽之下，郭从义被赵匡胤狠狠地羞辱了一番，这让他情何以堪？

原来，就在这个酒宴前，赵匡胤亲自接待了郭从义，并微笑着对他说道：“郭爱卿呀，听说你马球打得不错，可否给朕表演一番？”

这有什么不行的！郭从义二话不说，立刻换了一身衣服，然后纵马驰骋，就在这里表演了起来。后来，由于“周旋击拂、曲尽其妙”，大家都为其鼓掌喝彩。郭从义也得意扬扬地跳下马，跑到赵匡胤面前请赏谢恩。结果呢，赵匡胤只是似笑非笑、阳奉阴违地说了一句：“爱卿的球技，真是精湛呀！然而，这是一个将军该干的事情吗？”

……你确定不是在玩我吗？

还没有吃饭，就引出这么多的事情来，这顿饭的过程，也就可想而知了。

果不其然，在酒过三巡、菜过五味后，赵匡胤不慌不忙地端起酒杯感慨地说道：

“你们都是国家的功臣宿将，这么多年过去了，一直在第一线为国家服务。个个事务繁忙，这让朕的心里怎么过意得去呢？”

俗话说“听锣听声、听话听音”，赵匡胤话音未落，心中有鬼的王彦超就听明白了，他立刻随声附和道：“陛下所言极是，卑臣年龄大了，现在不适合干节度使了。还请陛下容臣告老还乡，把这把老骨头埋在故里，实现卑臣这最后一个心愿吧！”

看来，这是一个聪明人！当然了，这也是唯一的一个聪明人。

虽然在赵匡胤的眼中，这个王彦超做了一个很好的表率，下面的事情就该好办了，然而，不知道其他的节度使们是真傻，还是大家在“揣着明白装糊涂”，大家只字不提告老还乡的事情，他们只是发表了一下自己的感言，回顾了当年攻城略地的辛苦以及遭受的艰辛等等，好让赵匡胤继续补偿自己。

眼看双方的分歧越来越大，赵匡胤出离愤怒了，但见他一句话打断道：“这些都是前朝的事情了，还有什么值得炫耀的！”

这一下子，这些人全都顿悟了，他们也终于明白了皇帝请客吃饭的真正含义了。

感情这顿饭，就是一顿散伙宴呀！

第二天，赵匡胤颁布圣旨，免去了这些人节度使的官职，取而代之的是“太子太傅、上将军”之类的官职。

虽然这些官职的名字大得吓人，品级也高得可以，全都是从一品、从二品的高官，但是所有人都明白，这是一个典型的明升暗降，自己被解除了兵权，轰到敬老院去养老了。

至此，从唐朝中期开始的藩镇之祸，就在这场“杯酒释兵权”的酒宴中，彻底地灰飞烟灭了。

那么，我们不禁要问了，多少个皇帝没有解决的藩镇之祸，为什么赵匡胤仅仅凭借一杯酒，就能让这些骄横不法的藩镇们乖乖听话，全都主动地缴枪投降了呢？

这个问题，其实非常简单，因为不管是《宋史纪事本末》，还是《续资治通鉴》，他们都加了这么一句话：其实兵权不在也。

也就是说，此时此刻的这些节度使们，他们早就变成了无牙的老虎，褪了毛的凤凰，早就没有反对中央的实力了。除了主动申请回家养老外，这些节度使们已没有第二条路可走了。

因为赵匡胤早在此前，就已经做足各项“工作”了。

集权集权

为了收回各种权力，重塑中央集权制，赵匡胤在“杯酒释兵权”之前，就已经做足了四个方面的工作了，真可谓无所不用其极也。

第一个方面：细分职业，四十八人掌管兵权。

要知道，自从“黄袍加身”后，为了杜绝类似的事件再发生，赵匡胤下令，原来的“两司”变成“三衙”，即未来的宋军“三帅”——殿前都指挥使、侍卫马军都指挥使、侍卫步兵都指挥使。

南北朝变成三国鼎立了，看你们怎么联合起来造反。

当然了，对于赵匡胤而言，这仅仅是一个开始。

把“两司”变成“三帅”后，赵匡胤还是不放心，他又在“三帅”下面设立“四卫”，又在“四卫”下面设立“四厢都指挥使”，再进一步剥夺兵权。

这一下，原来由2×5管理的兵权，现在变成3×4×4了，我看你们还怎么兴风作浪。

第二个方面，以文制武，不许武将调动部队。

把自己的禁军一分为三后，虽然这“三帅”都是皇帝的将领，全都听从皇帝的指挥，可以统率部队，但是这哥儿仨根本没兵。如果想要用兵，可以，去找枢密院。

宋朝的枢密院，有点儿像今天的总参谋部，它负责调动所有的部队，但是却没有统率权。那么，谁统率这些士兵呢？还得找将军。但是将军只有统率权，却没有使用权。

简单来说吧，宋朝的军队就是一辆汽车，将军就是皇帝雇佣的司机，枢密院就是那个派车的公司。虽然这些车归枢密院管，但是它不能开；将军能开车，但是车不是你的。你只能开，用完了，必须第一时间还。

可见，这种二权分割管理制度，能最大地限制这辆汽车的使用权和管理权，并能最大地保证这辆汽车只有一个主人，即皇帝。

那么，您说了，这样使用太费劲了，我自己花钱造一辆汽车，这行不行呢？

不好意思，赵匡胤明确下令：不论什么级别，不论什么高官，也不管对帝国的忠心程度，只要敢私自招兵，培养自己的私人武装，就一个字——杀；补充一个词——无赦！

可见，不要再为岳飞鸣冤叫屈了，这小子要是生活在赵匡胤时代，光凭那个“岳家军”的招牌，这哥们儿就死定了，估计早被砍十多次了。

对了，还有一点需要说明，枢密院的长官一定是文官，为的就是“以文制武”，玩儿命降低武将的身份，免得他们靠干预政治恃才自傲，最后爆发出造反的野心。

第三个方面，强干弱枝，调地方精壮部队入京。

宋朝的部队，主要由四个部分组成：禁军、厢兵、乡兵、藩兵。

其中，禁军是皇帝的私人武装，相当于宋朝的正规军；厢兵是地方上的士兵，相当于各地的武警部队；乡兵就是最下面的士兵，相当于各地的民兵预备役。藩兵就不解释了，一般都是少数民族可以雇佣的士兵，想用可以，拿钱来。

以前，这四支部队相安无事，不管是中央还是地方，大家都各自花钱，去培养自己的势力。然而，这种井水不犯河水的格局，却被赵匡胤一道圣旨打破了。

赵匡胤下令：无论厢兵还是乡兵，凡身强力壮、武艺高强者，全部都要编入禁军。

听到这一圣旨，地方诸侯们彻底傻了眼，自己的精锐部队，就这样被赵匡胤一锅端了，留下的都是一群老弱病残，连抓个小偷、打个土匪都费劲，这可咋整呢？

至此，按照《涑水见闻》记载：镇之厢兵，皆老幼病残，皆非京城精锐禁军之敌，莫敢有异心者。

从唐朝开始的藩镇之祸，仗的就是自己强大的地方武装。而赵匡胤的这道圣旨，直接来了一个釜底抽薪，大小连锅端了，看你们谁还敢造反。

当然了，即使把地方折腾成这样了，赵匡胤还是意犹未尽，他继续颁布了一道圣旨，又在这些地方将领们的伤口处，狠狠地撒了一把盐。

第四个方面，实行更戍法。

所谓更戍法，就是每隔一段时间，当地的守军要更换驻地，但是驻守的将军不用调动。

这是什么意思呢？

就是说，现在有三支部队，A 驻军北京，B 驻军开封，C 驻军济南，等过了一段时间后，A 移师开封，B 移师济南，C 移师北京。三个地方的将领不变，军队却换了一茬。

那么，这样的换防，会导致什么样的后果呢？

咱们现在看古装连续剧，大家来自五湖四海，说着各种不同的方言，扮演指挥官的主要演员大吼一声：“兄弟们，敌人就在眼前，为了大王，大家冲啊！”

随后，伴随着这声怒吼，大家一拥而上，打败了敌人，在一片激情的背景音乐中，最终获得了胜利。

如果这是连续剧，拍得还不错，但如果这是真正的战争，那就算瞎了！

要知道，平时谁也不认识谁，没有一起喝过酒，没有一起吃过肉，啥感情都没有，你让我冲，我就冲？凭啥？！给个理由先。

总之，卖命是可以的，冲锋也是可以的，但是必须给个理由。

如今，这个理由怎么给？部队三天两头地换防，刚给几个鸡腿，士兵就全都换走了，这不是肉包子打狗，一去不回头吗？

你让我们怎么给？

就这样，在这种“兵不识将、将不知兵”的作用下，宋朝厢兵和乡兵的战斗力直线下降，最后终于变成了零。

至此，从唐朝安史之乱（755年）时期起，困扰了中国近两百年的藩镇之祸，终于落下了帷幕。然而，凡事有利也有弊。赵匡胤把地方军权压得太死了，虽然不会再发生节度使造反的事情了，但是也产生了一种“矫枉过正”的恶劣影响。

未来，攻击中原的那些少数民族们，不管是辽还是金，或是那个天下无敌的元，他们一旦突破或者是绕过了宋朝的边境线，就能第一时间攻到宋朝的都城。所到州县毫无抵抗能力，全都望风而逃。

这是为什么？因为中间的州县兵不识将、将不知兵，根本无法拧成一股绳，且都是老幼病残的士兵，根本没有力量反抗。

因此，不管是赵匡胤无心也好、有意也罢，从这以后，宋朝就留下了一个“积贫积弱”的弊病。

也许，这些都是赵匡胤的错，但是，如果咱们设身处地地想一下，当你面对一个已经持续了两个世纪的藩镇割据、军阀混战的局面，你的耳边天天充斥着“天子，宁有种耶？兵强马壮者为之尔”的时候，你会怎么办！

如果您是赵匡胤，您能想到一个更好的解决办法吗？

不管怎样，在这一系列中央集权政策后，赵匡胤终于拨乱反正，定王业于一身，彻底消除了藩镇之祸。他终于得偿所愿了！

然而，虽然历史把这些功劳记在了赵匡胤的头上，但是我们要清楚地知道，在创建宋朝这座摩天大楼的时候，除了要记住投资商跟奠基人以外，我们还要记住这座大楼的设计者。

谁，才是这座大厦真正的设计人？

这个人，他就是赵普。

第十一章 通天大计

史料匮乏的大宋第一相

虽然在宋朝的历史中，赵普位极人臣，一人之下、万人之上，可谓风光无限也，但是，在真正的历史记录里，赵普的记录却少得可怜。少量几个可圈可点的事情，要么资料不全，要么就是一个反面教材。

案例一：推荐人选。

有一年，赵普看中了一个人才，他就想把这个人推荐给赵匡胤。然而，赵匡胤不知道是怎么想的，他就是不用。结果，赵匡胤不用，赵普就一而再、再而三地上奏推荐，直接把赵匡胤惹急了，把这封推荐信撕成碎纸。

要知道，皇帝都这样的，要是换成一个别的大臣，估计也就消停了，然而，这个大臣可是赵普呀！但见赵普把这堆碎纸捡起来，并将它们重新粘贴了起来，最后又把它们送了上去，直到赵匡胤答应了为止。

当然了，对于这种事情，历朝历代直言进谏的股肱之臣们，他们都会这样做，这也是他们光荣而伟大的使命。然而，这个矛盾也正在于此。要知道，对于这么一段可以大书特书的历史，我们直到今日，都查不出来赵普这么做的目的，他到底为了谁要这么做！

在这段历史中，这个被赵普一再推荐的人，只有两个稀奇古怪的字——某人。

这不是成心诋毁、恶心赵普吗！

案例二：国号之争。

咱们都知道，明清两朝，为了国家平稳、江山统一，每位皇帝只能使用一个年号。然而，明清之前，皇帝在自己统治期间，可以随意更改年号，寓意换一个运气。

建隆四年（963 年），赵匡胤决定换一个手气，重新整一块“招牌”了。当然了，毕竟自己是行伍出身，仅粗通文墨，根本不善于这种咬文嚼字的事情。于是，赵匡胤把这件事情交给了赵普，他只提出了一个要求——勿用前代旧号。

没过多久，赵普就提交了一个年号“乾德”。而对于这个年号，赵匡胤也没有多想，就欣然同意了。

殊不知，两年半之后，即乾德三年（965 年）春，赵匡胤顺利地灭掉了后蜀，并从那里得到了无数的奇珍异宝。在整理这些宝物时，赵匡胤看见一面铜镜背后，俨然刻有五个大字：乾德四年铸。

赵匡胤当时就急眼了，说今年才是乾德三年，这乾德四年的东西哪里来的？后来，在一番询问后，赵匡胤算是整明白了，原来这个乾德，是前蜀末帝王衍的年号。

得知这个结果后，赵匡胤也没有多想，他只是找了一瓶墨水，然后狠狠地泼了赵普一脸，并痛骂了一句：“多读一点儿书！”

据说，赵普得到这么一个大黑脸后，被吓得一宿没敢洗脸。这位仁兄顶着这么一个黑脸，愣是过了一夜。等第二天早朝上班后，在赵匡胤的授权下，赵普才敢把这个黑脸洗白。

可见，赵普这面子丢得，简直丢人到家了。

案例三：半部《论语》治天下。

据说，在被泼了一身墨，遭受到奇耻大辱后，赵普决定发愤图强，玩儿命读书了。从此，赵普的身边就多了一个大书匣子，每天他都要从里面拿出一本书来读。然而，谁也不知道赵普读的什么书，他也绝对不许别人动。

后来，等这位宰相去世后，人们才打开这个书匣，结果发现了半部《论语》。从那以后，赵普“半部《论语》治天下”的故事，就此传遍了整个天下。

实际上，后人之所以杜撰了这么一个“半部《论语》治天下”的故事，只是为了阐述《论语》的重要性，只要“半部”就能治理这个天下！然而，我们却曲解了作者的本意，只记住了赵普不爱读书，只读了半部《论语》。

从历史仅存的资料来看，赵普出身在一个非官宦之家，但也绝非普通农民的家里。他的祖辈应该是当地的小吏，有那么一点点资产，但也不足以炫耀。所以赵普没有任何炫耀的资本，他只能实话实说：“臣出自孤寒，本非俊杰。”

对于这么一个出身的人，在那个血雨腥风的时代里，如果无法上阵杀敌，那就只能通晓一套刀笔功夫，拥有各种尔虞我诈的斗争哲学，并永远充实自己，摸索出一套属于自己的超凡本领。

有一件事情，能够彻底说明赵普的能力，以及对于这个国家的重要性。

建隆四年（963 年）二月，天雄节度使符彦卿进京面圣。咱们前面讲过，这个符彦卿是柴荣非常重要的一步棋，就是为了牵制中央的赵匡胤。因此，这么一个重要人物的临阵倒戈，让赵匡胤非常地高兴，他不仅赏赐了符彦卿很多的宝物，还打算把他调入京城，替自己管理禁军。

殊不知，对于这么一个建议，赵普是一百个不同意。但是，赵匡胤并没有听从赵普的建议，他还是颁布了诏书，决定按自己的意愿进行了。结果呢，赵普居然冒天下之大不韪，直接扣留了皇帝的诏书，并请求赵匡胤收回成命。

这一下子，赵匡胤直接急眼了，说我颁布的诏书，你也敢扣！这是要造反呀！然而，面对这位急眼的皇帝，赵普只是慢慢地说道：

“臣之所以这样做，是认为此事不妥，还望皇上深思熟虑，考虑整个事情的利弊得失，以免将来后悔。”

“你为什么总是怀疑符彦卿呢？我待他那么好，他怎么可能背叛我！”赵匡胤愤愤不平地说道。

“那敢问陛下，何以又负周世宗！”

一听这话，赵匡胤被噎得没话了，他只能收回成命，这件事情也不了了之。可见，从这件事情上，赵匡胤虽然知道自己是怎么黄袍加身的，但是他根本不清楚禁军的危害性，他更不知道这个禁军的总头目，到底对皇权的危害有多大！

当然了，所谓“当局者迷、旁观者清”，我们也不能完全怪罪赵匡胤，毕竟当年的郭威、柴荣二帝，他们也犯过这样的错误，而值得赵匡胤庆幸的是，在他的时代里，他有一个完全可以设计帝国版图的赵普，他将这一切威胁皇权的因素，全部扼杀在摇篮里！

因此，这样的赵普，才是那位真真正正的开国宰相。您要是愣是说赵普没有通晓天下之书，就只读过半本《论语》，估计连他自己也不相信！

所以说，在拨开历史的迷雾，还原一个真实的赵普后，我们绝对有理由相信，这是一个拥有真才实学、通晓天地万物的治国能臣。那些所谓的丢人的事情，还有那“半部《论语》治天下”的故事，全都是后人的为了某种特殊的目的，故意栽赃陷害而已。

要知道，在赵普别具一格的设计下，才有了上述所有的措施。而在这些措施的保障下，自北宋整整一朝，都没有武将造反、藩王作乱的局面出现，就连那后宫女祸、外戚专权、太监作乱的事情，也完全没有市场！

这，才是赵普不朽的历史政绩。

如果干这些事情的赵匡胤，他能够不朽的话，那么，这些工程的总设计师赵普，他更应该不朽。

当然了，在这些不朽的历史功绩中，赵普最让人津津乐道的事情，则是那件决定全天下人命运的雪夜定策。

是南还是北，这是个问题

建隆二年（961年）冬天的某一天，在一个大雪纷飞、伸手不见五指的深夜，宰相赵普的家里，迎来了一位不速之客。

这位客人，就是大宋的开国皇帝——赵匡胤。

对于这位微服出宫、突然来临的皇帝，赵普诚惶诚恐。他急忙跪拜迎接，并邀请赵匡胤进屋。然而，赵匡胤只是慢悠悠地说道：“不急，我约了赵光义，他一会儿就到。”

天子亲临，开封府尹赵光义作陪，赵府立刻蓬荜生辉，赵普的面子更是到了极点。于是，赵普立刻安排下人摆开酒席，用木炭生火烤肉，并让自己的夫人亲自斟酒，热情招待这对兄弟。赵匡胤也毫不避讳，他直接称呼赵普的夫人为“嫂嫂”。可见这君臣之间，关系好得俨然成了一家人。

当然了，无事不登三宝殿。因此，当大家吃得差不多后，赵普从容不迫地问道：“夜久寒甚，陛下何以出？”

既然话匣子打开了，赵匡胤也没有什么好隐瞒的了，他满脸愁云地说道：“吾睡不能着，一榻之外，皆他人家也，故来见卿。”

可见，赵匡胤那套流传千古的“卧榻”情结，估计从这个时候起，就已经孕育而成了。

赵普问道：“陛下是不是觉得自己的地盘太小了？如果是这样想的话，那么南征北战，开疆扩土，现在正是时候。卑臣想听听您的计划？”

“我想先收复北汉。”赵匡胤意志坚定地说道。

至此，一个新的统一天下方针，就在一个新的王朝的奠基者手中，被制造了出来。

要知道，根据前朝王朴的《平边策》，帝国统一天下的方针，要先南后北。而赵匡胤完全颠覆了这种思想，他要先北后南。首先要攻陷北汉，随后再收复燕云十六州，轰走所有的外来户，然后再南下称雄。

然而，赵匡胤的这个“先北后南”的方针，是一个统一天下的万全之策吗？对于赵匡胤的这个问题，赵普又会给出什么样的答案呢？

一个字形容：否！

听完这个建议后，赵普沉思了很久，最后慢慢说道：“这不是卑臣所能知道的事情。”

赵匡胤惊讶地问道：“为什么？”

赵普回答道：“据卑臣所知，北汉的北边是契丹，西面是党项。这个国家处于大宋和辽国、大宋和党项人之间。假设我们攻下了这个国家，我们就直接跟大辽和党项接壤了。如果那样的话，我们要留下多少兵力布防，又需要多少兵力抵御契丹、党项的进攻？因此，不如先留下北汉，让它替咱们抵御那些少数民族，然后集中兵力南下争雄。等南方都平定了以后，像北汉这种弹丸之地，还不一战而破？”

听完赵普这番言论后，赵匡胤微微地点头道：“我也是这么想的，刚才只是试试你罢了。”

以上，就是宋朝统一天下的基本国策，那个先南后北、先易后难的“雪夜定策”的全过程。

事实证明，这条国策是绝对正确的！

因为，如果要发兵攻打北汉，则势必引发出另外一个问题，宋朝必须要和契丹开战，才能收拾掉他的这个孙儿。

可是，对于赵匡胤，或者是整个中原王朝君主而言，从辽国诞生的那一刻起，你就必须面对一个残酷的事实了：你打不过他。

后面的历史也完全印证了这一点。赵匡胤死后，他的弟弟赵光义先后两次对辽国用兵。一次是太平兴国四年（979 年），北宋发兵 10 万攻打幽州，结果全军覆没。赵光义坐着一头驴车，就这样不顾颜面地跑回来了。另一次是雍熙三年（986 年），宋朝倾尽全国之力，发兵 30 万大军，兵分三路攻辽，结果还是惨败而归，还把杨业扔了进去。

可见，哪怕是统一了全国的宋朝，都无法打败辽国，还均以惨败而告终。而赵匡胤此时此刻的宋朝，其领土面积和军事实力更是少了数倍。在这种背景下，如果与契丹开战，其结果也就可想而知了。

退一万步讲，计划赶不上变化（后面的事实也印证了，确实如此），要是赵匡胤执意北上，并一举攻陷了北汉，直接跟契丹的领土接壤了，那么，会造成什么样的影响呢？

就算契丹不全力反击，赵匡胤也需要在边境布置下大量的士兵，用来防御大辽的进攻。到了那个时候，赵匡胤还能剩下几只手，他还有多少力量南下争雄，去把南唐、荆南、后蜀、南汉这些小割据政权全部踩烂？

因此，不管后世如何非议，我个人认为，赵普的这个“先南后北、先易后难”的战术，绝对是正确的。

这个国策，也将成为赵普不朽的政绩，永载史册。

湖南的求援

在与心腹大臣赵普雪夜长谈后，赵匡胤终于确定了帝国统一的总体方针。然而，虽然“南北问题”解决了，但是一个新的问题，却立刻扑面而来。

对于赵匡胤而言，他如何统一南方？如何制造一个冠冕堂皇的理由，以达到自己师出有名的目的呢？

要知道，虽然在揍人的过程中，理由看上去无关紧要，但从实际操作上讲，理由不是必需的，却是必要的。

师出有名，才能无往不利，这绝对是一句大实话。

有，总比没有强！

殊不知，就在赵匡胤苦思冥想，死活找不到这个理由的时候。他最需要的这个理由，竟然不请自来了！

这个理由，就是盘踞在湖南的周氏政权的一封求救信。

话说在当时的五代十国里，有很多明明实力不够、却还要建国称帝的皇帝。在这些人中，湖南的马殷、南平的高氏一族，他们都是这个方面的佼佼者。

公元 907 年，马殷定都潭州（今长沙）。他建立了一个国中之国，史称“南楚”，或者直接叫“楚”。

刚开始的时候，这个弱小的楚国只有潭州、邵州两地，后来在慢慢地不断经营后，最终发展到了七州。这也算是发展神速了。但是很不幸的是，等李璟登基称帝后，楚国的对外发展历史，也就此戛然而止了。

咱们前面讲过，李璟登基称帝后，他立刻忘记了老爹的谆谆教诲，凭借李昪留下的万贯家财，很快就灭掉了楚国政权。然而，攻下了湖南，并不等于能够管理这里。在一场场反复的拉锯战中，李璟最终吐出了湖南这块大肥肉，而最终胜出的人，是一个叫作周行逢的军阀。

公元956年，周行逢率军进驻常德，他控制了整个湖南，并建立了一个“周行逢政权”。虽然在五代十国的历史中，周行逢并没有登基称帝，他也没有建立一个国家，但是这个政权却不受任何人的管制，俨然就是一个名副其实的割据政权。而这个周行逢，他也成为一名割据一方的土豪。

殊不知，即使是一名富甲一方的土豪，也是有烦恼的。

这个烦恼就是，如何在这个“兵骄而逐将，将强则叛上”的时代里，把皇位成功传给自己的儿子。

这个问题，确实很难办。

在当时，为了夺取这个天下，周行逢一共结交了 9 个弟兄。然而，秉持着可以同甘苦、不能共富贵这一基本原则，周行逢在活着的时候，他就把其中的 8 个兄弟，全都送到阴曹地府去了。

当然了，对于唯一仅存的兄弟张文表，周行逢也没打算留。只是，老天爷太不给力了，周行逢刚刚打算动手，自己就先行一步了。

公元962年，周行逢在弥留之际，召集了所有的下属，将11岁的儿子周保权（好名字）托付给了他们，并颁布了最后一道遗旨：我死后，如果张文表率军造反，就派杨师璠讨伐他；如果杨师璠讨伐不了张文表，就归顺宋朝的赵匡胤，并坚壁清野，等待这位皇帝派兵支援。

说完，这位靠一己之力，打下整个湖南的乱世枭雄周行逢，终于不甘心地闭上了双眼。当然了，等这位湖南大佬咽气后，张文表也没有辜负他的厚望，第一时间就举兵造反了。

这一下子，这位刚刚年满11岁的湖南“柴宗训”，直接被吓得不知所措了，最后他两眼泪汪汪地对着手下说道：“到底是我的老爹呀，他的坟土还没有干呢，张文表就造反了。今日湖南的成败安危，就在此一举了，还望各位多多努力呀！”

于是，在周保权这番激昂的演讲下，群臣立刻遵从先皇的遗诏，开始了各种平叛的工作了。

他们干的事情，主要有两件：

第一，命杨师璠出征，讨伐张文表。

第二，求助赵匡胤，请求宋朝出兵。

然而，您看出这个平叛工作的失误了吗？

要知道，按照周行逢的临终遗言，上述工作是分两步走的，要等到杨师璠被打败了，才能求助赵匡胤。然而，周保权明显已经病急乱投医、彻底疯掉了。这种两步并一步的做法，他也不怕步子迈得太大，不小心扯着蛋！

当然了，这个“扯着蛋”的弊端，它很快就会显现出来！

一个月后，等湖南的求救信传到开封后，朝野震惊！这是什么？这是“天降横财”呀！老天爷都想让我们发财，还等什么！赶紧出征，马上发兵，吃掉湖南这块肥肉，这才是正道！

然而，在这满朝文武的喊打喊杀声中，有一个人却不为所动。他就这么默默地看着，彻底摆出了一副事不关己、高高挂起的姿态。

这个人，就是唯一拥有决策权的大宋王朝的最高指挥官——赵匡胤。

对于皇帝的这种表现，群臣都快疯掉了。要知道，现在是一个什么情况？

还不“该出手时就出手”？要不然等南唐、后蜀、南汉们醒悟过来了，咱们连“风风光光闯九州”的机会都没有了！

实际上，赵匡胤的内心比谁都着急，但是，他必须要得到一个极其重要的信息，才能做出自己最合理的判断。

半个月后，赵匡胤朝思暮想、千呼万唤的那个信息，终于如期而至了。

陛下，臣已查明：荆南兵甲虽整，但控弦者不过三万；年谷虽登，但民困于暴政，取之易耳！

至此，赵匡胤那张布满愁云的脸上，终于出现了久违的笑容！而一个统一天下的通天大计，也就此孕育而生了！

一石二鸟，南平臣服

虽然在满朝的文武眼中，湖南在闹革命，周保权在不断地喊救命，然而，在赵匡胤的眼中，出兵湖南，他就必须要经过一段“敌占区”，需要横穿高氏家族的荆南，否则绝不可行。

因此，对于赵匡胤而言，他一定要清楚地知道：这个荆南，它到底是一个什么样的国家，这么一个位于四战之地的国家，它的战斗力到底有多强，会对宋军造成多大的危害等等。

荆南，也称南平、北楚，是真正的“五代十国”之一。首都在荆州，旗下拥有荆、归、峡三州。

荆南的大当家的姓高，从五代后梁时代起，高家的第一代掌门高季兴，他就在这里称王称霸了。后来，等中原的统治者改姓赵了，高家也换了一个新的统治者——高保勖。

史书记载，虽然这个高保勖身体瘦弱，说话还口吃，但其长得眉清目秀，深得其父高从诲的喜爱。不管高从诲生多大的气，哪怕是雷霆之怒，只要看见了这个儿子，立刻就多云转晴，破怒而笑了。

后来，因为拥有这么一手特殊的绝活，再加上自己的“英明领导”，荆南人们就送给他一个新的外号——万事休郎君。

事实证明，获得了这么一个外号，这个皇帝的“所作所为”，也就可想而知了。

根据《宋史·高保勖传》记载，这位“万事休郎君”留在历史上的值得记录的事情就三件：

荒淫无度、大兴土木、民不聊生！

摊上了这么一个主儿，荆南这个国家，也差不多“万事休”了。然而，上天居然有好生之德，就在荆南百姓们准备揭竿而起，内部解决问题时，这位年仅 39 岁的英年天子，就“淫年早逝”（宋史原文）了。

高保勖一死，他的侄子高继冲登基称帝。此人拨乱反正，并颁布了一系列的利民政策，终于让荆南这辆脱轨的列车，重新回到了正道上。

那么，这里有一个问题。

这个荆南，就是现在南临长江、北依汉水、西控巴蜀、南通湘粤，古称“七省通衢”的荆州。这里自古就是重要的交通要道，更是兵家必争之地。这么一个极其重要的地方，高家居然在这里折腾了五十多年，难道就没有人来争夺吗？

关于这个问题，两点足矣。

第一，高家人拥有超级高超的生存哲学。

这个生存哲学就是——横眉冷对千夫指，俯首甘为大孙子！

要知道，从高家第一代建国者高季兴开始，高家就采取毕恭毕敬的称臣政策，对周边各国一律称臣上供，即使那遥远的塞外民族契丹，高家也毫不例外。

除此之外，高家人也非常会来事，但凡有外国使者前来，高家掌门都要亲自作陪，沏茶倒水、洗脚搓背，那真是礼数周到、体贴入微。完事后，高家掌门还要准备丰富的土特产，那都是一车一车地拉。为了完全显示自己的诚意，人家根本不计较钱。

伸手不打笑脸人，天天面对这么一个卑躬屈膝的主儿，你还真不好意思下手。

当然了，当孙子当久了，高家人也会叛逆一次，当一回爷！

由于荆南特殊的地理位置，长江上东、西、南、北所有的船只，行旅转运，物资运输，都必须经过这里，因此，当诸国的奇珍异宝，或者是钱马银粮从这里经过的时候，高家人就会当一次“该出手时就出手”的强盗。甭管是谁的东西，先抢劫了再说。

问题是，你平白无故地把人家打劫了，对方肯定不干。碰见某个极其生猛的主儿，甚至会出兵讨伐。一到这个时候，高家立马主动认屃，不仅物品全数归还，还痛哭流涕地悔改。

当然了，对于高家人而言，哭归哭，抢归抢，这完全是两回事。只要你暂时不计较了，我们就继续干！

到了最后，对于这种人，诸侯列国们无可奈何，送给了高家人一个全新的称号——高无赖。

殊不知，诸侯们之所以容忍这个“无赖”这么多年，不是因为这家人多么好，而是因为这家人的地理位置太重要了。重要到不仅是“七省通衢”，也重要到没有人敢轻易下手。

第二条，荆南的地理位置。

原来，由于荆州的特殊地理位置，导致谁夺取了这片土地，就等于把自己的地盘推到了最前沿，跟诸侯们公开叫板了。

在这些人中，湖南的周行逢不敢取，他需要荆南这块地盘，作为自己抵御北方强国的一道重要防线。蜀地的孟昶也不敢要，因为这样就等于跟赵匡胤叫板，自己要顺江南下，问鼎中原了。而南唐的李家，还是忘了他们吧，这些热衷文艺、喜好和平的家伙们，连战略重地淮南都不要了，还会要荆南？

因此，在这些人中，只有一个人敢夺取荆南，而这个人，就是意欲统一天下的赵匡胤。

当然了，不管赵匡胤多么想取荆南，他也必须要面对上述的第一道难题，他真的没有借口开打呀！

作为一个华夏正朔的中原大国，赵匡胤必须要讲信誉、重礼节，维护自己的光辉形象。荆南的高家都装孙子成那样了，对于这么一个国家，您真忍心一个巴掌扇下去，把这个国家消灭吗？

这个问题，确实值得商榷一下。

殊不知，此时湖南的那封求救信，正好把这个问题给解决了。

建隆四年（963 年）正月初七，应湖南周保权的正式邀请，赵匡胤派遣了 10 万大军出征，去帮助周保权解决那场内部矛盾。

与此同时，赵匡胤回信荆南的高继冲，让他给自己的大军让路，并且派遣

3000部队支援宋军。

当然了，赵匡胤给出的理由，那也是非常合情合理。你高家不是我的臣子吗？我就是跟你借个道，这过分吗？我就是让你出点人帮助我“维和”，再出点钱管管我的饭，这更加过分吗？

话虽如此，但是对于高继冲而言，这可真是“闭门家中坐，祸从天上来”。因为傻子都知道，赵匡胤此举意欲何为。

这，根本就是赵匡胤的阴谋诡计，是著名的“假途灭虢”的重演呀！

所谓“假途灭虢”，是一个堪称骨灰级的计谋。

话说在春秋时期，为了壮大自己的势力，晋国就要讨伐虢国。但是问题来了，晋国与虢国之间，隔着一个虞国，晋国无法直接通过。于是，为了去讨伐虢国，晋国就向虞国借路。

当这个消息传到虞国后，虞国的大臣宫之奇就进言道：“坚决不能答应晋国的要求，虢国和虞国的关系，就好比牙齿和嘴唇，虢国要是完了，咱们虞国还能存活吗？”这番话，就是成语“唇亡齿寒”的由来。

然而，就是这么一个肤浅的道理，虞国的国君居然不听。他自信地以为，晋王给了自己无数的财宝和名马，这是真把我当朋友。我们两国的关系这么铁，怎么可能出现这种事情呢。于是，虞国的国君就痛骂了宫之奇一顿，还答应了晋国的要求。

后来的事情，当然被宫之奇全猜中了。晋国灭掉了虢国后，在班师回国时，就顺手灭了虞国。可怜的虞国国君，还没有捂热那些财宝呢，就都被晋国拿了回去，人家还顺手拿走了自己的国家。

以上，就是成语“假途灭虢”或者“灭虢取虞”的由来。

然而，就是这么一个堪称骨灰级的计谋，却是一个“可一不可再”的诈骗式阴谋。第一次使用的人，我们可以称之为天才；第二次还想使用的人，那就是没事成心找抽，主动上门让人取笑的白痴、笨蛋了。

君不见那三国时期的“美周郎”吗？虽然他智谋无双，但在使用了这条计谋后，还不是被人取笑得够呛，最后吐血而亡。

当然了，这个矛盾也就在于此。不管赵匡胤多笨，高继冲都不是三国时期的刘备和诸葛亮。这个人没有能力、更没有实力把这个“周瑜”挡在家门外，然后狠狠地骂上一句：“滚吧，你个傻子，换一个新鲜的招数再来！”

可见，出现了这种情况，荆南高家的下场，也就可想而知了。

这可咋办呀？

好日子到头了，认了吧……

建隆四年（963 年）二月十五日，在宋军统帅慕容延钊的大营内，高继冲呈上了降书顺表，他率众投降了。

至此，赵匡胤以借道为名，不费一兵一卒，就让荆南三个州、十七个县、十四万二千三百户的人口，全部并入了大宋之版图。

当然了，这种兵不血刃的轻松，这种不战而屈人之兵的胜利，没有让赵匡胤有一丝一毫的快感，因为这个男人清楚地知道：区区荆南，不过是一盘开胃菜，唯有那湖南，才是自己真正的主菜。

出兵，越快越好。兵发潭州，彻底享受这顿盛宴！

那么，我为什么要用“越快越好”这个词汇呢？因为就在不久前，湖南传来了一个消息，这个消息不仅比当时求救时更加十万火急，并且让赵匡胤瞠目结舌，更是久久不能释怀！

原来，就在不久前，湖南的那场内部矛盾战争，已经尘埃落定，彻底分出了胜负。

请神容易，送神难

建隆三年（962 年）十二月，在湖南爆发内乱的时候，那个湖南的统治者“小周”以及那个造反的“老张”，都曾向大宋朝廷求援，请求朝廷仲裁，让自己打赢这场官司。

虽然在当时，赵匡胤忙着调查荆南的事情，没有心思去管理这场官司，但是，既然“状纸”都送上门了，赵匡胤还是要装一回“法官”的，毕竟这涉及一个国家的面子。

于是，在出兵之前，赵匡胤派遣了一个宦官赵璲，让他作为自己的特派员，去调解张文表与周保权之间的这场军事冲突。

等到了湖南后，赵璲就颁布了皇帝的圣旨，让这两人暂时歇兵，一切等赵匡胤调查清楚后，再作打算。

实际上，还调查什么呀！张文表的所作所为，就是当年赵匡胤的翻版。因此，所谓的调查清楚，不过是赵匡胤的缓兵之计，好给自己迎来更多的时间而已。

对于这条缓兵之计，作为造反方，理应跟时间赛跑的张文表，他居然上当了；而那个理应坚壁清野，等待宋朝援军的平叛将领杨师璠，人家根本就不上道。

在这个千载难逢的机会下，杨师璠立刻率军猛攻叛匪，他一举捕获了这个毫无准备、一门心思等着“判决书”的张文表。且为了永绝后患，杨师璠在匆匆地禀告了宋朝皇帝后，他就把张文表剁成肉泥、分而食之，变成了“人肉快餐”了。

至此，张文表已死，湖南叛乱已平，周保权立刻上书朝廷：湖南已经太平了，感谢宋朝派兵救援，现在这里已经没事了，你们可以凯旋了。

当然了，在送这封奏折的同时，周保权还附赠了无数的金银。毕竟让人家跑了一趟，给点儿劳务费啥的，这也是必须的。

让周保权始料不及的是，宋军得到了这笔不菲的雇佣金后，他们也没有班师回朝的意思。宋军大将李处耘反而加快了行军速度，开始昼夜兼程地向朗州进发了。

这一下子，周保权彻底傻了，明白了父亲的临终遗言，还有那句话的含义了：请神容易，送神难。

为了抵抗宋朝的这支远征军，周保权立刻采用了坚壁清野的战术。在陆地上，周保权下令关闭所有城池，拆毁所有的桥梁建筑；在水路上，周保权做得更绝，他不惜弄沉自己的船只，也要堵住所有水路，不让宋朝水军再前进一步。

看见湖南如此不合作后，慕容延钊立刻请示赵匡胤，下一步咋办——咱们是打，还是撤？殊不知，对于这个结果，赵匡胤早就给出了自己的答案：

> 尔本请师救援，故发大军以拯尔难。今妖驱既殄，是有大造于汝辈也，何为反距王师？自取涂炭，重扰生聚！
>
> ——《宋史·卷四百八十三》

这段话的意思是说：

是你们请我来的，我来这里，就是救你们于水火之中的。如今这里的叛乱结束了，那么我就是你们的再生父母，你们为什么要抗拒我？当心这样做的后果：自取涂炭，重扰生聚！

连这种混账逻辑都用上了，赵匡胤真是无所不用其极了，而一场国与国之间的殊死较量，看来也不可能避免了。

那就打吧！

铁的事实证明，耍嘴皮子的律师，永远解决不了问题，这个世界的真理只有一个，那就是看谁的拳头硬！

即使师出无名，即使逻辑不通，那又怎样！仅仅抵抗了一个月，周保权就兵败被俘了，而湖南全境十四州、六十六县、九万七千三百八十八户人口，也全都并入了大宋的版图。

至此，一切都结束了。出兵一百天，接连攻陷两个国家，收复湖南、湖北数百疆域，赵匡胤获得了一场空前的成功。

那么，这一切真的结束了吗？

非也，湖南的各种善后工作，这才刚刚开始！

原来，宋朝大将李处耘在攻打潭州期间，由于遭到了当地守军的顽强抵抗，结果在攻陷这座城池后，为了泄愤、或者是为了示威，精心挑选了几十个白白胖胖的俘虏，然后架起了一口大锅，下面点火，上面烧水，然后就把这些俘虏扔了进去……

更让人毛骨悚然的是，把活人煮熟了，这也就算了，在面对这些可口的“美食”时，李处耘居然召唤宋兵拿起各自的碗筷，他们就当着这些湖南俘虏的面，好好地美餐了一顿。

可见，这些人，他们哪里是人，根本就是一群茹毛饮血、嗜血成性的禽兽呀！

李处耘简直回到了远古的野蛮时代，他根本就是一个禽兽，只是凑巧长得像人罢了！

人，可以杀，但是，要有最起码的底线！

这么杀人的结果，它的弊端很快就暴露了出来。虽然周保权被捕入狱，湖南已经并入了大宋的版图，但是这种吃人的后果，导致宋军在湖南民心尽失、兵民齐叛。这种大规模的造反运动，简直天天都有，根本停不下来！

后来，为了安抚湖南民众的这种“大锅”情结，赵匡胤只能大赦湖南、湖北所有叛乱分子，宣布这些乱者无罪，而且还免除了当年的茶税及各种其他赋税，最后又减免了湖南半年的赋税。

没有办法，这就是五代十国。这种在乱世之中为了目的，可以不顾一切的胜利标准，岂能说改就改？最后，在赵匡胤大掏腰包、自认倒霉的情况下，他终于平息了这场大规模的叛乱。

当然了，赵匡胤无论如何也想不到，如果这场叛乱带来的损失，还能用“万”来计算的话，那么接下来他损失的钱，只能用“亿”来计算了！

这个损失，就是平定四川时花费的钱。

第十二章 兵发两川

开国者天天吃荤

在折腾了小半年后，湖南这块烫手的山芋，终于被赵匡胤咽下肚了。

为了平息这些叛乱，赵匡胤到底花了多少钱，死了多少的士兵，他已经心中没数了。就连自己的那位兄长、亦师亦友的慕容延钊，也因为忙着到处平叛，导致连气带累，一病不起，与世长辞了。

这一切的损失后果，全都是李处耘一人之罪！要不是他执意拍摄《舌尖上的湖南》，哪有现在这么大的动乱！

为了惩罚这个吃人的魔鬼，赵匡胤把李处耘轰出了朝廷，让他到地方上去“改造学习”了！结果，仅仅改造了三年，李处耘就离奇逝世了，死时仅仅 47 岁。

对于他的死，不厚道的人会说：这是因为他干了太多的缺德事，自知亏心无比，被鬼魂索了命；厚道的人会说：这是李处耘坐立不安，有人成心逼迫他的结果。

为什么这么说呢？因为在历史书中，不止一次提到了“处耘惧，不敢自明”

的话。而李处耘到底怕谁，他又有什么话不敢说，估计您已经心知肚明了吧。

不管怎样，伴随着这个杀人魔头的离奇逝世，赵匡胤终于平息了荆南、湖南两地。对这两个半割据政权的平息，使他获得了一把犀利无比的尖刀。这把刀不仅狠狠地插入了其他南方割据政权的心脏，而且彻底断开了南方两大强国，即后蜀与南唐之间所有的联系。

至此，不管是那“天府之国”的四川，还是那“赋税重地”的江浙，它们都完全暴露在了赵匡胤的铁蹄之下。宋朝统一天下的脚步，将开始进行大规模的提速了。

然而，就在此时，赵匡胤心中一个迫切需要解决的难题，也如期而至了。

自从夺取了荆州后，赵匡胤就惊讶地发现，自己仿佛穿越回到了三国时代。

隔着长江，那是东吴的领地；剑门之里，那是蜀汉的乐土，如今我这个乱世奸雄“曹操”，是应该先去找南唐的“孙权”，大家一起会猎于吴呢？还是应该去找后蜀的“刘备”，大家一起煮酒论英雄？

这个问题，确实比较难办！

要知道，如果时光退回到后周时期，这个问题就太简单了。柴荣根本就不会想，他会第一时间提刀直奔南唐，因为那里有他 700 万缗的存款！然而，对于赵匡胤而言，他却不能这么干，因为南唐的新君李煜，他已经彻底臣服自己了（后面再说）。对于这么一个比孙子还孙子的孙子，赵匡胤实在拉不下脸。

因为，作为一个有超级影响力的大国君主，不到万不得已的时候，赵匡胤不能不要脸！

那么，不能动南唐，只能去找后蜀的霉头了。而这个后蜀，又是一个什么样的国家呢？这个国家的君主，又有什么过人之处呢？

唐末时，最早在中国这片最隐蔽、最安全地方建国的人，就是因不服后梁而称帝的王建。他建立的国家国号“蜀”，史称“前蜀”。

根据古书记载，王建在位时期，他励精图治、注重农桑、兴修水利、扩张疆土，实行“与民休息”的政策，蜀中得以大治。然而，根据民间的记载，这个王建的口碑就没有那么好了，他不仅恶贯满盈，还得到了一个全新的头衔：“忘八端”，也称为“王八蛋”。

原来，儒家讲究“孝、悌、忠、信、礼、义、廉、耻”八端，把这定为做人之根本。如果一条没有、一条不占，那就是一个“忘八端”的禽兽了。

后来，百姓为了骂前蜀君主王建，就取“忘八端”的谐音，称呼其为“王八蛋”，意思是忘记了做人的根本，根本不配做人。

可见，“王八蛋”这个骂人的词汇，跟“王八”和“蛋”一点儿关系也没有。“忘八端”的谐音，才是“王八蛋”一词的真正由来。

当然了，得到了这么一个外号，王建统治的前蜀，也就可想而知了。

公元925年，后唐庄宗李存勖发兵攻蜀，前蜀第二代当家王衍投降，前蜀灭亡。同年，为了管理蜀地，李存勖派遣孟知祥前往四川，主持蜀地的所有军政事务。

事实证明，这是后唐最差的一个决定。

公元934年，在当了整整9年孙子后，孟知祥宣布登基称帝，国号也称“蜀”，史称“后蜀”。

当然了，根据古书记载，孟知祥初到蜀地的时候，并没有割据一方的意图。然而，等到了蜀地后，在看见这“沃野千里、雄兵百万”的天府之国后，孟知祥立刻产生了割据一方的想法。

然而，孟知祥虽然有当皇帝的实力跟野心，但他实在没有这个命。仅仅在位了半年，孟知祥就驾鹤西去、与世长辞了。

孟知祥死后，他的第三个儿子孟昶登基称帝，这就是历史上大名鼎鼎的蜀后主。

继任者也不吃素

后唐清泰元年（934年）七月，后蜀高祖孟知祥驾鹤西去。同一时间，16岁的孟昶登基称帝，史称“蜀后主”。

可惜呀！16岁的花季少年的孟昶，就成了一个国家的君王，成了在那个“将相本无种，有枪便是王”的时代里的王。

那么，这个年轻、稚嫩的君主，他能够统率自己的虎狼之师吗？那些居功自傲的后蜀大将们，他们能把这个小皇帝放在眼里吗？

君不见，不管是当年的柴宗训，还是后来的周保权，这些都是血淋淋的案子，至今都没干……

果不出孟昶所料，自己老爸活着的时候，这些将领还有所忌惮，老爸尸体还没有凉透呢，这些将领们就各个傲慢无礼、不可一世了起来。

在这些将领中，以大将军李仁罕最为“刺头”。先皇刚刚去世，他就飞扬跋扈、目中无人了。李仁罕不仅逾越法度、欺男霸女、占田挖坟，无恶不作，更有甚者，他还直接逼宫，要皇帝交出掌管六军的权力，让他掌握蜀国所有的枪杆！

当然了，嚣张跋扈成这样了，李仁罕后面的故事，也就可想而知了。三个月后，孟昶摆了一桌“鸿门宴”，以迅雷不及掩耳之势当场诛杀了李仁罕，并灭了他的全族。

在目睹了带头大哥被“咔嚓”后，孟昶希望的那种“杀一儆百”的效果，也立刻呈现了出来。

在当时，昭武节度使李肇，此人仗着自己是前朝老臣，不按时进京朝贺不说，在面见新皇孟昶时，居然还不下跪！当然了，此人给出的理由，也非常地冠冕堂皇、合情合理：“这人吧，上了年纪了，老是腰酸背痛的，腿脚也不好使了，只能拄着拐棍上朝了，所以就不行君臣之礼了，还望皇帝能够理解。”

后来，当看见李仁罕人头落地后，李肇就奇迹般的痊愈了！只要看见小皇帝孟昶，李肇立刻扔掉拐棍，老老实实地过来磕头，且大气都不敢喘了。

即便如此，对于这么一个阳奉阴违的主儿，孟昶没有一丝一毫的犹豫，他罢免了李肇的所有官职，并把他发配到了贫瘠的邛州，李肇最终惨死在了那里。

“宁欺白头翁，莫欺少年郎”，此言不虚。

就这样，在一杀一罢后，孟昶用自己的铁血政策，诠释了皇权的威严。至此，他清理掉了前朝的那些余孽们，终于可以实现自己的一番抱负了。

当然了，虽然在所有的历史书中，都说这个孟昶是多么多么坏，是多么多么好色淫秽、政治腐败，实际上呢，这些都是胜利者的栽赃陷害。

试想一下，如果孟昶是一个荒淫无度的君主，他会统治蜀国整整三十一年？如果孟昶真是一个昏君庸主，他会把蜀国治理得“百姓富庶，弦管歌诵，合筵社会，昼夜相接”？还能给赵匡胤留下了数万财产？

除此之外，根据《蜀梼杌》记载，孟昶归顺宋朝后，在离开成都前往开封时，蜀国百姓皆为其送行。孟昶所到之处，官员无不掩面流泪，百姓更是哭声震天。无论城市乡村、深山穷谷，大家皆身穿缟素、匍匐哀号、若丧考妣。

就是这么一个深得民心的好皇帝，却在胜利者的笔中，变成了一个荒淫无度的君主。这让孟昶情何以堪！

当然了，孟昶也没啥好抱怨的。历史是什么？历史是由胜利者书写的记录，在历史中，正义永远是必胜的。

正义必胜，这是当然，唯有胜者，才叫正义。

谁让你失败了！

然而，在刚开始的时候，孟昶可不是一个失败者。在登基称帝后，孟昶不仅让后蜀日益强大，他更是一个志高气远、目标极其远大的君王。

跟李璟的思维一样，在中原大乱期间，孟昶趁刘知远立足未稳之际，率军围攻了后汉的长安城，意欲北伐中原。结果呢，由于手下的将领不给力，在一番拉锯战后，孟昶只能率军撤了回来。但他也攻陷了秦、凤、成、阶四州，从此在中原埋下了四个巨大的隐患。

后面的故事，咱们前面阐述了。柴荣登基称帝后，他命令赵匡胤出兵，又把这四块肥肉夺了回去。孟昶不服，他立刻抓紧练兵，专门训练了一支“破柴军”，挑明了跟柴荣叫板！

对于孟昶的这种挑衅行为，柴荣很忙，他一直忙着收拾南唐，所有没空搭理他。好不容易柴荣不忙了，孟昶却忙得不亦乐乎了，他也没空搭理柴荣了。

原来，就跟很多的英明君主一样（比如唐玄宗），前半生兢兢业业，开创一个盛世；后半生志得意满后，却醉生梦死、腐败奢靡了起来。这是中国帝王的一致表现，大概也是所有中国人的通病。

那么，开始醉生梦死的孟昶，他到底有多么腐败奢靡呢？

据史料记载，当赵匡胤灭掉后蜀、清理战利品的时候，他发现了一个用七彩宝石镶嵌的桶。赵匡胤甚是喜欢，对左右说道：“看看人家孟昶，真是一个讲究生活品位的人。盛饭用的桶，都要这么奢侈无比。”

后来，当赵匡胤惊讶地得知，这个玩意儿不是盛饭用的，而是专供屁股使用的“七宝溺器”，也就是一个马桶时，立刻把这个玩意儿砸了一个粉碎，并对左右痛骂道：“拉个屎，居然用这么一个玩意儿！那么孟昶吃饭的时候，他该用什么东西！”

如果一个人的屁股，都用到了如此尊贵之物时，那么这个人的脑子里，也就只剩下大便了。

因此，如果我们形容，此时此刻的孟昶是一头猪的话，貌似也绝不为过！

何况，这里还有一群猪！

我叫“猪葛亮”

古今中外所有的历史，已经无数次地告诉了我们一个道理：每当一个帝国龙椅上的人是一头猪的时候，那些不是猪，或者是不近似于这头猪的人，都会被迅速淘汰掉，最后只留下近似这头猪，甚至比这头猪更像猪的人！

这就是所谓的“物以类聚、人以群分”。

因此，根据这一基本定律，在后蜀这头“猪”的旁边，就肯定会出现那么“一头猪”，而且还是一个自称“诸葛亮”的猪。

这个人，他叫作王昭远。

王昭远，土生土长的成都人。由于家境贫寒，王昭远 13 岁的时候，为了继续生存下去，皈依了成都一座寺庙，成为一个法号“智諲”大师的跟班。

如果按照这种“剧情”发展下去，王昭远将当一天和尚撞一天钟，最后熬成这座寺院的一位高僧，在一个不知道的时间里默默圆寂。

然而，历史就是这样荒诞不经，仅仅当了一年的和尚，王昭远就被一个巨大的馅饼砸到了头。

原来，这一年孟知祥广招僧侣，他要开坛做善事。而为了响应朝廷的号召，王昭远就跟师傅一起进了宫，开始了一段免费吃喝的日子。

后来，也不知道是智諲和尚会说话，还是王昭远会来事，总之当见到孟知祥后，这位皇帝立刻喜欢上了这个小和尚，并把王昭远留在了宫中，让他成为了皇子孟昶的陪读。

这两个年龄相仿、志气相投的孩子，他们将开始长达数十年手足之情，彼此亲密无间，感情好得不得了。

后唐清泰元年（934 年）七月，孟昶一人得道后，王昭远也鸡犬升天了。对比那些前朝的顽固余孽，孟昶特别信任这个从小到大的玩伴，所以他一直加封王昭远的官职，还赋予了他极大的权力。

到了最后，王昭远的权力，大到了什么分儿上呢？

《新五代史·后蜀世家》记载：国家大事，无论大小，全都由王昭远一人说了算；国库金银，无论多少，任凭王昭远随便使用，孟昶也从不过问。

至此，在种种卖官鬻爵、贪污受贿、只手遮天下，这位后蜀的王昭远大人，他终于变成了一个祸国殃民、无恶不作的“和珅”。

殊不知，即使变成了和珅，王昭远也是有自己的烦恼的。

当然了，王昭远最大的烦恼，不是如何能够毫发无损地功成身退；而是如何能够永载史册地建功立业！

当然了，对于王昭远这种极品坏人而言，他能有这种思想，那也是很正常的。毕竟一个人干坏事太多了，自然就想干几件好事。要知道，一个人干一件坏事并不难，难的是他一辈子只干坏事，不干好事，这就太难了。

何况，在当时的四川，还有一位永载史册的英雄豪杰，这个人是王昭远一生的目标，永远指引着自己前进的方向。

这个人，就是蜀国无人不知、无人不晓的诸葛武侯——诸葛亮。

为了向这位英雄榜样学习，王昭远天天勤学苦练，闻鸡起舞、悬梁刺股，不断地完善自己，他希望自己有朝一日能“运筹帷幄，决胜千里之外；谈笑之间，樯橹灰飞烟灭”。

然而，对于王昭远而言，理想是美好的，现实却是残酷的。

这个现实就是：孟昶统治的这个蜀国，它一直不发动战争！这么一直和平、稳定发展下去，老子英雄无用武之地呀！

殊不知，就在王昭远天天郁闷无比的时候，他所需要的那个机遇，如期而至了。

建隆四年（963 年），当赵匡胤接连攻陷荆南、湖南后，后蜀朝野震惊，一些不乏有头脑的大臣就进言道：“微臣看大宋的国运，不会像后周、后汉那样短命，或许老天爷也厌倦这场战争了，要让大宋来统一天下！咱们还是对宋朝称臣纳贡吧，这才是后蜀的长久之计。”

对于这个建议，他们其中一个人，表现的态度是同意；而另外一个人，他表现的态度则是反对。

这个同意的人，他就是皇帝孟昶。这个反对的人，他就是王昭远。对于后者而言：苍天呀，大地呀，终于轮到我老王扬眉吐气了！

亲爱的赵匡胤同志，我爱死你了！

在满朝文武左右摇摆的思想下，王昭远开始了个人的表演，他先是痛骂了那些投降的大臣，随后阐述了后蜀的强大，以及宋朝纸老虎的原形；最后，王昭远还运筹帷幄制订了一个军事计划，一个一统天下的战争方案。

王昭远告诉群臣：“首先，我们要派遣使者联系北汉，让北汉南下攻击大宋，让宋朝两面受敌。其次，我们要沿着当年诸葛武侯的行军路线，出祁山、占街亭、夺陈仓、出兵子午谷，一举夺取西都长安。到了那个时候，收复中原的日子，也就指日可待了！”

史书上对于王昭远的这段建议与分析，就三个字“然其言！”而这位一直醉生梦死的皇帝孟昶，他也少有地热血沸腾了一把。他当即表示，完全赞同王昭远的意见，并颁布圣旨道：

令枢密院大程官孙遇、兴州军校赵彦韬、杨蠲等人，一同出使北汉，“令”北汉皇帝刘钧出兵，一起讨伐赵匡胤！

当然了，虽然这对君臣非常热血，也想有一番惊天动地的作为，但是很可惜，不是每一个人都能理解这种伟大的“理想与目标”。我们还是更加喜欢世俗与务实。

兴州军校赵彦韬，他就是这个方面的代表。

等出了四川后，赵彦韬一琢磨：反正也是做贼，与其像一个贼一样，偷偷摸摸地穿过整个宋朝，不如直接当贼，把后蜀皇帝和北汉皇帝一起打包，直接卖给大宋皇帝赵匡胤。

于是，正愁找不到借口出兵，把后蜀这块肥肉吃到嘴里的赵匡胤，他终于舒展了自己紧缩的眉头，并仰天大笑道：“吾西讨有名矣！”

至此，这位坐在开封城金銮宝殿上的赵匡胤，他终于拿起来手中的筷子，开始享受后蜀这道饕餮盛宴了。然而，这个自古就“蜀道难，难于上青天”的四川，它岂能乖乖缴械投降？这个号称诸葛亮转世投胎的王昭远，他又将干出什么惊天动地的事情呢？

兵发四川

乾德二年（964年）十一月初二，赵匡胤以孟昶勾结北汉，准备共同进犯大宋为由，发兵6万，从北路和东路合攻四川。

北路大军，总指挥忠武节度使王全斌，全军按照当年“西晋伐蜀”的进军路线，攻兴州（今陕西略阳），战西县（今陕西勉县），夺利州（今四川广元），强攻剑门关。

东路大军，总指挥侍卫马军都指挥使刘光义，全军按照当年“刘备入川”的进军路线，沿长江逆流而上，进巫峡，夺夔州（今天重庆奉节），驻军白帝城。

最后，双方立下军令状，要在成都胜利会师！

要知道，赵匡胤这次配置的这台“战争机器”，如果从“软件”来看的话，不管是行军路线，还是军队的最高指挥官，都堪称完美无缺。然而，这台战争机器的“硬件”，就非常地不给力，甚至让赵匡胤提心吊胆了。

此次出征的宋军，只有区区的 6 万，而且还要兵分两路去进军！

自古以来，为了啃掉蜀国这座该死的堡垒，不敢说倾全国之兵，也至少需要六位数的部队。遥想当年，魏国在伐蜀时，都以 10 万大军为起步价，只高不低！

更远的时代，在那个东汉刚刚建国的时候，光武帝在“得陇望蜀”，也就是得到了陇右地区、四川已经门户大开的情况下，还是一口气投入了 20 万大军。

这么看的话，赵匡胤的 6 万大军，确实有点儿少。但是，这已经是赵匡胤能够调动的所有资本了。

要知道，一个疆域面积广阔的“大宋睡床”，它的上面有多少不请自来的“睡汉”。赵匡胤要吸收刚刚吃下肚的荆南和湖南；还要防着北方的死敌北汉和契丹；更要防着已经完全臣服、却有可能突然下刀子的南唐和吴越。

当然了，南方还有一个绝不归顺、天天跟赵匡胤叫板的南汉，这个王朝也无法让赵匡胤闭眼！

这么看的话，面对这么多的敌人，赵匡胤还能从容不迫地抽调 6 万大军，这已经是一个人间奇迹了。

当然，在此次出征前，赵匡胤解除了所有将士的束缚，只要你们遵守下面三大原则，剩下的事情，我一概不管！

这三个原则是：

第一，后蜀军民只要投降者，就是我大宋子民。期间反戈一击者、提供粮草者、率领手下投降者、给宋军当引路者，全都重重有赏。

第二，宋军所到之处，不许烧杀抢掠，不许抢砸打杀，不许刨坟掘墓，更不许殴打当地官民，违者严惩不贷。

第三，此次兵发后蜀，朝廷只要土地人口，说白了就是抢地盘，至于那些缴获的武器、粮食、金银钱帛，朝廷一个子都不要，全部分给前线将士，当成你们的赏钱！

在这三条原则中，第一条是分化瓦解敌人，第二条是维护仁义之师的形象，可以暂且不表。而从这第三条可以看出，赵匡胤为了这次伐蜀国的成功，已经不惜血本了！

要知道，从唐末开始，中原就战火不断，经济也遭到了重创；而在那天府之国四川，却完全是另一幅画面。这么多年过去了，那里人们不识刀戈，个个平安富足。

如今的这些钱，全都会变成大宋士兵的赏钱！

至此，在赵匡胤慷慨解囊下，宋军爆发出了前所未有的战斗力。当年没有得到那700万缗（柴荣的），他们已经无法释怀了，如今得到了这么一只肥羊，一定要杀个痛快！

诚然，巨大的利益、过分的赏赐，将成为赵匡胤攻陷四川的资本；但巨大的利益、过分的赏赐，也能将把人变成魔鬼。最终，这些钱财将蒙蔽所有士兵的双眼，将他们彻底变成一群爱财如命的战争狂徒！

要知道，这绝对不是在危言耸听，因为用不了多久，赵匡胤就会为今日之决定，彻底后悔莫及。

好吧，宋朝这边如何调动士兵的积极性，如何让这台“战争机器”马力全开，我们暂且不表了。现在让我们穿越万里，将目光投向后蜀的首都成都，看看那位伟大的“诸葛昭远”同志，在面对宋军的大军入侵后，他是如何“运筹帷幄，决胜千里之外；谈笑之间，让宋军全都灰飞烟灭”的。

得知宋朝出兵后，上到他们的皇帝孟昶，下到被王昭远成功洗脑的士兵，他们的反应全都一个样：高兴，极度高兴！

哈！正愁没仗打呢！老子不打你，你还敢送上门来，看我怎么收拾你！

乾德二年（964年）十二月，为了对抗宋军，在成都郊外，孟昶拜王昭远为将，并举行了一个盛况空前的祭师大会。

就这样，在祭师会结束后，王昭远满怀豪情壮志，率领着3万虎狼之师，雄心勃勃地出征，去迎战大宋的平蜀远征军了。

还是那句话，理想很美好，现实却残酷无比。

兴州一战，王昭远损失5000兵马，被宋军夺走军粮40余万斛。

西县一战，王昭远又损失5000兵马，又被宋军夺走军粮30余万斛。

利州一战，王昭远更是损失10000大军，宋军夺走军粮80余万斛。

这是一个什么情况，你们蜀军不像是来打仗的，更像是来送粮的！这么搞下去的话，我们的皇帝就不用负责后勤保障了，赵匡胤就要下岗了！你们蜀军太过分了，这岂不是抢了我们皇帝的饭碗？

至此，蜀国人民彻底愤怒了！血淋淋三战三败，不堪一击的王昭远，以及那150余万斛丢给宋军的粮草，都让蜀国人民彻底明白了一个事实：不是所有的人，都能当诸葛亮的，您还是老老实实地当姜维吧。

那么，当姜维干什么呢？

镇守成都唯一的门户，守住那座从来没有被人正面攻破的不败关隘——剑门关。

剑门关，人类历史上最难被攻破的军事要塞，没有之一！

为什么这么说呢？因为，只有您亲自游览过那里，才能知道剑门关“雄关险峻、飞鸟难逾”的境界，以及那句成语真正的含义——一夫当关、万夫莫开，此乃剑门关。

昔日，姜维凭借区区两万大军，就能让钟会的10万大军无法前进一步，可见此关隘的凶险程度。至此，等退守到剑门关后，王昭远终于能够松口气了，他下令烧毁所有的栈道，做好了全面的防守工作，准备踏踏实实地当一回姜维了。

就这样，在剑门关这里，北路宋军攻击受阻，战局一时呈现胶着状态。那么，宋军的那支东路大军，那支沿着水路进攻的宋军，他们的表现又如何呢？

在北路宋军胜利进军时，东路大军在刘光义的带领下，他们也一路所向披靡，先后攻下涪州、泸州和戎州，最后攻到了三峡重镇——夔州。

夔州，今天的四川奉节东。自古以来，如果要从三峡逆流进入成都，都必须要经过夔州。因此，如果称这里为蜀地的咽喉之所，也绝不为过。

为了守住这里，孟昶不惜花费重金，精心打造了一条水陆两栖、立体防御的“马奇诺防线”。

首先，蜀军在水路横起了一条又粗又长的铁链，外加三层木栅栏，用来阻挡宋军的战舰通过。其次，在长江沿岸，后蜀搭设了无数门的大炮，不管是打出石头，还是发射炮弹，总之都要让你有来无回！最后，为了防止宋军打两岸铁链的主意，孟昶还一口气投入了 10 万蜀军进行防御。

可见，碰上了这么一条防线，你根本没辙。沿水路进攻，战舰就会被锁链困住，根本动弹不得，只能被两岸的炮火当成活靶子。沿陆地进攻，对方有 10 万大军严阵以待，这还怎么战？

然而，在考察完附近的地形、勘察了水中的铁链后，刘光义做出了一个惊人的决定：面对这种无懈可击的防守，不能智取，只能强攻！

而强攻的地点，就是这些岸上的蜀军。

铁的事实证明，一群被狮子率领的绵羊，也能收拾掉一群被绵羊率领的狮子。就算蜀军是一群强悍勇猛的狮子，但是在后蜀官家公子哥的率领下，也会被活生生地憋死……

仅仅过了一天，刘光义就攻破了蜀军“坚不可摧”的陆地防线，守将武守谦、高彦俦力战不胜，最后以死殉国。随后，刘光义拆除了大炮，毁坏了铁链，大伙高高兴兴地重新上船，直奔成都而来了。

在攻陷了夔州后，后蜀的万州、施州、开州、忠州、遂州守将见大势已去，纷纷投降了。刘光义通往成都的大路，一马平川，无人可阻了。

然而，第一个进入成都的人，却不是他，而是另有其人。

原来，刘光义再快，他也要沿着长江逆流而上，根本跑不过四条腿的马。何况，刘光义要赶超的人，是那个已经攻陷了剑门关，同样一马平川的王全斌。

后蜀投降

在得知王昭远节节败退后，蜀主孟昶彻底慌了，为了保住自己的江山社稷，孟昶又招募了 1 万大军，命太子孟玄喆为元帅，率领他们支援剑门关。

那么，这里有一个问题，孟昶为什么要派他儿子去呢？难道这偌大的蜀国之中，就没有一个能带兵打仗的将军吗？

事实也正是如此。

您见过非洲奥兰治河畔的羚羊吗？

在那片神奇的土地上，两岸一水之隔，羚羊同宗同源，但是东面羚羊的繁殖能力，却是西面羚羊的5倍！而东面羚羊每分钟的奔跑速度，更比西面羚羊快了13米！

这是一个什么原因？

原来，不是因为东面羚羊更健壮，或者是东面羚羊的水草更好，而是在东面羚羊的旁边，自始至终有一个虎视眈眈的狼窝。

诚然，那群生活在西面的羚羊，他们也曾经是勇猛的战士，也曾经驰骋于这天地之间，但是，当他们在蜀国安逸生活了30多年，不用再为生活而担心，天天可以高枕无忧晒太阳的时候，他们肯定会自甘堕落，也会失去自己往日的风采。

在这种背景下，你指望他们能够基因突变，瞬间就变出几个猛男，那才是在欺负达尔文，在鄙视他的“进化论”。

优胜劣汰，适者生存，这才是大自然唯一不变的法则。

在这种背景下，蜀国太子孟玄喆的表现，也就可想而知了。

对于这种长年生长在深宫大院的太子而言，那是极其兴奋！毕竟出一趟远门，那可不是一件容易的事情。为此，这位蜀国太子一定要好好打扮一番，这样才能对得起自己的身份。

根据《续资治通鉴》记载，为了此次出征，孟玄喆也是拉风到了极点。他找了一堆名贵的蜀锦，用来装扮自己的旗帜，让军队更加地好看。然而，当时天公不作美，老天爷好像故意要孟玄喆一般，孟玄喆刚刚把旗帜装饰好，就下起了倾盆大雨。

看见下雨了，太子就赶紧下令，把这些名贵的蜀锦卸下来，等雨停了再装上。结果，由于这些大兵没有那么高超的艺术修养，他们把这些旗子全都装反了。面对这种“超越前卫”的美感，孟玄喆毫不介意，他反而得到了一种神奇的快感。

就这样，率领着这1万无厘头的军队，加上自己所有的妻妾，外带几百个提供娱乐的优伶戏子，孟玄喆就像一只快乐的小鸟一样，风风光光地开赴剑门关，准备去那里参加一个“豪华庆典”了。

殊不知，孟玄喆这种天天开心、日夜嬉戏的好日子，等到了绵州（今四川绵阳）这里后，就全都戛然而止了。

原来，一个令人震惊的消息从剑门关传来，那里已经被宋军攻陷了！而那个号称“诸葛孔明”的王昭远，已经兵败被俘，成了宋军的阶下囚。

话说在剑门关对峙期间，王昭远又恢复了往日的神态，自信地认为：剑门关是不可逾越的天险，莫说是率领一群虎狼之师了，就是率领一群猴子，随便扔几块板砖，也能砸死对方不少人。

然而，我真的不知道，这位天天自比“诸葛亮再世”的王昭远，他真的有好好学习诸葛亮的计谋、熟读了那本《三国志》吗？

要知道，在中国的历史上，我们非常熟悉诸葛亮，但是对于另外一个人，我们也同样熟悉无比。

这个人，就是绕过剑门，从阴平偷袭的魏国名将——邓艾。

就这样，就像当年邓艾的所作所为一样，王全斌让历史再一次上演了。只不过，当年偷袭阴平关的邓艾部队，只有区区几千人；而这次偷袭阴平关的宋军，人数就比较多了——整整2万！

想想当时的情景吧。当蜀军们天天有恃无恐，哼着小曲、喝着小酒的时候，突然之间，外面杀声震天，宋军犹如天神下凡一般，瞬间就杀到了他们的面前。

至此，对于王昭远而言，这是一种什么样的感觉？简直就是坑爹呀！

此战过后，蜀国损失了最后的1万虎狼之师，而他们的统帅王昭远同志，在东川（今四川三台）被宋军捕获，最后变成了一个俘虏。

据史料记载，王昭远被抓住的时候，虽然此人已经泣不成声，两眼哭肿像条金鱼了，但他嘴里依旧念念有词，一直重复着晚唐罗隐的一首诗句：

运去英雄不自由……

要知道，这首诗句是用来感叹诸葛亮的才智与命运的，都到了这个时候了，王昭远还以“诸葛孔明”自居，真不知道这位仁兄是怎么想的。

死不悔改，真是死不悔改……

第十三章 平定蜀乱

六十六天的辉煌纪录

得知剑门关失守、王昭远兵败被俘后，太子孟玄喆当时就傻掉了。对于这位太子而言，他再天真、再烂漫、再无邪，也清楚地知道，丢失了剑门这个重要的关隘，到底意味着什么！

于是，这位太子二话不说，立刻掉头跑了回来。在逃跑期间，这位太子也不知道听从了谁的建议，居然使出了坚壁清野这一招，把绵阳至成都的一切物资设施，全都付之一炬了。

后来，当太子跑回成都面见父皇后，孟玄喆还扬扬得意道："父皇不用担忧，我把事情全都办妥了，宋军什么吃的也得不到了，他们很快就会退兵了。"

孟昶真想用大耳刮子扇他……

亲爱的儿子呀，你到底是怎么想的呀？你看不见宋军那150余万斛粮食吗？你把所有的粮食都烧毁了，除了饿死蜀国的百姓外，能有个屁用！

至此，面对来势汹汹、不日即将兵临城下的宋军，看着这个宝贝儿子，以及无计可施的满朝文武们，孟昶无奈地仰天长叹道：“吾父子以丰衣美食养士四十年，一旦遇敌，不能为吾东向发一矢，今虽欲闭壁，谁肯效死者！”

天要亡我，非战之罪……

就在此时，面对这个垂死挣扎、无限忏悔的蜀王，孟昶的宰相李昊走了过来，他慢慢地说道：“陛下，事已至此，还是学习蜀汉的刘禅、前蜀的王衍吧，这才是正道。而且微臣还听说，赵匡胤已经在开封给您修了一个别墅，很大。据说有五百间，整整五百间哪！您还是赶紧决定吧……”

最后，李昊偷偷地靠到了孟昶的耳边，小声地说道：“陛下，如果您同意投降了，微臣可以马上代劳。”

听完这句话后，孟昶看着他，一时间无话可说。后来，在短短的思考后，孟昶如恍然大悟一般，他对着李昊哈哈大笑道：“你去办吧，朕想起来了，这种事情你‘在行’，你最适合干这种事情……”

原来，39年前，当前蜀灭亡的时候，就是李昊起草的降书顺表。如今，虽然沧海桑田、人世变迁了，但是当年的那个人，他居然还健在，而且“竟然”还能再干这么一回。

真是世事无常，天意也……

乾德三年（965年）二月十九日，在成都北郊的升仙桥畔，40年前的一幕再次上演了。

这一天，孟昶身穿白衣，口含玉璧，手牵一只白羊，全身缠满草绳立于桥头，等待宋军的到来。而在他的背后，蜀国文武百官皆身穿孝服，他们伏在一口空棺材上，放声痛哭，如丧考妣。

这种仪式，是古代君主标准的官方“投降礼”，用来表示自己犯了死罪，等候发落，而他的官员抱着棺材哭，是在为他提前服丧守孝。

当然了，这种“请求一死、悲痛欲绝”的场面，也就是做做样子。作为受降的一方，赵匡胤完全授权给了宋军主帅王全斌，允许他代表自己取下孟昶身上的玉臂和草绳，然后烧毁了那口棺材，并颁布了赦免孟昶的诏书。

在后蜀元老李昊主持的受降礼下，孟昶得到了面子，王全斌得到了土地，双方皆大欢喜，可谓各得所需。当然了，唯一比较遗憾的人，只能是这场仪式的总负责人，那个李昊了。

原来，等李昊回到家中后，他惊讶地发现，自己的门口多了一块牌匾，以表彰自己在前蜀、后蜀两朝时做的最大政绩：世修降表李家！

这，真是实至名归呀。

至此，从赵匡胤发兵到孟昶投降，前后正好66天，可谓“六六大顺”也。从此之后，蜀国四十六个州、两百四十个县、五十三万四千二十九户人口，全部并入大宋之版图。

除此之外，赵匡胤66天的平蜀记录，也将成为一个千古美谈。然而，赵匡胤根本不知道，66天平蜀，那就是一个扯淡！赵匡胤还需要再继续奋战664天。

宋朝彻底平息蜀国的时间，是整整两年！

花蕊夫人

当年三月，后蜀亡国之君孟昶在宋军的押解下，离开四川，准备前往开封了。根据史料记载，这是孟昶第一次离开四川，而那“少不入川、老不出蜀”的感叹，也只有他，才能明白这里面的滋味了。

这一年，孟昶47岁。

当年五月十五日，孟昶一行人到达开封城。开封市市长赵光义负责接待他们。他举行了一场大规模的欢迎仪式，以慰劳这长途跋涉、远道而来的一行人。

当年五月十六日，赵匡胤在崇元殿接待了孟昶等人。他大摆筵宴，还特意免除了孟昶的三日朝参，也就是让他带薪休息了3天。

当年六月初五，赵匡胤任命孟昶为开封府同三司、检校太师、兼中书令，封秦国公。同时，赵匡胤还履行了自己的诺言，他把那套五百间房子的豪宅，正式赐予了孟昶。

当年六月十一日，在享受了7天高级待遇后，在一个没有任何征兆的情况下，孟昶突然离奇逝世了。

这一天，孟昶还是47岁。

孟昶到底是怎么死的？在历史的文献中，对于这个皇帝的死，也就仅仅三个字：“孟昶卒。”这不得不让人生疑。

在后人的猜测中，关于孟昶的死，主要有两种说法：正常死亡和非正常死亡。

正常死亡指的是内部原因所致，如寿终正寝、病死等等；非正常死亡的原因就非常热闹了，突发事故、天打雷劈、自杀殉国、他杀致死等等。

在这些说法中，其中的一种说法最为流行。

据说，孟昶是被赵匡胤害死的，而害死他的原因，则是因为一个女人。

这个女人，是孟昶的贵妃徐氏，别名叫作花蕊夫人。

要知道，古人形容一个女人美丽漂亮，都用花来形容。但是，如果一个女人漂亮到了极致，用花形容就太普通了，那就要用到花蕊了。

可见，得到了这么一个“花不足拟其色，似花蕊翾轻也”的名字，这个花蕊夫人，得多么光鲜靓丽、美丽动人呀。

这个花蕊夫人不仅外貌美到极致，其内心的聪慧程度，更是举世无双。

根据宋朝的一些笔记记载，后蜀灭亡后，花蕊夫人随丈夫来到了开封，并在孟昶的欢迎会上，赋诗一首，留下了那首千古名诗——《述国亡诗》。

君王城上竖降旗，妾在深宫那得知？
十四万人齐解甲，更无一个是男儿！

这马屁拍得，真爽！

要知道，对比其他的亡国诗句，比如“问君能有几多愁，恰似一江春水向东流”，这首诗句完全没有怨恨之情，反而把后蜀灭亡的原因，归咎在了这些没用的男人身上。

赵匡胤一下子喜欢上了这位才貌双全的女子，并把她收入了自己的后宫。也就是说，赵匡胤看上了孟昶的女人，为了自己不再“折腰”，赵匡胤觉得她的男人很碍事，所以就把孟昶害死了。

要知道，这个理由乍一听很有道理，毕竟男人之间的仇恨，往往都是因为女子引起的。君不见那“冲冠一怒为红颜”的雄伟大业吗？这件事情彻底改变了中国的历史。

那么，这个故事是真的吗？

鬼知道，真的只有鬼知道！

因为，关于花蕊夫人的传说，简直数不胜数，她还能横跨整整三朝，让三位皇帝不能释怀。

第一个皇帝，宋太祖赵匡胤。

传说，虽然花蕊夫人跟了赵匡胤，但她非常念旧情。因此她偷偷摸摸地画了一张孟昶的人物画像，并供在了自己的寝室里，天天对其焚香祷告。

有一天，赵匡胤正好看见了这幅画像，就问这是怎么回事。结果，这个花蕊夫人真敢说，她愣说这是蜀国的一位天神，专门解决各种不育不孕。我之所以祭拜他，就是想跟皇帝生一个大胖娃娃。

问题是，你当赵匡胤脑残呀！就在刚才，赵匡胤还跟这位天神一块儿喝酒呢，怎么转瞬之间，这哥们儿就成了一个妇科主任了，你骗傻子呢！

于是，愤怒之下的赵匡胤，就把孟昶赐死了。

现在想想，亲爱的花蕊夫人，您到底是爱孟昶呢，还是巴不得他赶紧去死，才想出了这么一条计谋呢？

第二个皇帝，宋太宗赵光义。

传说，在那个改变天下的晚上，赵匡胤已经病得不行了，赵光义来看他，结果一眼就看中花蕊夫人了。

这一下子，赵光义当时也不行了，他再也克制不住了。然而，谁也没有想到，这个时候赵匡胤突然醒了。一见这个结果，赵匡胤就要拿斧头劈赵光义，赵光义就要反击呀，结果他劈死了赵匡胤，顺便还劈死了这个唯一的目击证人——花蕊夫人。

第三个皇帝，宋真宗赵恒。

等到了宋朝第三个皇帝期间，赵恒就要给老爸翻案。宋真宗对外宣称，老爹当年没有蓄意杀人，抢夺了伯父的皇位。但是这个花蕊夫人，她确实是死于父亲之手！

原来，自从得到了花蕊夫人后，赵匡胤就彻底被迷惑了。而看见兄长这种表现后，赵光义是看在眼里、急在心中。于是，这位伟大英明的贤弟，他就准备动手了。

有一次，在一个家庭野营中，赵匡胤让弟弟喝酒，赵光义却死活不喝，怎么劝都不管用。最后，赵光义告诉兄长，让我喝酒可以，请花蕊夫人替我摘一朵花，我就喝了这杯酒。

后来，在花蕊夫人摘花期间，赵光义二话不说，当着自己哥哥的面，就把这个女神射死了。

要知道，这个故事跟京剧里面的“关羽杀貂蝉”的故事，真有异曲同工之妙呀。

实际上，上述的这些花蕊夫人的故事，全都是一堆荒诞不经的传说，且赵匡胤有两个根本的原因，让他犯不着这样去做。

第一个原因，伤不起。

对于赵匡胤而言，仅仅因为一个女人，就要诛杀已经臣服自己的孟昶，这让其他人怎么看，让那些还没有归顺自己的北汉、南汉、南唐、吴越的统治者们情何以堪？因为，赵匡胤犯不着为了一个女人，这样中伤自己美好的形象。

第二个原因，不想要。

要知道，当南唐李煜带着家眷来到开封后，他的那位历史上赫赫有名的小周后，不管是相貌，还是才艺，全都胜过花蕊夫人数倍。据历史记载，这个女人曾把赵光义迷得神魂颠倒、不能自拔。那么，为什么赵匡胤却对她没有兴趣，一直不理不睬呢？

除此之外，根据“赵太祖千里送京娘”这个故事来看，赵匡胤是一个武艺高强、爱打抱不平，却不好女色的主儿。

要知道，整整一千里的行程，面对绝色美女（这个很重要）赵京娘的不断诱惑，赵匡胤居然不理不睬。他最后还勃然大怒，狠狠地把这个美女骂了一顿。

可见，对于女色，赵匡胤是比较克制的。而且在史料的记载中，自太祖一朝，后宫所有嫔妃加上宫女，也就 300 多人。

这是一个什么概念？隋炀帝期间，后宫人数超过 3 万！唐太宗、唐玄宗期间，后宫人数也要上万。

这么一对比的话，您就会知道了，在这种既要面子，又不屑美女的背景下，赵匡胤根本就不会收了花蕊夫人，更不会为了这个女子去杀害孟昶。

那么，既然不是因为女色杀人，那么这个孟昶又是怎么死的？他是赵匡胤害死的吗？又是一个什么原因，非要赵匡胤置孟昶于死地呢？

蜀国之乱

据说，在孟昶死的前几天，赵匡胤曾经请他喝酒，结果这顿饭菜吃完后，孟昶就不行了。他立刻书写了一份遗书，说自己本来就有疾病，早就一天不如一天了，恐怕要跟陛下永别了等等。

当然了，虽然这封遗书的作者是孟昶，但是咱们都知道，这个遗书到底是一个什么玩意儿！

在古代，所谓的遗书，他根本就不是本人的遗嘱！即使是那皇帝的遗诏，也都是大臣代写的。因此，这些遗书上的真实内容，我们就不敢恭维了，反正人已经死了，你还能爬起来算账不成？

要知道，如果孟昶真有疾病的话，以他的身份和地位，不可能在历史的记载中，没有留下一丁点儿的蛛丝马迹。而且，如果这位君主真是病死的话，正史上也会留下相应的记录，不可能只留下“孟昶卒”这三个莫名其妙的字。

因此，我们绝对有理由相信，这位君主绝不是正常死亡，他的死亡原因，肯定有什么难言之隐。

实际上，排除花蕊夫人这个因素，孟昶的意外暴亡，还得从根源上说起，就是从蜀国开始寻找这个原因。

为什么要这么说？因为孟昶刚刚进京，蜀国就爆发了一场规模空前的大暴乱。在这种背景下，假设赵匡胤留着孟昶，他就会成为蜀国叛军的精神领袖，甚至有人可以冒名顶替他，就用他的旗帜在蜀地造反！

因此，在这种背景下，孟昶只能自认倒霉了，为了赵匡胤的江山社稷，他不死，谁死？

他必须死！

这，就是孟昶死亡的真正原因，不管是赵匡胤杀死也好，还是孟昶自知大限将至，把自己活活吓死也罢，总之他都活不了。

当然了，即使孟昶死了，那场席卷蜀地的大规模叛乱，也不会因此而停下了，甚至愈演愈烈，已经严重威胁到宋朝的统治了。

然而，对于这种大规模的叛乱，如果追其缘由的话，这都是赵匡胤自己种的果、造的孽。而且，还是两回孽。

赵匡胤第一回造的孽，兵发四川的协议问题。

还记得当年赵匡胤的协议吗？攻陷了四川后，国家只要土地和人口，至于那些金银财宝、绫罗绸缎，全都是宋军将士的赏钱。

大错就此铸成！

自从进了成都以后，对于宋朝士兵而言，就一个字：抢！玩儿命地抢！只要能够看得见的东西，这些全都是我的赏钱！

至此，在这种“全兵皆匪”的情况下，不管是大户人家的金银财宝，还是小商小贩的绫罗绸缎，又或者是那灵秀美丽的四川妹子，这些都成为宋军主要的攻击目标。他们见什么抢什么，简直到了无恶不作、无法无天的境地。

当然了，至于能管理他们的宋军统帅王全斌，您还是忘了他吧。人家根本不理不睬，也不会去扫了大家的兴。除此之外，虽然这位仁兄没有参与打砸抢劫活动，但他直接进了后蜀的国库。

整整十六万贯，这就是王全斌私吞的金钱。而他自己，也成为宋军的榜样。

就这样，虽然没有发生屠城的悲剧，但是此时此刻的成都，如果用“人间地狱”来形容，也绝不为过。

殊不知，一个星期后，当另外一支部队到达后，就彻底给这个城市火上浇了一把油，伤口上再次撒了一把盐。

这支部队，就是姗姗来迟的东路军。

得知东路宋军达到后，孟昶哪里敢怠慢，他又演练了一遍“投降礼”，也给刘光义准备了一份大礼。当然了，咱们也要理解孟昶的心情，毕竟自己都成亡国之君了，鬼知道哪路神仙能够得罪，还是多给一些香油钱吧。

殊不知，孟昶的这个无心之举，却彻底让宋朝这两路人马决裂。

原来，当王全斌得知刘光义也得到了一份投降礼物，而且一模一样后，他的内心这叫一个不忿、不平呀！

王全斌认为：我们走的都是羊肠小道、剑门天险，都快变成飞檐走壁的猿猴了。你们东路军不过是坐坐船，凭啥跟我一样的待遇！

刘光义认为：你这是扯淡！我们是逆流而上的，你知道纤夫拉船，要费多大的劲吗？你知道那个夔州“马奇诺防线”，我们打下来多费劲吗？别站着说话不腰疼，要不你自己去试试。

就这样，这两路大军纷纷争功，谁也不服谁，就差拔刀互砍了。而他们这种互相拆台、互相嫉怨的结果，也是非常严重的。

当时，赵匡胤给出的分赃方案是，大家一起共同商议、统筹安排。但是，由于这两路大军“分赃太均”了，所以他们出现了分歧，大家各执异议，根本无法求同存异。到了最后，王全斌等人一拍脑门，“我们不管了，你们爱咋咋地吧”！

至此，在王全斌等人的默许下，成都的局面终于失控，到处都是抢劫的宋朝士兵，到处都是遭苦遭难的后蜀百姓。以至于史书上都是这样记载的：蜀民苦之。

殊不知，就在成都这种“遍地干柴”的背景下，一个人再次的无心之举，彻底成就了这把“烈火”。

这个人，还是那个活该倒霉的赵匡胤。

整整两年

乾德三年（965年）五月，赵匡胤颁布了一道圣旨，下令蜀军全部迁到开封。要知道，赵匡胤这么做，有两大好处。

第一，可以增加北方劳动力，加快北方的修复工作；

第二，减少蜀国的兵马数目，更有利于大宋王朝对四川的管理。

当然了，赵匡胤也清楚地知道，让这些人平白无故地背井离乡，这也不是一件容易的事情。因此，赵匡胤特别下旨：

行者，人给钱十千；未行者，加两月米粮。

那么，当时要背井离乡，远赴中原的蜀国降卒，到底有多少人呢？

至少十万！

可见，这得需要多少钱呀！而看见这份数据表后，王全斌更是心疼得要命。因为，这些都是他自己的钱。

对于王全斌而言，他实在不能理解皇帝的这个决定。陛下是疯了吗？要这些不堪一击的孬种懦夫，干什么用？而且还要给他们钱，还要派遣一队人马护送他们，您脑子是进水了吗？

因此，王全斌无法理解皇帝的命令，而这种不理解的结果就是：不参与、不合作、不作为。

首先，对于钱财这个问题，王全斌下令一切从简。给一口饭吃就行了，咱用得着这么奢侈浪费吗？

其次，对于护送这个问题，王全斌心痛自己的下属们，认为这些人在蜀国还没玩够呢，要是护送这些士兵的话，就等于提前回京了，这怎么行呢？

于是，王全斌下令，蜀兵自治，你们自己管理自己进京，要是找不到去开封的道路，就去问沿途州、县的长官。总之，圆融地滚开，省得让我心烦。

想象一下吧，假设这是一个旅游团，当没有导游、没有饭吃的时候，这些人也得“炸团”！何况，这还是10万个背井离乡、任人凌辱、无处申冤的蜀国士兵。这种结果，也就可想而知了。

以上，就是赵匡胤无心造的第二回孽。

史书记载，这支完全自理的蜀兵部队刚刚到达绵州，就集体造反了。他们拥护原文州刺史全师雄为元帅，号称“兴国军”，并一举攻陷了战略重地彭州。

昔日的星星之火，终于彻底燎原！蜀国的邛、蜀、陵、眉、嘉、雅、东川、果、遂、渝、合、资、简、昌、普、戎、荣十七州纷纷响应，全都揭竿而起，一起响应全师雄。

至此，昔日任人宰割的羊，终于变成了嗜血如命的狼。

永远不要小看四川人民的力量，虽然他们热爱和平、与世无争，也给人一种弱不禁风的感觉，但是若真打起来，很少有人是他们的对手。

这一下子，王全斌彻底傻眼了，这还是那支昔日的“送粮队”吗？这才是一种真真正正的虎狼之师呀！于是，这个完全被吓傻的男人，立刻作出了一个非常愚蠢的决定：诛杀当时在成都的后蜀降卒，共计两万七千余人，以防他们里应外合，共同叛乱。

至此，拜王全斌所赐，宋朝在蜀国的统治，基本上可以用“民心尽失”来形容了。在未来的两年时间内，宋朝所有的安抚、利诱、许诺等政策，全部失去了应有的功效，只剩下血淋淋的刀剑屠杀，以及血流成河的你死我活。

虽然在这场叛乱中，赵匡胤是幸运的，他用了两年的时间，最终平息了这场大叛乱，并重新接管了四川。然而，从此之后，蜀人与宋人结下了不世之仇，天府之国也不再是中原王朝的庇护所，并在短短的十几年后，这里又爆发了一场更大规模的暴动，让四川彻底变成了宋朝的梦魇！

早知如此，何必当初，悔之晚矣……

第十四章 南征北战

讨伐北汉

对于一个雄心勃勃的男人而言，整整两年的时间，他能干多少事情？然而，对于赵匡胤而言，他只能这样白白地耽误两年时间，期间不光要花费无数的财力跟物力，也只能看着无数的机会从眼前溜掉……

因为：西蜀不静，太祖焉能外攻？

两年后，当赵匡胤召回王全斌，看着这个混蛋为了自己的一己私欲，就把四川搞得鸡飞狗跳、民不聊生后，赵匡胤愤怒无比的心情，也就可想而知了。

在史料的记载中，赵匡胤本来想砍了他，但念其有功，就把他贬到了随州，让其戴罪立功去了。而在以后的史料中，我们找不到王全斌的只言片语，这充分说明了，在赵匡胤的心目中，此人已经不值一提。

盖棺定论一下吧，王全斌不是什么大奸大恶之徒，反而是一个忠心耿耿的名将。要知道，即使把四川闹成那样，王全斌的第一反应也是在不断地善后，防止赵匡胤怪罪自己，而不是破罐子破摔，索性自立为王。

实际上，王全斌的一生混成这样，虽然自己有很大的原因，但更多的原因，则出在赵匡胤的身上，要不是他颁布了那么一道赏赐令，王全斌也不会被财富蒙蔽了双眼，最终获得这么一个咎由自取的结果。

人心不足蛇吞象，这真是一句大实话。

好吧，后蜀的这一页，就让它翻过去吧，虽然有辛酸，有苦泪，但是不管怎样，毕竟结果还是一个喜剧的结局。

根据当年的“雪夜定策”来看，平定了四川后，大宋王朝的下一个目标，就是那个不断叫板的南汉了。然而，时局的发展永远让人难以预料，赵匡胤下一个目标，居然是北面的北汉。

那么，到底是一个什么原因，让赵匡胤放弃了“先南后北”这一基本国策，开始攻击北汉的呢？

原来，此时此刻的北汉，它正处于一个动荡的时代。因为北汉的最高领导人刘钧，他已经郁郁而终了，享年42岁。同时，刘钧的“儿子”刘继恩登基称帝，北汉从此进入了新的一页。

其实，刘继恩根本就不是刘钧的儿子，而是他的养子，准确地说，刘继恩的真实身份是他的外甥。那么，到底是一个什么原因，刘钧让这个外甥变成了自己的养子，并最终接替皇位了呢？

因为刘继恩有一个非常窝囊的父亲。

刘继恩的父亲叫薛钊，这是一个非常普通的士兵，后来迎娶了刘知远的妹妹。当然了，此时的刘家也非常普通，可谓门当户对。然而，谁也没有想到，刘知远后来建立了后汉，他成为一个开国的皇帝。

这一下子，薛钊从一个身份低微的庶民，直接变成一位尊贵无比的皇亲国戚了。然而，这个人身份变了，本事却没见长，以前什么样，现在还是什么样。

但薛钊的老婆就不干了，这位飞上枝头变凤凰的刘小姐，她的身份变了，本事也见长了。于是，她越来越看不起自己的丈夫，最后索性独自搬进了后宫，与薛钊两地分居，眼不见心不烦了。

看见老婆独自居住后，薛钊很是伤心，心想自己一个堂堂七尺男儿，被老婆欺负成这样，我还活什么劲呀！于是，在一个伸手不见五指的夜晚，薛钊拿着一把刀，他就进宫找老婆去了。

后面的剧情，却不是您想象的那样……

面对这个瞧不起自己的老婆，薛钊只是狠狠地痛骂了她一顿，随后就拔刀自刎了。

史书记载，薛钊这个人“钊无材能”。就是啥本事也没有，真是一语中的。

对于这个人，我真的无话可说了……

薛钊死后，刘钧见他的孩子挺可怜的，自己也正好无子，所以就收养了这个孩子，取名刘继恩。

薛钊死后，虽然刘小姐成了寡妇，但是在那个没有朱熹的时代里，以她的身份，再找一个也不难。于是，刘小姐又嫁给了一个姓何的人，并生下了一个孩子，取名继元。然而，没过多久，刘小姐就和这个姓何的人双双逝世了。刘钧又收养了这个孤儿，取名刘继元。

在未来的岁月里，这个刘继元也会成为一位皇帝。当然了，现在还没有到他的档期，咱们继续聊刘继恩。

根据《续资治通鉴》记载，刘继恩这个人，长得非常有特色，上身长，下身短，肚子大，胡须多，骑在马上甚是魁梧，走在地上就是一个侏儒。

这长相，反差也忒大了点！

虽然长相让人不敢恭维，但是刘继恩这个人，他有一套自己的独门武器，此人非常孝顺。

在伺候自己干爹期间，刘继恩每天都能做到早晚报到，沏茶倒水、按摩捶背，这些更是不在话下。除此之外，中国二十四孝中的什么“亲尝汤药、啮指痛心、扇枕温衾、尝粪忧心”等事情，刘继恩全都做了一遍，还自主研发了好几个。

总之，这是一个无可挑剔的孝子，而选择这种孝子当皇帝，也是无可厚非的事情。

刘钧活着的时候，刘继恩就成了京城的市长（太原尹），成了一个皇位的接班人。刘钧病重期间，刘继恩就成了一个监国的实习皇帝；而刘钧一死，刘继恩就光荣地转正了。

殊不知，这个天下最希望刘继恩能够转正的人，却是他的死敌，大宋皇帝赵匡胤。

还记得郭威刚死，北汉的所作所为吗？自古以来，敌国权力交替之际，就是讨伐敌国的最好时机。何况，赵匡胤终于可以自毁誓言，收回那个不讨伐北汉的借口了。

原来，就在北宋准备南下争雄之时，为了稳定北面的边境局势，赵匡胤通过两国使者，与当时的北汉老大刘钧达成了一个口头协议。

赵匡胤告诉刘钧："你跟周朝世代恩仇，所以割据太原对抗中原，这个无可厚非。但是，这跟我大宋有什么关系？你不如赶紧归顺于我，省得困扰一方之民；要是你不服，就赶紧西下太行山，咱们一决雌雄。"

刘钧回复道："河东土地、兵马不足中原十分之一，我没有实力南下称雄，只想守住这弹丸之地，不让我刘氏一族断了香火。你若想要一决雌雄，就请从团柏谷北上，我自当背城一战。"

后来，当看见刘钧这可怜巴巴的言词，赵匡胤告诉使者："去告诉刘钧，我很同情他的遭遇。放他一条生路吧，他在位期间，我就不揍他了。"

因为有这个口头协议，所以在刘钧当北汉老大期间，赵匡胤一直没有发动大规模的军事入侵。

当然了，小规模的攻打没有停，只要一有机会，赵匡胤就会揍一顿北汉。在保持北部边境稳定的同时，顺便威慑一下他身后的那只大藏獒——契丹。

如今，伴随着刘钧的死，赵匡胤与他的那个口头协议终于作废了。赵匡胤终于可以理直气壮地出兵，去狠狠地揍北汉一顿，并实现自己心中的那个梦想了。

赵匡胤心中的梦想，到底是什么呢？

就是要收拾掉北汉！

要知道，在大宋"雪夜定策、先南后北"计划出炉前，赵匡胤的第一策略永远是："吾欲收复太原。"虽然在事后，赵普从政治、地理、军事等方面，全部否定了太祖的想法，但是，对于赵匡胤而言，他一定早就考虑过这些问题，因此不用赵普去阐述，赵匡胤也明白这里面的道理。

那么，既然明白这个道理，赵匡胤为什么还要执迷不悟地攻打北汉呢？

因为这个原因很简单，赵匡胤的心中永远有一个梦想，就是要超越那位皇帝，获得比他更多的殊荣！

这个皇帝，就是周世宗柴荣。

当然了，这种人比人的思想，也非常好理解。宋朝第二代掌门登基后，还不是处处跟自己的哥哥攀比？后世乾隆称帝后，他都获得了那么大的成就了，还不是照样跟自己的爷爷康熙死磕？

这，就是人类攀比的本性，我们无可厚非。

要知道，赵匡胤是从后周政权手中接过来的家业，不管是文武百官，还是典章制度，甚至是登基称帝的流程，他都没有一丝一毫的创新与补充。因此，在赵匡胤的内心深处，一定有一个魔鬼在作祟。这个魔鬼一直在告诉他，终其一生，也要超越周世宗，成为一个比他更加了不起的君主。

那么，怎么超过柴荣呢？

收复北汉，这就是最好的证明。因为柴荣没有收复北地。

乾德六年（968 年）八月，在赵匡胤的心结和北汉君主离世的天赐良机下，赵匡胤在潞州集结了 10 万大军，拜李继勋为北伐总司令（河东行营前军总部署），全军浩浩荡荡地向北汉进军，开始了首次大规模的北伐行动。

然而，让所有人始料不及的是，就在宋军北伐途中，一条消息从遥远的北方传来。它不仅让赵匡胤震惊不已，更是给这次远征行动，带来一层完全不同寻常的意义。

原来，就在这期间，这个北汉的皇帝，居然又换了一个人。

这是一个什么情况

时间先退回到乾德六年（968 年）七月底。在北汉君主刘钧去世后，他的养子刘继恩登基。而这位刚刚“新鲜出炉”的皇帝亲政后，立刻干了三件事情。

第一件事情：派遣使者前往契丹，重新修复两国的关系。

咱们前面讲过，李筠在潞州造反的时候，他曾经联系过刘钧，请求他派大军前来支援。但是，李筠提了一个条件，不许契丹人参股分红。

刚开始的时候，刘钧是一百个不同意，后来他一琢磨，请这个“爷爷”太费钱了，北汉那么穷，能省一块是一块吧。何况李筠这么牛（天时、人和方面），这场战役根本不可能输。于是，在这种思想下，刘钧就没把这件事情上报给契丹，他偷偷摸摸地接了这笔单。

后来，虽然李筠兵败自杀，刘钧铩羽而归——不仅啥也没有捞着，还赔了一个底掉，然而，契丹人不会同情这个小子，他们反而认为：活该，敢背着我吃独食？这就是报应，我也饶不了你！

在这种背景下，契丹开始频繁地痛骂刘钧，并摆出了一副兴师问罪的架势。这一下子，刘钧彻底害怕了，他立刻派遣使者，带上大批的金银珠宝去辽国请罪，希望这个“爷爷”能够原谅自己这个“孙儿”。

对于这些北汉的使者，耶律璟啥也不说，就是来一个扣一个，来两个扣一双。

在当时，刘钧一共派遣了多少使者呢？这个史料没有记载，但是等两国关系恢复后，被放回来的使者，有16个之多。

刘钧死后，面对刘继恩的这封“称臣认亲”的书信，耶律璟一琢磨，已经把他老爹欺负死了，还是恢复以前的关系吧，毕竟认个亲戚也不容易。

至此，北汉与大辽互通国书，重新结为“叔侄之国”，一起讨伐北宋这个“叛逆之国”。

第二件事情：软禁自己所有的兄弟，为了更好地巩固皇权。

自古以来，对于皇帝而言，他的那些兄弟们，都是自己潜在的敌人。因此，刘继恩干这种大义灭亲的事情，也是人之常情，无可厚非。

至少在这个问题上，刘继恩比那个“吃斋念佛”的人，要好得多得多！

第三件事情：一朝天子一朝臣，诛杀当朝宰相郭无为。

北汉宰相郭无为，经鉴定：神人一枚。

根据史料记载，早年的时候，郭无为曾在武当山出家做道士，号称“十年不离武当山半步”。这样算下来的话，三百年后出生的张三丰，还得喊他一声太祖爷。

虽然郭无为在武当山修道，但是他的人生哲学，却绝对地出类拔萃、与众不同！

道教认为，人的目的就是不断地修炼，然后当一个与世无争的神仙；而郭无为却认为，神仙的目的就是风风光光地下凡，然后当一个建功立业的人。

您看，这思想，真是出类拔萃、与众不同也。

就这样，在自比神仙下凡后，郭无为风风光光地从武当山飘然而下。他找到了当年的郭威，准备在他的手下干一番事业。然而，没过多久，郭威就把他轰走了。

这个原因非常简单，郭威手下的能人太多了，他实在犯不着重用一个道士，还是这么一个来历不明、思想奇葩的主儿。

就这样，带着对后周王朝的刻骨仇恨，郭无为一路北上，他投靠了郭威的死敌刘崇，从此开始了自己的平步青云路。

当然了，再平步青云的人，也会有巨大的危机。这个危机的缘由，还得从上一代皇帝那里说起。

原来，当年在任命了刘继恩为京城市长，把他当成未来的接班人后，刘钧就有点儿后悔了。他总觉得这个刘继恩跟他老爹薛钊一个德行，天生胆小怕事、缩手缩脚，没啥本事。当了市长这么多天了，啥政绩也没有，这可咋办呀？

于是，刘钧就对郭无为说道："继恩这个孩子吧，淳朴孝顺，但是没有经国济世的能力，恐怕不能守住我刘家的产业，这可怎么办呢？"

史书记载，对于刘钧的这个问题，郭无为沉默以对。

郭无为选择沉默，这个也无可厚非，毕竟伴君如伴虎，鬼知道你这句话什么意思，还是谨慎点儿好。

古人有云：沉默是金。

我云：沉默是金，这话没错，但有时也是祸。

想象一下吧，当刘继恩知道了这件事情后，他会作何感想？

对于刘继恩而言，这个郭无为都不能留……

至此，那场中国历史上，害人排行榜上第一的"鸿门宴"战术，又再次上演了。

乾德六年（968 年）九月，刘继恩设宴犒赏群臣，并给所有人加官晋爵。然而，新皇帝第一次请客，却有一个人不给面子，这个人就是郭无为，他请假了，理由是生病了。

看来，虽然郭无为叫"无为"，却"无不为"呀，这真是一个聪明人。

酒宴结束后，虽然所有臣子都非常尽兴，但是刘继恩却失望无比，毕竟没有第一时间砍了郭无为的脑袋，这是一个不小的遗憾！但是，不着急，毕竟自己是皇帝，这样的机会有的是。

然而，有的机会，不会出现第二次了。

"图穷匕见"的结果，如果不杀人，只能被人杀。

当天晚上，就在皇帝准备上床就寝的时候，突然之间，供奉官侯霸荣率领十几个人，全副武装地冲了进来。

看见这么一群杀气腾腾的士兵后，傻子都知道他们要干什么！刘继恩大吃一惊，他立刻掉头就跑。然而，刘继恩是一个上身长下身短的侏儒，他根本跑不过侯霸荣。何况这个侯霸荣，他还是一个跑步能追得上马的人。

就这样，在侯霸荣一剑封喉下，这位才当了60多天皇帝的刘继恩，就倒在了血泊中，变成了一具冰冷的尸体。

那么，这里有一个问题，这个侯霸荣，他到底是一个什么人呢？他为什么要诛杀刘继恩呢？

根据史料记载，侯霸荣本来是北汉的将领，在一次战斗中，被宋军俘虏了，并做了大宋禁军的内殿直。后来，由于侯霸荣心怀故土，在忍辱负重数年后，居然又逃回了北汉。

从此，侯霸荣成了北汉这个贫苦王朝的正面代表，用来感召那些“脱北者”：外国全是阴曹地府、人间地狱，去那里干啥？还是咱北汉好！

当然了，这番言论全都是胡说八道，我们绝对有理由相信，侯霸荣重回“地狱”的原因只有一个，他是大宋埋伏在北汉的一个间谍。

然而，这个矛盾也正在于此。

咱们都知道，身为间谍，就要好好地隐藏起来，去完成更加艰巨的任务，比如深藏不露的余则成同志。然而，这个侯霸荣却反其道而行之，他直接过了一把要离、专诸、聂政、荆轲（春秋战国四大刺客）的瘾，不惜一切代价，直接干掉了一个皇帝。

根据史料记载，侯霸荣这么做的原因，其实非常简单，他要提着刘继恩的脑袋去投靠大宋。然而，对于这计划到底有多少可行性，还真是要画一个大大的问号。

果然，侯霸荣前脚杀了皇帝，后脚他就被人挫骨扬灰了。

这个诛杀他的人，就是白天在家里养病，晚上冲到皇宫溜达的郭无为。

至此，一切的谜题都解开了。不早不晚，皇帝刚死，刺客尚在，郭无为就冲了进来，随后他诛杀了刺客，灭其九族，并对外宣布，皇帝已死，改立天子，换一个听话的来。

就这样，可怜的侯霸荣糊里糊涂地死了，成了三国时期的成济，中了这个司马老贼的计了。

乾德六年（968年）九月期间，就在宋朝出兵攻打北汉期间，郭无为拥立刘继恩同母异父的弟弟刘继元为天子，史称北汉末帝。

为什么选择这个人？

因为，刘继元不仅潇洒英俊、仪表堂堂，很符合帝王之相，而且还特别擅长佛经禅学，绝对是一个合格的俗家弟子。

除此之外，刘继元的老师，就是那个前五台山和尚、鸿胪寺卿继颙。此人是郭无为的亲密战友、黄金搭档。凭借这样的朋友关系，刘继元不当皇帝，谁当？

然而，自从登基称帝后，刘继元性情大变，佛经禅书不读了，观音如来也不拜了，人家直接堕入地狱，露出自己本来的狰狞面目了。

简单来说，自从登基后，刘继元绞死了自己的养母郭氏，诛杀了自己所有的兄弟，并赐死了自己所有的外甥和侄子。至此，刘继元的皇权彻底稳固了，因为没有人再跟他抢了，刘家一个男丁都没有了。

诛杀了亲戚后，对于群臣，刘继元也来了一次大清洗，朝廷所有的文武百官，全都被他过了一遍筛子。

最后，在仔仔细细地筛选后，朝廷半数的大臣都被他轰了出去，留下的大臣们，要么是他的绝对死忠，要么就是虾兵蟹将组成的队伍，再也无法对其构成威胁了。

对于刘继元的举动，郭无为彻底傻眼了，他万万没有想到，自己这么一只精明的老狐狸，居然被这么一个毛头小子耍了，真是后悔莫及呀！然而，现在干什么也晚了，郭无为的权力再大，也只限于扶持一个人当皇帝，还没有大到可以废除他。

至此，对于刘继元而言，内忧已除，该平定外患了。

围攻太原

开宝二年（969年）二月，为了一次性解决北汉，太祖决定御驾亲征。一时间，宋朝大军在各条边境上云集，战争的恐怖阴影，迅速笼罩了整个北汉王朝。

风起云涌，才知天高地阔；沧海横流，方显英雄本色。

面对宋朝的倾国来袭，这位刚刚登基不久的刘继元，他居然临危不乱、稳如泰山，在有条不紊地调兵遣将的同时，还特别干了两件事情。

第一件事情，派使者携信件前往契丹，请求大辽皇帝出兵援助北汉。

根据史书记载：为了求来救兵，刘继元已经完全不顾自己的颜面了，那些悲痛欲绝、哀号流涕的语言，在这封求救信里频频出现；各种千恩万谢、感激不尽的词语，也是不绝于耳。

当然了，不管刘继元怎么写，这封信的主要内容就四个字——快来救我！

第二件事情，调“无敌将军”刘继业入京，负责太原城的一切安全。

对于刘继业这个名字，一般人比较陌生，这个无可厚非，因为他本姓杨，原名杨重贵。

对于杨重贵这个名字，一般人也比较陌生，这个也无可厚非，但是提及那位无人不知、无人不晓的杨业杨令公时，咱们就熟悉无比了。

其实，他们就是同一个人。

当然了，北汉的刘继元在忙碌着，宋朝的赵匡胤也没闲着。

为了加大攻陷北汉的筹码，赵匡胤采取了政治、军事两手抓的战术。在大兵压境的同时，赵匡胤还亲自签署了40多份可以第一时间生效的委任状，并让使者携带它们偷偷进城，直接交到了郭无为的手里。

按照赵匡胤自己的定义，收到了这么一份大礼，郭无为不可能“无所作为”，他一定会联系死党，一起造反。到了那个时候，北汉40多位高官一起揭竿而起，那将是一种什么场面？我就不信太原还能守得住！

可惜的是，赵匡胤还是太自负了，他仅仅猜对了一半。收到了这份大礼后，郭无为确实有所行动了，但他仅仅用了一份委任状，去找了一个人。

不可否认，世上就是有这么一种极度贪婪、自私的主儿，他们宁可活活撑死，也不分一点儿好处给别人，郭无为就是这样的人。

面对这四十多份委任状后，郭无为仅仅留下了两份（一份自己的），就把剩余的全部收藏了起来。这个人绝对不允许别人来享受自己的美餐，哪怕是那个和尚死党继颙，也不许他尝一口鲜。

当然了，虽然40多个高官集体造反的场面没有了，但是对于赵匡胤而言，他还是有很大胜算的。因为郭无为带着这份委任状，去找了那个人，就是北汉的皇帝——刘继元。

面见刘继元后，郭无为拿出了这份赵匡胤的委任状，并承诺道：“只要皇上您投降，赵匡胤立刻任命您为平卢节度使，其地理位置、辖区面积，绝对是首屈一指，着实让人眼红。”

可惜的是，对这个平卢节度使眼红的人，只有郭无为一人而已。看见这份委任状后，刘继元啥反应也没有，他只是冷冷地反问道："敢问爱卿，你觉得开封府同三司、检校太师、中书令、秦国公，这些头衔怎么样？是不是比平卢节度使更加威风？"

嗯？这是一个什么情况？郭无为惊讶地看着这位皇帝，一时间无话可说。

看见自己的宰相无语后，刘继元哼了一声，他继续说道："那么爱卿，你觉得尚书令、楚王，再追赐'恭孝'两个字当谥号，是不是更给力呀？"

此言一出，郭无为脑袋嗡了一声，差点晕倒过去。原来，这些比平卢节度使显赫百倍、千倍的头衔，正是两年前，赵匡胤赏赐后蜀皇帝孟昶的官职。

啥也别说了，郭无为眼泪哇哇的，这位皇帝根本没有想过要投降！而经过了这件事情后，自己的悲惨命运，也已经彻底定性。

既然劝降不管用，那就开打吧。

开宝二年（969 年）二月十七日，赵匡胤率军到达了太原城。

没有办法，对于北汉这个穷得叮当响的国家而言，与其分散兵力，让赵匡胤各个击破，倒不如收缩所有的力量，死守自己的首都太原城。因此，太原城外所有的战略要地，包括那个兵家必争的团柏谷，都被刘继元无情地抛弃了。

至此，这场战役的目的，反而清楚无比了。

对于北汉而言，目的非常明确：太原城，是他们唯一倚仗的堡垒；北方的辽国契丹人，则是他们唯一仰仗的援军。相反，对于宋朝而言，目的也非常明确了：攻陷太原城，消灭契丹的援军部队，这就齐活了。

好吧，任务明了，步骤清晰，双方都知根知底到这个境界了，那就开打吧。

首先动手的，就是攻击方的赵匡胤。他的第一攻击目标，就是那些契丹人。

为了对抗这些契丹人，赵匡胤下令："契丹人得知我亲征后，必定会从滇州、定州、阳曲而来，你等在那里布下数万伏兵，等契丹人日夜兼程来袭后，攻他们一个出其不意。"

果然，赵匡胤的预料完全正确。辽国的一路援军经过滇州、定州时，根本就没有想过这里会有大宋的军队，因此他们损失惨重，最终被赶了回去。而辽国的另一路援军路过阳曲时，更是损失惨重。宋军俘虏百余人，获得马匹七百余，并得到了一千个人头。

接连获得这么两场大胜利，成功击败了契丹的援军后，赵匡胤喜出望外，他下令在太原城外找一个开阔的地方，把这一千个契丹人头码放整齐，并让城里的所有北汉人都能看见。

怎么样！服不？降不？还是继续干？

城里没有反应，看来北汉是打算负隅顽抗到底了。好吧，那我就成全你！

开宝二年（969年）三月一日，赵匡胤下令，给我找几万个民工来，至于是回大宋找，还是在北汉就地取材，你们自己看着办。但是，一定要快！我要在太原城外修建四座巨大的营寨，用它们去攻打太原城！还要在它们之间，筑起连接不断的小型堡垒，来保护这新建的四座营寨……

看见没有，当年郭威收拾李守贞的战术，又被赵匡胤完美地“重演”了。当然了，唯一的区别就是：当年围困河中城的时候，郭威实施的是“围城必缺”战术，给敌人逃跑的希望。然而，面对这个死不悔改的北汉，赵匡胤就不用那么客气了：四面围城，全都给我上！

令：李继勋攻东门，赵赞攻西门，曹彬攻北门，党进攻南门。这四人不分主次，谁也没有佯攻的任务，只要你有本事，谁都可以当主攻！

就这样，赵匡胤的部队开始了大规模的行动，他们一边忙着攻城，一边忙着盖房子修堡垒，每天都忙得不亦乐乎。而每当夜幕降临的时候，宋军们更是忙得要命。

原来，一切都在赵匡胤的意料之中，就跟当年的李守贞的一样，为了清除这四个巨大的“毒瘤”，刘继元也只能选择夜袭，去偷袭赵匡胤的建筑工地了。当然了，这种偷袭的结果，也就可想而知了。

第一次，刘继元派兵偷袭了赵赞的营地，惨败而归，留下一千多具尸体。

第二次，刘继元派兵偷袭了党进的营地，被这个怒不可遏的“猛张飞”追着打，最后逼得主帅刘继业跳了护城河。好在太原城上顺下一个大箩筐，刘继业这才被拉了回来，要不然他就被党进斩首示众了。

第三次，刘继元派兵偷袭了李继勋的营地，还是惨败而归。

第四次，刘继元不派兵偷袭宋军营地了，而是选择了那些攻城器具。结果呢，一战过后，宋军所有攻城器具完好无损，汉军丢下了整整一万具尸体，狼狈而回。

第五次……

没办法，命苦不能怨政府。刘继元终于知道了李守贞的苦衷，这种天天被人耍的感觉，真是生不如死呀！

当然了，被耍到了一定程度后，刘继元也要耍一回人了。

在一个伸手不见五指的黑夜里，突然之间，这黑夜笼罩的太原城内，传来了四个让人刻骨铭心的字——北汉主降！

这一下子，赵匡胤高兴得都快虚脱了，战争终于结束了。于是，赵匡胤下令所有士兵穿好礼服，在大营外一字排开，准备用最高的礼仪，接受北汉君主的投降。

结果，就在这个冰冷刺骨的露天地里，赵匡胤等了整整一夜，直等得月亮都下班了，太阳都重新上岗工作了，赵匡胤这才惊讶地发现：被耍了！

至此，天子之怒，伏尸百万，流血千里！这，就是赵匡胤第二天的真实写照，也是当天宋军的具体表现。

除此之外，血灌瞳仁的赵匡胤下令：增兵，给我倾尽全国之兵，我一定要踏平这座城池，千刀万剐了那个愚弄我的小儿！

看这个架势，赵匡胤真是气疯了！

就在此时，左神武统军陈承昭进言道："陛下请看，您早就在这里驻扎了一千万精兵猛将，为什么不用呢？"

一听这话，赵匡胤当时就一头雾水，他将目光向着陈承昭手指的方向看去。就在这个时候，赵匡胤的眼中一下子露出了久违的喜悦之情，他高兴地说道："陈将军此计甚好，我立刻依计行事。"

原来，他们看见的地方，有一条大河，史称汾河。这条河，是黄河的一条支流。此河不仅水量丰富，还有一个非常重要的特点：汾河的水平面，要比太原城高。

这就怪不得宋军了，谁让您修太原城的时候，非选低洼的地方呀。很快，宋军很快就修好了一条人工渠道。在这条渠道的引导下，波涛汹涌的汾水，开始源源不断地冲向太原城。没过多久，太原城就成了一片海洋。

为了避祸，太原城的人民只能爬上自家的屋顶，处处等待救援，家家号哭不断。即使是北汉君主刘继元，他的宫殿也被淹得够呛。

面对这种局面，赵匡胤却不急于进攻了，他反而饶有兴趣地观看起这场盛大的"游泳表演"。赵匡胤要好好地看看，这座坚不可摧的太原城，在汹涌河水的进攻下，它到底能扛多久？

事实证明，北汉这座号称“不破”的都城，果然名不虚传。宋军都把太原城折腾成这样了，即使它南面的一段城墙都被冲垮了，宋军依旧无法前进一步，还是无法攻破这座“不破”的要塞。

除此之外，为了鼓舞全军的士气，北汉君主刘继元一不做、二不休，他把自己的宰相、那个投降派的郭无为吊死在了城墙上。

在目睹了君主如此的心狠手辣后，北汉守军无不毛骨悚然、心惊胆战，他们纷纷表示拼死杀敌，以报国恩。一时之间北汉军士气大振。

至此，战局完全出乎了赵匡胤的预料，他曾经自信地以为：北汉，只剩下最后一口气了。然而，就是这最后一口气，却让他们挺了过来。

战局打到这个分儿上了，宋军的士气开始急速低落，一个不祥的阴影正在他们的心里慢慢形成：太原城，真的没法攻破了？

人就是这样，正所谓“福无双至、祸不单行”，正当宋军焦头烂额之际，连老天爷都要起哄，仿佛要帮助北汉一把。

雨，好大的雨，整整十八天的暴雨。这场雨大到什么分儿上呢？就连当时中原最强的宋朝皇家禁军，都无法正常运作，被迫停工了整整十八天。

雨下完了，接着就是晒，暴晒，还是那种“火旗焰焰烧天红，万国如在洪炉中”中的暴晒。在这种忽冷忽热的天气下，宋军明显准备不足，很多士兵患上了腹泻，根本没有战斗力了。

殊不知，除了这该死的“连夜雨”外，赵匡胤还遇到了一股“打头风”。这是一股从北方席卷而来，意欲与赵匡胤决一死战的飓风。

这股飓风的始作俑者，正是契丹。

饮恨而归

开宝三年二月己巳（969 年 3 月 12 日），就在赵匡胤围攻北汉的都城，意欲千刀万剐刘继元的时候，一条重磅消息从遥远的北方传来。它犹如一道晴天霹雳，瞬间劈得赵匡胤找不到北，也久久无法释怀。

这一天，大辽的穆宗耶律璟被人刺杀致死，享年 39 岁。

咱们前面讲过，这位辽穆宗是一个少有的昏君，虽然他说过“朕或肆怒，滥及无辜，卿等且谏，无或面从”这样冠冕堂皇的话。就是说，如果我在发脾气的途中，颁布了什么滥杀无辜的圣旨，各位大臣一定要直言进谏，不要害怕，也不要屈从于我，一定要当面纠正我的错误。

能说出这番言语的人，看似是一个明君吧，实际上呢，根本不是那么回事！只要你敢直言进谏，就一个结果，跟着一起死！

这一下子，谁还敢劝这位皇帝呀，大家只能常年生活在恐惧里。动辄得咎，鬼知道哪一天小命就没有了。

二月己巳这一天，耶律璟又去打猎了。一天的狩猎后，他收获了特别多的猎物，还打了一只大狗熊。皇帝很高兴呀，就继续第二个爱好，玩儿命地喝酒。

于是，君臣开始了通宵达旦的宴会，整整持续了一天。后来，皇帝累了，就上床休息了。然而在休息前，耶律璟突然饿了，就让厨房烧水做饭。

但问题是，做饭需要时间，结果，耶律璟等得不耐烦了，他大吼道：“你们这帮狗奴才，等我睡醒了，全部问斩。”

说完这番话后，耶律璟翻身上床，人家睡觉去了。这些奴才们一看，完了、完了，吾命休矣，等皇帝睡醒后，咱们全都携手去见阎罗王了。

后来，这些人一琢磨，反正横也是死、竖也是死，自杀是死、被砍是死、打死人是死、撕碎龙袍是死，杀死皇帝，嘿嘿……

好吧，至少这样的死，能够死得轰轰烈烈、青史留名，不至于死得不明不白！

当天晚上，这几个抱着必死之心的人，揣着匕首走到了辽穆宗的床前，然后照着耶律璟就是一顿乱刺。可怜这位“三绝睡王”，就这样被人杀死了，享年 39 岁。

对于他的死，元朝人在写《辽史》的时候，就用了四个字：“死其宜哉。”就是说，死得太好了，他早就该死了，如今终于死了。

当然了，对于辽国人民而言，这位暴君的惨死，绝对是一件大快人心的事情；然而，对于宋朝人民而言，这却是一件极其悲痛欲绝的事情了。尤其是辽国的这位新的君主，还是一个年轻有为，创造了一个“景宗中兴”的耶律贤。

辽国新皇登基，自然要有新的气象，否则的话，要如何威慑天下，让所有诸侯继续臣服自己！

于是，耶律贤下令，派兵支援北汉，共同对抗宋朝。而且这一次，援军的统帅，是契丹的北院大王耶律乌珍！

北院大王差不多就是中国的左丞相了，这是天字第二号人物！与此同时，赵匡胤还得到了另一个惊人的消息，契丹的南院大王耶律斜轸也已动身，不日就会到达。

这一下子，赵匡胤被眼前的事情震惊了。他清楚地知道，契丹刚刚换了一个国王，因此于情于理，契丹都不能丢这个颜面了。这才倾尽全国之兵而来，意欲跟自己决一死战！

怎么办？现在摆在赵匡胤面前的，只剩下两条路了。

第一，打跑这只支援北汉的部队，继续攻城；第二，事已至此，全军撤退。

要知道，在得知契丹人卷土重来后，这支闻战而进、遇险不退的大宋皇家禁军，他们反而爆发出了空前的士气。殿前都虞候赵延翰更是叩首请命："愿先登急击以尽死力！"

对于这个问题，赵匡胤做出了英明的决定，他也再次证明了，自己比十年后那位号称更加"英明"的皇帝，要英明得多。

出兵四月、粮草将尽、师老兵疲、后续乏力，赵匡胤比谁都清楚，这些意味着什么……

还是撤退吧。

开宝二年（969 年）四月，在契丹援军到达前，赵匡胤率军安全地撤退了，也落下了这一次讨伐北汉的帷幕。

当然了，宋军难得来一次，也不能白走，必须要刘继元给一些"赏钱"。于是，赵匡胤下令釜底抽薪，直接带走了太原周围一万多户居民。

一万多户居民，这到底是多，还是少呢？对于大宋这个庞然大物而言，这些人连九牛一毛都算不上。然而，对于北汉而言，这就等于是挖走了刘继元的心头肉了。

要知道，等 10 年后北汉投降的时候，这个国家的总人口数目，也就不过三万五千户。可见，赵匡胤一口气带走了一万多户居民，这怎能不让刘继元撕心裂肺、痛不欲生。

不管怎样，赵匡胤率军撤退后，北汉从此平安无事，它将继续这样苟延残喘下去，再苟且偷生整整 10 年。

开宝二年（969 年）五月，赵匡胤班师回到了开封城。虽然对这次讨伐北汉的战争，不管是当时的舆论，还是后世的史书，都在极力回避这些事情，全都用上了“天意难违”“差点成功”之类词语——大家唯恐得罪这位天子，导致他拿斧子砸自己的大板牙。然而，我绝对相信，此时此刻赵匡胤的心情，应该还不错。毕竟他占了一个大便宜，现在的这个结果，甚至比占领北汉全境还要好得多。

还是那句话，如果赵匡胤攻陷了北汉，他就要在边境布置下大量的士兵，用来防御大辽的进攻了。到了那个时候，自己才是顾此失彼，捡了芝麻，却丢了西瓜。

相反，现在的局面是什么？虽然没有攻陷北汉，但是已经把它毁成一栋烂尾楼了，只要随时再补上一脚，北汉这座“破楼”就会轰然倒地了。而这座“破楼”成了宋朝与契丹的分水岭，它继续替宋朝“抵御”着契丹，可以让赵匡胤继续讨伐南方，而不用担心来自北方的威胁。

可见，现在的这个结果，何止是好，简直是妙不可言。

第十五章 兵发南汉

“集大成”的开山鼻祖

等北汉的事情告一段落后，赵匡胤又开始了新一轮的冥想，他要好好地琢磨琢磨，如今在这张“睡床”上，还有多少人在他身边“酣梦”，而他又要先对谁下手，先把谁第一时间踹下炕。

在当时的中国，赵匡胤还没有统一的地方，有南唐、吴越，以及割据漳、泉两州的陈洪进等。

那么，对谁先下手呢？是南唐吗？

诚然，不管是从地理位置上讲，还是从知根知底上分析，南唐都是宋朝最好的攻击目标。然而，对于这么一个一直臣服自己的国家，赵匡胤一时半会儿找不到借口。

那么，是吴越吗？

虽然吴越占据了今天的上海、浙江等地，这个国家有的是钱，但是，要比对大宋王朝的忠心程度，这个国家比南唐还要强一百倍。

吴越的大当家钱俶，此人既明智又果断，谁劝都没用，就是不当国王，一门心思要当赵匡胤的兵马大元帅。且不用赵匡胤呼唤，钱俶三天两头儿就往京城跑，最后做到赵匡胤都嫌这个人“烦”了，让他没事别来报到，麻溜地滚蛋。

可见，对于这么一个效忠自己的臣子，你敢挑拨他们君臣的关系，让赵匡胤出兵攻打吴越。信不信？赵匡胤会首先下手，第一时间砸了你的大板牙。

那么，是陈洪进吗？

对于这个人，您还是忘了他吧。虽然在这个五代十国里，他居然能抢占一块地盘，并在群雄的夹缝中存活下来，也算是一个强人了，但是，五代十国的中国，却是一个猛人无数的时代。对比他们，这个仅仅握有两州之地的陈洪进，他根本不是那些猛男的对手。

因此这个人，他根本就算不上是赵匡胤的敌人。

那么，不讨伐南唐，不出兵吴越，也看不上陈洪进，赵匡胤应该把谁踹到床下呢？

这个即将被赵匡胤踹一脚的人，就是南方幅员辽阔，占据今天广东、广西、海南、云南，以及越南部分地区，以番禺（广州）为都城的国家，史称南汉。

这个国家的前世今生，是这样子的：

话说在唐末时期，有一股地方势力，他们仗着岭南地区的天险逐渐做大做强。到了后梁时期，这股势力遵南海王刘龑为皇帝，定都番禺，国号大越。次年，为了证明自己是汉朝的正统儿孙，刘龑改国号为大汉。这就是历史上的南汉了。

作为当家掌门的刘龑，此人跟辽国的耶律璟一样，也有三大爱好：改名字、换年号、玩酷刑。

刘龑的第一个爱好，改名字。

根据史料记载，刘龑的一生，一共有四个名字：刘岩、刘陟、刘龚、刘龑。

其中，刘岩是他第一个名字；第二个刘陟的来源不详；第三个刘龚的名字，是他根据天象给自己的命名。

史书记载，乾亨九年（925年）十二月，有一道白虹出现在了南汉的宫殿外。现代人都知道，虹是一种常见的自然现象，是雨后天空出现的弧形彩带，没有什么特殊的意义。但是在古代，这种白虹贯日的天象，可是一件极其严重的凶兆，这预示着天下即将大乱，轻则天子失位，重则皇帝……

目睹这个天文奇观后，刘龑被吓得够呛，他整天活在恐惧与不安中了。后来，刘龑手下有一个特别善于拍马屁的人，此人告诉刘龑，白虹就是白龙，这不是什么凶兆，反而是天降祥瑞的意思。这个人还写了一篇《白龙赋》，用来歌颂此事。

这一下子，刘龑这个高兴呀，他立刻干了两件事情：一是改名，我不叫刘陟了，老子以后叫刘龚，就是跟龙共同生活的人。二是改元，从此之后，这个天下不叫乾亨了，咱们就叫白龙。

最后一个名字刘龑，则是他自己创造的字，取“飞龙在天”之意，读音yan。当然了，历史上给自己名字造字的君主，不算多，但也不算少。

唐朝的武则天，不就造了一个日月当空的“曌”字，用作自己的名字吗？而在五代十国中，除了赵匡胤不改英雄本色外，也有不少人造字取名。

刘龑的第二个爱好，换年号。

刘龑这一生，除了改名外，他第二个兴趣，就是研究周易，来给自己的国家改名了。在他的统治下，南汉一共拥有三个年号。

第一个年号，乾亨。取《周易》乾卦：“乾，元亨利贞”之意，寓意国家拥有“仁、礼、义、智”四德，是一个万民敬仰的君子之国。

第二个年号，白龙。取上面“白龙进家”的意思，就是为了配合祥瑞之说，自编自导的一场闹剧。

第三个年号，大有。很多人认为，这个年号取自《周易》六十四卦中的一卦。其实不然，这个年号取自一场战争。

白龙四年（928年）三月，割据长沙一带的楚国攻打南汉，南汉军队一时间猝不及防，损失惨重。然而，就在这国家危难之际，刘龑不去调兵遣将，他反而急匆匆地算了一卦，结果算出“大有”这个卦象。

刘龑认为这是一个吉卦，他马上出兵伐楚，结果大获全胜。从此之后，刘龑就对《周易》深信不疑了，他还改了自己国家的名字，取名为大有。

当然了，刘龑再迷信、再封建，这都是他自己的事情，对于我们而言，这个皇帝无非就是有一点小爱好罢了。但是，一旦这种迷信、封建的精神，跟治理国家结合了起来，这就不是刘龑个人的问题了，而是这个国家的灾难了。

特别是配上刘龑的这第三个爱好，就给这个国家带来一场灭顶之灾了。

刘龑的第三个爱好，玩酷刑。

根据史料记载，刘龑晚年疑心重重，统治非常残忍。为了更好地统治人民，那些髡（剃去头发）、黥（脸上刻字）、劓（削鼻）、斩趾（砍脚）、鋈（断腿）等刑罚，根本不入刘龑的法眼。只有戮（穿成串）、磔（剁成肉）、烹（下油锅）、抽肠（顾名思义）、涮洗（用开水浇人褪毛），阉割（不解释了）等刑罚，这些才够看！

除此之外，后世那些什么凌迟、削人骨、剥人皮的刑罚，据说也是出自他之手。

当然了，刘龑不光好用酷刑、善于发明酷刑，他还特喜欢临场观摩。

据《五代史・南汉世家》记载：刘龑最喜欢这种杀人的场面了，每次听到犯人的哀号声，看到行刑时犯人血肉模糊的场面后，刘龑都能高兴得手舞足蹈。他的嘴里还念念有词，口水能流一地。

于是，大家都认为刘龑是怪物转世。给他起了个外号——真蛟蜃。

刘龑的外号叫“真蛟蜃”，他的继承者刘晟的外号叫“生地狱”。由此可见这个家族的优良基因。刘晟死后，这个家族的第三代继承者，更是昏庸到了家，甚至到了连赵匡胤都瞠目结舌的地步。

这位刘家第三代掌门人，他就是南汉的亡国之君——刘鋹。

“超越祖先”的后起之秀

作为南汉的后主、末帝刘鋹，他不仅继承了刘氏家族一贯的传统，并且青出于蓝而胜于蓝，绝对有过之而无不及。

作为一个历史上有名的昏君，那些什么大兴土木、横征暴敛、草菅人命的事情，我就不细说了，我只说说刘鋹的“三个历史之最”。

刘鋹的第一最，荒淫无度、天下无双。

自从登基后，刘鋹就广招天下美女。除了那些年方十八、貌美如花、冰清玉洁的少女外，他还喜欢那些半老徐娘、风韵犹存的少妇。而且汉族的姑娘们看够了，刘鋹就挑选那些少数民族的，甚至是蛮夷的女子。要的就是不一样的感觉！

在这种背景下，刘𬬮喜欢上了一个波斯女子。这个女子又黑、又胖、又丑。她还取了一个名副其实的名字——媚猪。然而，这个女人性感动人、招人喜欢，深得刘𬬮宠爱。

这叫什么事！

根据古书记载，刘𬬮这个人，那是相当地变态。在干那种事情的时候，别人都要偷偷摸摸地干，刘𬬮却反其道而行之，他特别喜欢被围观。

根据史料记载，刘𬬮不仅喜欢在众宫女面前亲自表演，他还特别下旨，看完了我的示范，你们也得跟着干！而他则和心爱的媚猪一起，就这样在旁边一一观看，不仅看得津津有味，还给这种表演活动取了一个非常响亮的名字：大体双。

殊不知，刘𬬮这种昏庸无道的表现，仅仅是一个开始。

刘𬬮的第二最，逼迫自宫，重用宦官。

建隆元年（960 年），在北方的赵匡胤已经黄袍加身、建立了赵宋王朝。南汉的宦官陈延寿，秘密地上书了一封祸国殃民、遗臭万年的奏折："启奏皇帝，因为人是一种自私的动物，凡事都要为子孙后代着想，所以那些南汉的学者士族们，不会真心实意地为国家着想，还请皇帝罢免了这些人，以后只重用宦官。因为宦官无儿无女、无牵无挂，一定可以尽忠王事，至死不渝。"

"爱卿所言，深得朕意，准奏！"

放声高歌一曲吧，亲爱的大臣，亲爱的男人们，大家的幸福时光终于到头了！

从那以后，南汉 90% 的大臣，都变成"上愧对祖先、中摧毁自身、下断子绝孙"的人啦。

除此之外，那些想建功立业的南汉举子们，因为皇帝的这个"天赐恩惠"，你们只能被迫二选一了。要么金榜题名、光宗耀祖；要么洞房花烛、传宗接代。

虽然刘𬬮重用宦官，但是在中国历史上，也不乏赵高、鱼朝恩、童贯、刘瑾、魏忠贤这种"治国能臣"，也能把国家治理得井井有条。那么，刘𬬮重用的这些宦官，会给这位皇帝带来什么样的治国建议呢？

开宝四年（971 年）二月，当宋军兵临广州城的时候，这些宦官们建议道："宋朝大举而来，不过是贪图咱们的珠宝罢了，不如把它们全部销毁。这样赵匡胤得了一座空城，必定不会长久驻扎，假以时日就会撤兵了……"

似乎很可笑，不是吗？

我笑不出来。

重用这么一群傻子，南汉要是不亡国，这才叫没有天理！

刘鋹的第三最，滥用酷刑、嗜杀成性。

对比南唐李氏一族的“基因突变”，南汉刘家可谓“世代相传”，并且青出于蓝而胜于蓝！在刑罚方面，刘鋹的爷爷刘龑是个酷刑发明家，刘鋹的父亲刘晟，那也是一个推陈出新的高手。

据说，刘晟发明了一种水刑，就是把人扔进水里煮，再取出来暴晒，撒点盐敷点酒，再接着煮，再接着晒。如此九煮九晒，最后让人骨肉尽烂，化成肉汤为止。

对比自己的祖父和父亲，刘鋹完全继承了他们的基因，并且有过之而无不及。他在位期间，除了动不动就剥一下，剐一下，戮一下，剁一下，煮一下，烤一下以外，他还建立了一个竞技场，让那些囚犯们没事跟老虎、大象们摔摔跤、打打架啥的……

至此，在这个集荒淫、奢侈、残暴、愚昧于一身的“伟大君主”统治下，南汉后面的故事，也就只能应验那句千古不变的道理了：得道者昌，失道者亡！

开宝三年（970 年）九月，在开封城的金銮宝殿上，赵匡胤终于喊出了那句人们期盼已久的话，喊出了那句讨伐宣言：

吾必救此一方黎民！

这一年，赵匡胤集结 10 州之力，拜潭州防御使潘美为讨伐南汉总指挥，正式开始讨伐南汉。

大宋第一“名将”

对于赵匡胤而言，征调 10 州的兵力讨伐南汉，这个到底是多，还是少？

昔日，柴荣第一次征讨南唐的时候，他征调了 7 州兵力。这么看的话，赵匡胤一口气征调了 10 州的兵力，确实有点儿多。然而，柴荣当时的手中，只有区区的 50 多个州，而如今赵匡胤的手中，却握有超过 200 个州。

因此，赵匡胤只用区区 10 州的兵力，去攻击一个幅员辽阔、占据整个两广，国土面积超过60个州的庞大帝国，这根本就是目中无人呀。赵匡胤太不把敌人当“豆包”了，甚至不屑一顾。

然而，铁的事实证明，赵匡胤之所以能够当领导，因为他就是未卜先知、英明伟大！

对这场战役，如果用宋军摧枯拉朽、势如破竹，南汉部队不堪一击、望风而逃来表述，绝不为过。因此，与其花费笔墨描写一场一边倒的战争，不如好好地介绍一下宋军的统帅，并还他一个千古清白。

这位千古争论不休的将领，就是此次的统帅——潘美。只不过，根据那本脍炙人口、众人皆知的《杨家将演义》，我们更喜欢叫他潘仁美。

潘美（925－991年），字仲询，大名（今河北大名县）人，北宋初开国名将。其父潘璘，为一名普通的军校。这就意味着，潘美要想建功立业、出人头地，他必须从基层干起。

据说，虽然先天不足，但是潘美却不怨天、不尤人，他还喊出过这样的豪言壮志：

> 汉代将终，凶臣肆虐，四海有改卜之兆。大丈夫不以此时立功名、取富贵，碌碌与万物共尽，可羞也。
>
> ——《宋史·列传第十七》

这，就是潘美的雄心壮志！而纵观中国历史，但凡有这种雄心壮志的人，都是有胆有识的狠角色。

显德七年（960年）正月初四，当赵匡胤陈桥兵变、黄袍加身后，潘美不顾危险，单人独骑地回到了京城，让群臣做好思想准备，一起跪拜新君。

这，就是潘美的胆。

同一年，当赵匡胤登基称帝后，以“二李”为首的节度使们，全都不服这位新皇，甚至起了谋反之心。然而，就在这种背景下，潘美单人独骑地跑到了陕西，规劝当时的陕州土皇帝袁彦，让他归顺赵匡胤。

试想一下，袁彦是封疆大吏、后周忠臣，潘美是无名小卒、前朝叛徒，如果你是袁彦，你会怎么收拾这个人？

但是，奇迹就这样发生了，潘美单刀赴会，也不知道用了什么手段，他就把袁彦说服了。最后，袁彦也来了一回单刀赴会，单人独骑地跑到了京城，当众给赵匡胤磕头去了。

这，就是潘美的识。

可见，大宋的第一名将潘美，他还真是一个有胆有识的狠角色。

除此之外，根据史料我们知道，潘美不仅有胆有识，他还非常仁。

当赵匡胤黄袍加身、率军返回开封、开始清除柴荣宝贵“遗产”的时候，他发现了躲在宫中、浑身颤抖不已的柴荣的两个儿子——纪王、蕲王。

对于这两个前朝余孽，赵匡胤轻轻地问赵普怎么办。赵普微微一笑，只回答了两个字：“去之。”意思是斩草除根，永绝后患，杀。

对于这个结果，周围的人都表示赞同，唯独潘美扶着柱子、低头不语。

见此情景后，赵匡胤问道：“你认为不行吗？”

潘美还是低头不语。

再次见此情景后，赵匡胤长叹一声道：“即人之位，杀人之子，朕不忍为。”

至此，潘美才缓缓地说道：“臣与陛下，北面事世宗，劝陛下杀之，即负世宗，劝陛下不杀，则陛下必致疑。”

可见，这就是潘美的仁义之心，身为“功利境界”（冯友兰的人生四境界）的凡夫俗子，咱们可以追逐名利、拜金追银，但绝不能不顾一切、泯灭良心。否则的话，咱们跟那些行尸走肉，又有什么区别？

最后，在潘美的旁敲侧击下，赵匡胤没有杀死这两位皇子，他还让潘美抱了一个孩子回去，当作自己的侄子来养。

从此之后，对于这个孩子，赵匡胤不问，潘美也只字不提。这个孩子改名为潘惟吉，最后还官至刺史。

这，就是潘美的仁。

当然了，除了有胆有识、博爱仁慈外，潘美更是拥有一个将领特有的素质：勇。

从开宝三年（970 年）十月开始，潘美一路攻无不克、战无不胜，一直攻到了南汉的韶州（今广东韶关）这里。

在这里，潘美遇到了南汉最强的一支部队，足足有 10 万之众。而且，这支部队还有一支当时人类最强的武器——战象。

自古以来，战象都是人类历史上最强的“召唤兽”。

虽然大象这个玩意儿性格温顺，一般不惹事，但是它也不好惹！要是把这个玩意儿逼急了，连山中老虎都掉头就跑，何况是体格悬殊的人？

想象一下吧，当这种身高体壮、皮糙肉厚的生物排成排，一起向你冲过来的时候，这是一种什么样的震撼场面？再加上尖锐无比的象牙和孔武有力的大鼻子，这场仗还怎么打？

我们骑马，敌人骑大象，这不是小孩打姚明，自己作死吗？

因此，面对韶州这支坚不可摧的部队，宋军达成了一个基本的共识：坚壁清野，防守反击，等待赵匡胤的援军。不给几辆孔明制造的木质巨兽啥的，我们打死也不出战。

然而，在没有孔明的帮助下，宋军最终还是出战了。因为他们的将领潘美已经出阵了，而且还站在了队伍的最前沿。潘美此举，就是要让所有的士兵都知道，我永远与你们在一起。

生，咱们就一起生！死，咱们也一起死！

说实话，人要是不怕死，那什么都不怕了。面对这些以排山倒海之势攻过来的战象。潘美的对策就一种——给我射！

一时间，宋军万箭齐发，箭如飞蝗，瞬间笼罩整个战场。

要知道，如果按照吨位来计算的话，一支箭头跟大象相比，就好像咱们被蜜蜂蜇了一下。因此，一般的火枪弓箭，根本伤不了大象分毫。然而，当一群马蜂冲向你的时候，你的第一反应是什么？是继续无畏地往前冲，还是掉头就跑？

无须多言，谁都知道这个答案。

在这遮天蔽日的箭雨下，大象们发现自己被耍了，它们掉头就跑，且一头扎进南汉的队伍里，彻底冲散了这些准备捡便宜的南汉军。

在这些象群的“掩护”下，潘美率军一举攻入了韶州城。至此，韶州城，这座南汉最重要的门户，就这样稀里糊涂地没了。

这，就是潘美的勇。

这就是智勇双全、举国无双的潘美，真乃人中伟丈夫，盖世之英雄。然而，如今咱们看那本《杨家将演义》，总以为潘美是一个十恶不赦的罪人，是一个涂满白粉（京剧白脸）的奸孽。他之所以能够呼风唤雨，是因为自己的女儿，是那位赵光义的西宫娘娘。

天地可鉴呀！赵光义的媳妇，是天雄军节度使符彦卿的闺女，跟潘美有什么关系呀！

当然了，潘美的确是皇亲国戚，这个不假。但这个关系是，潘美的孙女，是宋真宗的媳妇，是赵光义的儿媳妇，而且这个女子红颜薄命，22 岁就逝世了。潘美根本就朝中无人！

除此之外，我们认为杨业之死，是潘美擅自撤退，导致杨业在陈家谷兵败被俘、最后绝食而死的。因此，这全都是这个“奸臣”的错。然而，若细追根源，若不是曹彬岐沟关大败，何来潘美撤兵；潘美要是不撤兵，何来杨业之死？

因此，从某种意义上讲，导致杨业战死的原因，是曹彬的错，他才要负主要责任。

当然了，曹彬也非常委屈，要不是皇帝瞎指挥，何来自己兵败？

当然了，赵光义也非常委屈，我瞎指挥是不对，但若潘美意志坚定地撤兵，何来杨业之死？

当然了，潘美也非常委屈，我是要撤兵的，谁知道监军王侁胡说八道，他给杨业下了一个激将法。

当然了，王侁也非常委屈，我根本就没使用激将法，是杨业恃才自傲、不听指挥、擅自出战的结果。

当然了，杨业也非常委屈，我不出战行吗？要不是曹彬兵败如山倒，导致敌人打到家门口了，我能去殿后，最后兵败被俘？

当然了，曹彬还是非常委屈，要不是……

好吧，一想到这一笔笔烂账，真不知该从何说起。等历史发展到了那个阶段，咱们在慢慢细聊吧。现在书归正传，还是先说南汉。

刘𬬮最后的结局

当宋军攻陷了韶州城后，都不用去问一个广东百姓，所有人都知道这意味着什么：从此之后，番禺（广州）门户打开，再也无险可守，南汉的亡国时间，也已经开始了倒计时。

至此，刘𬬮彻底地慌了，他马上找来了自己最信任的太监乐范，让他准备十几艘大船，装满金银财宝，还有嫔妃宫女，时刻准备着。一旦战局不利，刘𬬮就要下海逃亡了。

殊不知，刘𬬮万万没有想到，这位根本“不可能”背叛自己的太监乐范，还是把自己出卖了。

准备完了这些东西后，乐范没有一丝一毫的犹豫，就带着这些财宝和女人开船下海，第一时间逃跑了。

对于乐范后面的记载，史书上从此音信全无，这个人到底是变成了徐福，还是葬身鱼腹，我们不得而知了。

我们唯一知道的是，乐范应该是很开心的，他有财宝、有士兵、有女人，还有那只大媚猪。他想去哪儿，就能去哪儿，反正是个地方就比南汉要好得多。

至此，彻底一无所有，成了真正的孤家寡人后，万念俱灰的刘𬬮呈上了降书顺表，他终于投降了。

开宝四年（971 年）二月，宋军兵临广州城下，刘𬬮素衣出城、带棺投降，南汉彻底臣服了。与此同时，南汉六十州、二百十四县、十七万二百六十三户居民，全部并入大宋之版图。

开宝四年（971 年）五月，刘𬬮及其宗室、官属一行数百人，全部被押解到了京城，等待赵匡胤的圣裁。

由于在投降前，刘𬬮烧毁了南汉所有的财宝，所以赵匡胤对此事一直耿耿于怀。他必须要彻查清楚，来一个兴师问罪。然而，对于赵匡胤的这个问罪，刘𬬮却巧舌如簧地回答道：“臣十六岁登基，根本无法处理朝政，国家大事，全都由先父旧臣龚澄枢、李托等人把持。在国时，臣是臣下，澄枢是国主！”

这责任推卸得，爽……

俗话说，好汉做事好汉当，拿别人当替罪羊，刘𬬮明显不够意思。但是，客观来说，刘𬬮要真是一个好汉的话，南汉也不至于民心尽失，最后彻底覆没了。

当然了，太祖对他的问罪，也就是做做样子，赵匡胤本来就不想杀他。而且天下未平，为了让更多的“藏品”进屋，赵匡胤怎么能诛杀一国之君，自毁形象呢。

但是死罪能免，活罪嘛，您还是丢一回人吧！

开宝四年（971 年）五月一日，赵匡胤用布帛拴住了刘𬬮的脖子，就像拉一条狗一样，把刘𬬮拉到了太庙那里，并举行了一场大规模的献俘礼。赵匡胤让这位一国之君好好地走了一回秀，彻底地露了一回脸。

让刘铱丢人现眼后，赵匡胤就履行了先前的诺言，赦免了这个昏君，并册封刘铱为右千牛卫大将军，赐爵位恩赦侯。从此之后，刘铱开始了在京城的软禁生活。为了表示自己的忠心，刘铱做得格外认真，更比谁都要做得好。

有一次，赵匡胤要在讲武殿宴请群臣，刘铱又是第一个赶到了。赵匡胤看他很乖，就赏给了他一杯酒。

看见皇帝赐酒后，刘铱当时就吓哭了。他一个劲地玩儿命磕头道："我反抗朝廷，这是我不对，我理应罪该万死。可是我都投降了，已经成为大宋的一个良民了，皇帝为什么还要治我的罪吗？"

一听这话，赵匡胤当时就蒙了，说这都哪跟哪呀。后来，在一番沟通后，赵匡胤才恍然大悟，原来这个混蛋在南汉作威作福时，看见哪个臣子不顺眼，就赐一杯毒酒来一个了断。今天，刘铱不知真相，还以为赵匡胤要他自尽呢。

解释清楚后，赵匡胤哈哈一笑："朕推心置腹待人，怎会行此小人之事？"说完，赵匡胤取过这杯"毒酒"，当众一饮而尽，然后对左右示意，再给我们俩倒一杯。

刘铱满面羞愧，这才敢饮。

后来，到了宋太宗赵光义时代，这个刘铱变得更乖，甚至开始主动讨好皇帝了。公元 979 年，在赵光义出兵北汉的饯别宴上，刘铱第一时间举起酒杯，并谄媚逢迎地说道："朝廷威名远播，四方觊觎天子之位的君主，今日全都在座了。不久您将平定太原，刘继元也将到达了。臣愿率先来朝，希望可以手持棍棒，成为各国投降君王的老大。"

这马屁拍得，爽！

在得了这么一个好彩头后，赵光义得意扬扬地出兵了，而这个刘铱，也因为这番话，而得到了很多的赏赐。

当然了，赏赐再多，刘铱也要有命花。第二年，即宋太平兴国五年（980 年）三月，刘铱就离奇逝世了，死时年仅 39 岁。

关于他的死因，官方公布是病死的，但真相如何，我们已经无法知道了。我们唯一知道的是，至少刘铱走得很安详，他貌似也没有受到什么折磨。对比下面这一位，他要好得多。

这一位，就是南唐的最后一位君主——李煜。

第十六章 诗词国主

风花雪月离别恨

平定南汉后，根本不用“司马昭之心”，咱们就“路人皆知”了，宋朝的下一个攻击目标，只剩下南唐了。

而且，在平定南汉后，赵匡胤不让这支部队班师回朝，反而让他们在长江的上游汉阳休整待命。这到底意欲何为？就连傻子都能看一个清楚明白。

无须多问，战争即将爆发，宋军即将顺流而下，一举攻破金陵城。然而，就在战争一触即发之际，赵匡胤却大发慈悲了一把，他突然召回了汉阳的部队，还告诉南唐的国主李璟：误会、误会，这里啥事没有，咱们依旧大红灯笼高高挂。

而且，赵匡胤这一挂，居然整整持续了三年！

那么，宋朝到底出现了什么事情？这太让人百思不得其解了。

实际上，也没有什么事情，只是赵匡胤很忙，他要忙着资源重组，忙着给上层官场重新洗牌。因为就在不久前，赵匡胤刚刚罢免了一个人，提拔了另外一个人。

这个被罢免的人，他就是当朝宰相——赵普。

这个被提拔的人，他就是赵匡胤的亲弟弟——赵光义。

殊不知，正是这一降一提，不仅造成了一桩千古疑案，还彻底改变了整个宋朝的历史。

不管怎样，公元970年至公元973年的这场人事变迁，我个人称之为“大事件”的故事，必将永载史册。后来，当这个“大事件”结束后，赵匡胤终于可以回归正朔，开始讨伐南唐了。

此时，李璟早已逝世，这个国家已经换了第三任君主了。

这位君主，就是在中国历史上以纤弱忧郁的文人气质、缠绵悱恻的诗词作品、风花雪月的爱情故事而闻名天下、永载史册，被誉为千古词帝的南唐后主——李煜。

有的时候，历史就是这么荒诞不经，甚至毫无道理，如果李煜不是南唐的皇帝，他的一生，或许就不会这样的悲惨和无奈了。但是，历史这个导演，非要李煜当皇帝，还要他演好这出悲惨的大戏。

或许，这就是李煜的命。

吴天祚三年（937年），在古城金陵的一所王府大院里，一个幼小的生命呱呱坠地了。

然而，没有一个人知道，就在这一年，伴随着这个婴儿的出生，他的祖父坐上了一个王朝的头把交椅，并建立了一个强大的帝国。而在39年后，这个强大的帝国，就将在这个婴儿的手中，被彻底毁于一旦。

时也，命也，运也，非吾之所能也……

其实，这个婴儿从一开始，他就没法掌握自己的命运。

要知道，于情于理，李煜都无法当上这个皇帝，因为他排行老六。李璟的三子、四子、五子接连夭折，史书上连个名字都没留下。

除此之外，加上李璟染病去世的长子和极其“配合”（意欲谋反）的次子，这个排行老六的李煜，就这样稀里糊涂地成了南唐新一代的皇帝。

平心而论，这个家伙的运气，真不是一般的强！

李煜除了拥有让人羡慕不已的运气外，他更拥有一段完美的爱情，不仅能永载史册，还能让所有人都唏嘘不已。

这段爱情，就是李煜与大周后那场风花雪月的故事。

大周后，本名不详，民间称她为周蔷、周薇，在历史上有一个乳名，叫娥皇。她出生在一个南唐世家里，父亲周宗是李昪的宰相。等到了李煜这里，他已经是不折不扣的三朝宰相了。

由于战功显赫，又忠心耿耿，所以李璟登基后，就跟周宗结为儿女亲家，并让太子李煜迎娶了周宗的长女——周娥皇。

自古以来，君臣联姻，都是为了政治利益，根本不考虑青年男女之间的感情。然而，李煜与大周后之间的感情，确是一段真真正正的爱情！

当看见这位倾国倾城、温柔可爱的周娥皇以后，李煜立刻产生了爱慕之情。他也像那三国时期的曹植一样，谱写了一首自己的“洛神赋”。

一重山，两重山。山远天高烟水寒，相思枫叶丹。
菊花开，菊花残。塞雁高飞人未还，一帘风月闲。
云一涡，玉一梭。澹澹衫儿薄薄罗，轻颦双黛螺。
秋风多，雨如和。帘外芭蕉三两窠，夜长人奈何。

——《长相思》

婚后，这对夫妻举案齐眉、相敬如宾，夫妻恩爱得更让人是“只羡鸳鸯不羡仙”。

晚妆初过，沉檀轻注些儿个。向人微露丁香颗，一曲清歌，
暂引樱桃破。罗袖裛残殷色可，杯深旋被香醪涴，绣床斜凭娇无那，
烂嚼红茸，笑向檀郎唾。

——《一斛珠》

当然了，仅如胶似漆、含情脉脉，这些都是不够的，就连那暂时的小别，也足以胜新婚！

秦楼不见吹箫女，空余上苑风光。
粉英金蕊自低昂。东风恼我，才发一襟香。
琼窗梦笛留残日，当年得恨何长！

碧阑干外映垂杨。暂时相见，如梦懒思量。

——《谢思恩》

上述的这些诗句，将李煜这位中国屈指可数的文豪的风采，发挥得淋漓尽致。当然了，丈夫有才，娘子也不落后，甚至有过之而无不及。

根据史料记载，这位周皇后有四绝，他们共同谱写了一段风花雪月的浪漫爱情故事。

第一绝，大周后善歌，不管是独唱，还是和声，都声音甜美、响彻云霄。

第二绝，大周后善舞，不管是甩袖，还是下腰，都千娇百媚、婀娜多姿。

第三绝，大周后善乐器，不仅自己吹拉弹奏得好，而且还能让李煜深深感动，每次都要流下眼泪，方才罢休。

第四绝，大周后不仅有才，能够自己作曲，她还能谱写那首已经失传的千古名曲——《霓裳羽衣舞》。

所谓的《霓裳羽衣舞》，乃是唐明皇与杨贵妃所创，号称千古第一爱情名曲，也是唐朝歌舞艺术的最高杰作。后来，随着安史之乱的爆发，五代十国的相继建立，这首曲目失传了。

然而，有志者事竟成！在艺术领域决不放弃的大周后，经过数年的苦苦寻找，终于找到了《霓裳羽衣舞》的残谱，并将它重新谱写了出来！

至此，这首已经消失了百年的《霓裳羽衣舞》，又重新出现在了这片中华大地上。而看见自己的老婆一身唐装，在悠扬悦耳的箫笛声中，在婀娜多姿舞女的陪伴下，翩翩起舞，鸾回凤翥，宛如神仙，这位南唐帝王内心的满足与喜悦之情，无以言表！

古往今来，能够永载史册的帝王之恋，莫过那明皇与贵妃。而此时此刻，对于李煜与大周后而言，那白居易《长恨歌》里面的“在天愿作比翼鸟，在地愿为连理枝”的情景，也不过如此了！

可惜的是，虽然灰姑娘与王子的故事，是每个女人永远向往的，然而，这个故事的后续部分呢？

当王子成为一国之君，可以主宰无数人命运的时候，王子对灰姑娘的爱，还是否配得上“永恒”二字？

童话很美，现实却很残酷，当然也包括人的心。

要知道，在这个世界上永远不变心的人，只能是两种人：傻子和一根筋。但凡是一个有理性、有思考的人，他都会经过一段痛苦的挣扎与苦痛后，最终从那个至纯至美的意境走向现实……

君不见那位爱死爱活的贾宝玉吗？因为中了“掉包计”迎娶了薛宝钗，结果寻死觅活，不能自已，可是时间一长，他还不是接受了这个事实。可见，在这个世界残酷事实的攻击下，再深刻的爱，也不能持久！

何况，这位“贾宝玉”似的李煜，还是一个国家的皇帝，一个想要谁就能要谁的帝国之君！

于是，这对恩爱夫妻之间那微乎其微的裂痕，就被某些不怀好意的女人抓住了。大周后最怕的那些小三们，终于如期而至。

殊不知，让大周后始料不及的是，这位“南唐小三”的主演，不是别人，正是自己的亲妹妹，那个小周女。

这叫什么事！

别样滋味在心头

根据史料记载，由于比自己的姐姐小十多岁，当姐姐结婚出嫁的时候，小周女还是一个情窦未开的少女。因为她年轻可爱，深得李煜母亲钟太后的喜爱，所以太后赠送她一块入宫金牌，并赋予了她可以随时进宫的权力。

公元965年，大周后突染重病，进而卧床不起了。得知这个消息后，周家人立刻派遣小周女入宫，去看望自己的姐姐。结果呢，在看望大周后的途中，小周女正好遇见了自己的姐夫，那位南唐的君主李煜。

想象一下吧，当看见自己老婆的亲妹妹后，李煜立刻激动不已，他仿佛看见了当年那位年轻漂亮的大周女。

除此之外，眼前这位貌美如花的女子，她不仅拥有比大周后更美的倾国之姿，而且还有比大周后更多的青春靓丽。更神奇的是，她还能够给李煜一种特殊的感觉，那种初恋时期才特有的味道。

至此，就跟当年的一见钟情一样，李煜立刻爱上了这个活泼可爱、花见花开的少女，而小周女也早就对自己的姐夫钦慕不已，且对方那颗突如其来的爱慕之心，更是让这个女子受宠若惊。

于是，在这种一边是干柴、一边是烈火的情况下，这二人立刻搞在了一起。而那位中国首屈一指的大诗人李煜，更是用自己优美的诗句，记录下了这件事情的整个过程。

根据李煜那首千古名作《菩萨蛮》记载，他跟小周女之间的爱情过程，应该是这样的：

首先是暧昧。

铜簧韵脆锵寒竹，新声慢奏移纤玉。眼色暗相钩，秋波横欲流。雨云深绣户，来便谐衷素。宴罢又成空，魂迷春梦中。

一个能歌善舞的美眉，一边纵情跳舞，一边对李煜暗送秋波。而李煜看着这火辣的身材，虽然早已急火攻心了，但还是碍于自己的身份，只能远远地看着，并在脑海中情不自禁地陶醉了起来。

其次是相悦。

蓬莱院闭天台女，画堂昼寝人无语。抛枕翠云光，绣衣闻异香。潜来珠锁动，惊觉银屏梦。脸慢笑盈盈，相看无限情。

半夜时分，李煜鬼鬼祟祟地来到了小周女的住处，他透过门缝向里望去，看见一个秀发如云、美艳无双、绣衣微掩，传来阵阵幽香的少女。李煜偷偷摸摸打开了门锁，而小周女也惊醒了起来。她回头看着自己的姐夫，一不哭、二不叫，只是满脸羞色，互相观望、无限情长。

最后是陶醉。

花明暗黯笼轻雾，今宵好向郎边去！刬袜步香阶，手提金缕鞋。画堂南畔见，一向偎人颤。奴为出来难，教君恣意怜。

在一个繁花盛开、月色朦胧的夜里，小周女光着脚丫，提着自己的金缕绣花鞋，蹑手蹑脚地来到了画堂的南畔，终于见到了心中的情人。随后，小周女又惊又喜，一下子扑到了这个大哥哥的怀里，并含情脉脉地说道：“我出来一次不容易，你要好好地疼爱我……”

在南唐李煜的优美笔触下，他塑造了一个少女与情夫偷情、男欢女爱的完美场景！而这首千古流芳的《菩萨蛮》，也成了偷情者们的经典教材！

至此，在大周后病重期间，李煜终于找到了属于他的新的爱情。

于是，又一场不伦之恋，又一场后宫之战，正式开始。

殊不知，这场战役的双方，却分出了胜负……

根据陆游的《南唐书》记载：大周后在病床上奄奄一息之际，突然看见了床帐后面的小周女，于是吃惊地问道：“你什么时候来了？”

因为小周女年轻不懂事，更不懂得什么回避，一听这话，她张口就说道：“我已经来了很多天了。”

待字闺中的少女，一个人在宫里待了好几天，傻子都知道里面的事情。于是，大周后马上就明白了，愤怒无比的她立刻把头转了过去，直到临死之前，她也没有再往外看一眼。

三天后，大周后自知大限已至，她借着回光返照的力量，取出了当年李璟赐给她的稀世珍宝焦尾琴和富可敌国的玉手镯（后世认为是玉扳指），决定与李煜辞行了。

在洗了一个澡后，大周后好好地梳妆打扮了一番。她抱着那把焦尾琴，把那块玉器含在了嘴里（玉镯子够呛），就这样默默地躺在了瑶光殿上，与世长辞了。她死时年仅 29 岁，一共跟李煜做了 10 年的夫妻。

可见，要不是小周女的那番言论，大周后也不会这样地愤然辞世。对于这段历史的描述，所有的史官跟学者们都认为：这就是一场意外，是小周女无心之过，大周后多心的结果。

殊不知，能够得到这么一个结论，我们也只能赞叹男人们那简单无比的思维逻辑！

实际上，大周后的死，完全是小周女一手策划的结果！

纵观史料，对小周女的评价一直是“神采端静，警敏有才思”。对于这么一个精明能干的女子，小周女再小，她不知道什么叫作偷情？小周女再傻，她不知道什么话该说，什么话一定要守口如瓶？

当时的情况是什么？大周后已经病危了，在这个节骨眼上，小周女却说出了这番言论，这不是挑明了让姐姐急火攻心，赶紧去死吗？

因此，对于小周女的这种表现，只有一个词能够完美地定义：故意。

这个女人，她就是故意这样做的。

当然了，这个原因也非常简单，将心比心一下吧，当你失去了名节，失去了身份，失去了一切后，你应该得到的所有名分和权力，都被原配夫人死死控制的时候，换成是你，你也应该知道怎么做，以及这样做的直接后果……

古往今来，这也是所有小三们的一致选择。

于是，为了自己的利益，当机会真正来到的时候，这位毫不顾忌亲情、只想要自己名分和权力的小周女，终于鼓起了所有的勇气，她上前一步，对着自己的姐姐毅然决然说了那句话，说了那句绝对不能说的话……

当然了，即使说了这么一句不该说的话，小周女也没有任何的愧疚之情，她权当自己是一个不懂事的孩子，不小心干了一出恶作剧。

虽然这个恶作剧的结果，这个女人比谁都清楚无比。

三天后，大周后沐浴更衣，含玉而死，一切就此尘埃落定……

从此萧郎是路人

据陆游的《南唐书》记载，大周后仙逝后，李煜非常伤心，虽然爱妻有“薄葬”的遗言，但是李煜还是倾尽全国之力收集宝物，并用这些奇珍异宝当成了最后的饯别礼。

在把大周后风风光光地下葬后，李煜还亲自撰写了一篇《鳏夫煜》，洋洋洒洒写了几千字。不仅阐述了自己哀妻之痛，还让所有的听众落泪，全都感动不已。

除此之外，因为失去了一位结发妻子，李煜伤心欲绝、寝食难安，身体更是消瘦了不少，结果连一般的站立走路，都需要用拐杖支撑了。

当然了，在所有人的眼中，李煜之所以这样折腾自己，无非就是要掩盖自己的外遇，回避他与小周女的那段不伦之恋，以掩盖自己偷情导致亡妻的真正事实。

然而，对于李煜这场表演给众人的大戏，我却有一种不同的理解。

看看那篇《鳏夫煜》的内容，您就会知道这个真正原因了。

鸣呼哀哉！木交枸兮风索索，鸟相鸣兮飞翼翼。吊孤影兮孰我哀，私自怜兮痛亡极。呜呼哀哉！应寤皆感兮何响不哀，穷求弗获兮此心隳摧。号亡声兮何续，神求逝兮长乖。呜呼哀哉！杳杳香魂，茫茫天步，抆血抚榇，邀子何所。苟云路之可穷，冀传情于方士。呜呼哀哉！

——《鳏夫煜》节选

看见没有，用“呜呼哀哉”开头，又用“呜呼哀哉”结尾，还一口气用了十几个“呜呼哀哉”的排比句。这句句血泪、哀戚至深的诗句，可不是装出来的，李煜是真的在伤心，而且很伤心。

毕竟，一日夫妻百日恩，百日夫妻比海深……

多情未必真无情，呜呼哀哉！

然而，再痛苦的呜呼哀哉，也会被时间慢慢磨平；再阴森痛苦的黑暗，也会被温暖的黎明所取代。特别是这个小周女，她更是满怀希望，急不可待地迎接着每一天。

因为，那个碍事的姐姐终于死了，小周女终于如愿以偿了！

然而，在小周女无限的憧憬与期盼下，李煜却狠狠地泼了她一身凉水，并让她足足等了三年。

为什么会这样呢？原因有三。

第一，大周后仙逝的时候，小周女只有15岁。虽然她身材不错，但还是一个落秧的茄子，根本没长开。所以这个身材纤瘦的小周女，她根本就撑不起皇后的专用礼服，只能先等几年，等身材壮实了再说。

第二，大周后仙逝的当年，南唐钟太后也不幸逝世了。且根据当时的制度，李煜要守孝三年，最快也得27个月。

在这个守孝期间，李煜要不饮酒、不吃肉，连个床上的“娱乐活动”都不能有，更别说这种娶妻的超级喜事了。

然而，按照史料的记载分析，李煜绝不是一个遵纪守法的好公民。从他与小周后结婚的表现来看，他就压根没把封建礼仪当回事，而是整了一场大操大办、轰轰烈烈的婚宴。

因此，我绝对相信，如果李煜想第一时间迎娶小周后，他根本不会把咽气的老妈当回事。

因此，我还绝对相信，李煜之所以这么干，只有一个原因：他也是故意。

那么，我为什么这么说呢？因为铁证如山。这个证据，就是那首脍炙人口、路人皆知的偷情宝典——《菩萨蛮》。

要知道，后宫偷情约会的事情，应该是国家最高一级的宫廷秘史了。因为它关系皇家的体面和尊严，岂能这样草率处理？然而，就是这么一篇最高机密的《菩萨蛮》，却莫名其妙地流传到了宫外，导致人手一本，路人皆知了。

这是什么原因？

只有一种解释，让这篇文章流传宫外的人，正是李煜自己。

其实，咱们也要理解李煜的这番苦心，他又不是一个傻子，怎能不理解大周后的死亡原因以及小周女真正的恶毒之心？因此，李煜才让这些诗句流传出宫，让大家都知道，周皇后的死，全是小周女勾引自己的结果。以及让这个女子知道，别以为我李煜软弱可欺，可以玩弄于股掌之间，惹毛了我，也能办你！

以上，就是李煜拖延时间的第三个原因，也是最根本的一个原因。

第三，李煜一夜之间“开光”了，他知道了整个事情的前因后果，所以就故意冷落了这个女人三年。虽然他也知道，一个巴掌拍不响，好汉做事，还需好汉当……

当然了，虽然李煜对小周女颇为不满，但是他对这个女人的爱，一直有增无减。即使晾了这个女人三年，李煜也让小周女入主了中宫。虽然没有皇后的名分，但是她享有的宫中的礼节、朝廷的俸禄待遇，这些都和皇后无异。这已经算是给了她一个“无冕之后”的待遇了。

三年后，这“无冕之后”的女子，她终于如愿了。

殊不知，即使是一个简简单单的册封皇后仪式，李煜也颇费了一番心力。

原来，南唐自建立以来，国母都是在国主登基称帝前就过门了，只是自动“更新升级”罢了，根本没有发生过皇帝迎娶国母的事情。所以要采取一个什么样的仪式，运用一个什么样的礼仪，谁也没有一个主意。为此，李煜还专门举行了一次大规模的研讨会，商量此事。

当然了，李煜心里真正的那个“小九九”算盘，所有人都清楚无比。什么仪式、典礼，这些全都是扯淡，你就是想大办特办这场婚礼，好满足自己的那颗虚荣心。

这一下子，群臣立刻分为两派，奉承派无须言表，反对派一致抗议：如今国难当头，财政更是捉襟见肘了，仓库里除了老鼠就是屎，对面的宋朝都快打过来了，你还办什么隆重体面的婚礼！

对于这么一个君主，我真是无话可说了……

后来，由于两派一直争论不休，李煜只能找来一个中间人，让其权衡利弊，专门负责此事，替自己背了这口大黑锅。

这个背黑锅的人，就是元老级人物、南唐宗室李煜的皇叔——徐游。

要知道，李煜找了这么一个人，也算是煞费苦心了。因为徐游这个人，他的见风使舵、左右摇摆的本领，可谓全民皆知了。

根据史料记载：有一次，徐游得了一种疾病，导致身体出现了很多的毒疮。结果呢，满朝文武不去安慰、关心他，反而纷纷道："苍天呀，大地呀，哪位大仙显灵了？是不是孔子、周公在作祟啊？"

通过这些冷嘲热讽、指桑骂槐的说辞，我们对徐游这个人的品德，也就一目了然了。

果不出群臣的预料，徐游负责此事后，立刻揣摩到了皇帝的意思，把这场婚礼举办得隆重而体面。

根据史料记载，李煜与小周女的这场婚礼，那真是人山人海、整个金陵城都为之沸腾。因为围观的群众太多了，有些人甚至爬到了屋顶上，希望能够来一个鸟瞰全景。结果有人不幸失足掉了下来，为此还丢掉了性命。

当然了，之所以这么轰动，其实原因很简单。中国人都有看热闹的好习惯，何况这场婚礼的女主角，还是一个半夜偷偷摸摸跟姐夫约会的小姨子。这等风流韵事，自然会得到无数人的喝彩。

因此，人们围观的不是婚礼，也不是寂寞，而是这个小三。

根据惯例，婚礼举行的第二天，皇帝要大摆筵宴，宴请群臣。而赴宴的大臣都要写一封贺词，祝贺这对恩爱的夫妻。然而，所有人都知道大周后是怎么死的，大家都对这个水性杨花的新皇后不怀好感，更对这个薄情寡义的皇帝充满敌意。

因此，南唐百姓不给面子，大臣们貌似也不给好脸。众人写出来的那些贺词，不是阴阳怪气，就是指桑骂槐，与其说是恭喜，不如说是一种变相的讽刺。

然而，对于这些刻薄的言语，李煜毫不动气，他全都一笑了之，反正事已至此，爱咋咋地吧。

就这样，在所有人的“祝福”声中，在大周后去世四年后，李璟与小周女终于修成正果。这个女子也终于取代了姐姐的位置，成为南唐新一代的皇后，史称小周后。

根据史料记载，李煜对小周后的爱，完全超过了她的姐姐。为了增加浪漫的感觉，李煜造了很多富丽堂皇、金碧辉煌、珍珠宝山镶嵌四壁的小房子，且只能容得下他们两个人。

后来，就在这一个个爱情小屋里，李煜与小周后吟诗绘画、饮酒对酌、卿卿我我，羡煞旁人，确实浪漫得可以。

除此之外，每逢节假日，李煜更是要动用上等锦罗一百匹，把这些房间布置成天河月宫的形状，他们就在这里通宵达旦，只羡鸳鸯不羡仙。

这，只是李煜与小周后浪漫生活的一部分……

总结一下吧：一个普通人整天和爱人这样花前月下、卿卿我我，这个无可厚非，因为这叫浪漫，也是爱情的具体表现。然而，一个帝国的皇帝天天这样干，这就叫不务正业、玩物丧志了，甚至可以称其为犯罪了。

因为，李煜已经弃江山于不顾，他已经变成一个风流昏君了！

这个国家的未来，也就可想而知了。

那么，在这种背景下，面对北方强大无比、咄咄逼人的大宋王朝，李煜将怎么改变这个现实，而不是继续这样醉生梦死下去呢？

问君能有几多愁

纵观南唐历史，第一代君主李昪雄才伟略，只是生不逢时，最后郁郁而终。第二代君主李璟，前半生雄心勃勃，甚至觊觎中原，后半生却器满志昏、醉生梦死，最后得到了一个毁誉参半，甚至是一个毁胜于誉的结局。

当然了，第二代君主李璟再不是，他还有那么一些“誉”，等到了第三代君主李煜那里，就只剩下“毁”了。这个皇帝也用实际行动证明了什么叫作“黄鼠狼下崽，一窝不如一窝”，什么又叫作“富不过三代”，古人诚不我欺。

当然了，凡事要从两个方面看。要是比文学造诣、诗词境界，那这第三代人就是“青出于蓝而胜于蓝”了。

可惜的是，这些优美、辉煌的诗句，可以改变人们的心灵世界，却无法改变这个丑陋的现实世界，特别是这个“自己不能统一天下，就一定会被别人统一”的世界！

对于这么一个肤浅的道理，貌似李煜也明白。因此，为了保住自己的荣华富贵，面对日益强大的宋朝，李煜不断地在调整自己的身份，降低自己的级别，放弃自己的尊严，只求能够偏安一隅、苟且偷安。

李煜这种“鸵鸟哲学”的理论，主要表现在下面四个方面：

第一，改称谓。

开宝四年，李煜上表，请求将“唐国主”改称为“江南国主”，“唐国印”改成“江南国主印”。这就等于取消了自己大唐王朝正统的身份，从名义上彻底消除南唐的独立性了。

这还不算，没过多久，李煜又觉得“国主”这个词语太刺眼了，因此他上书赵匡胤，以后只需要对其指名点姓，直接称呼他姓名就行了。

第二，改礼制。

根据古代的制度，天子登上皇位的那天，凡遇国家庆典、新帝即位、皇帝结婚、册立皇后，都需举行颁诏仪式。

届时，皇帝要在城楼大殿上（明清是天安门）宣布圣旨。宣读完毕后，将诏书放在一只黄金装饰的金鸡嘴里，随后顺墙而下，礼部官员在下面跪拜迎接，最后分送各地，布告天下。

后来，这种颁发封建帝王圣旨礼仪的过程，等到了明清时期，就称为金凤颁诏了。

当然了，对于这种金凤颁诏的仪式，赵匡胤是天子，他可以有；但是，李煜是一个国主，他居然也有，这怎么行呢？

于是，赵匡胤勃然大怒，他厉声质问这些南唐的使者，问他们要意欲何为。

殊不知，对于这个质问，南唐陆昭苻二话不说，他立刻辩解道：“这不是金鸡，这是怪鸟（此非金鸡乃怪鸟耳）！”

一听这话，赵匡胤一笑了之，这件事情就算过去了。而李煜听到了这件事情后，被吓得不轻，他赶紧把这只金鸡收了起来，以后再也不敢使用了。

第三，劝降其他诸侯。

开宝三年（970 年），在讨伐南汉之前，赵匡胤突然告诉李煜：你给刘鋹写一封信，劝他马上投降。

一封信，几十个字而已，这确实不是一件难事。然而，您想过没有，如果曹操让刘备写劝降信给孙权，刘备会怎么想？

写你个大头鬼呀！要知道，刘备跟孙权的关系，就是唇亡齿寒的道理，南汉死了，南唐也跑不了。因此，让刘备写信这种事情，根本就是曹操的恶搞，没事找抽！

然而，李煜却真的持笔书写了，而且还写得非常不错。

为什么？因为看见这封书信后，刘鋹直接就怒了。这个唯我独尊、为所欲为长达十年多的人，他从来没有见过这样的文章，也从来没有受过这样的耻辱！

最后，愤怒至极的刘鋹撕毁了这封信，扣押了南唐的使者。他还回了李煜一封信，来表达自己此时此刻的心情。

这封回信到底写了什么，我们已经不得而知了。我们唯一知道的是：当看完了这封回信后，李煜这叫一个憋屈，于是他把信原封不动地送到了开封城，让赵匡胤替自己做主，最不济，也要让赵匡胤分担一部分骂名！

可见，李煜这委屈真是受大了。当然了，这也是他咎由自取，谁让李煜猪八戒照镜子——里外不是人呢。

第四，诛杀忠臣良将。

这个被诛杀的人，就是南唐的擎天一柱、江南林虎子——林仁肇。

原来，开宝三年（970 年），当南汉与宋朝打得不亦乐乎之际，南都守军林仁肇突然秘奏李煜，他上表道："如今淮南的各州的守军，不过一千多人，而且宋朝前几年灭亡蜀国，现在又攻打岭南，他们要往返数千里，早已疲惫不堪了。望陛下给我几万人马，我立刻从寿州城进攻淮南，一举夺回咱们的江北故地。"

除此之外，林仁肇还发自肺腑、耿耿忠心地说道："陛下，您不要再犹豫了。如果您还有什么顾虑的话，咱们可以这样，当我起兵后，您立刻宣布我带兵造反了。这样的话，如果我成功了，是国家得利；如果我失败了，您就诛杀了臣的全族，以表示对宋朝没有二心，您看这样行不行？"

行，还是不行？

最后，林仁肇长叹一声，他失望地走了。为什么？因为这个李煜患上了一种“选择性失忆症”，他对林仁肇的这番话，根本就是左耳进、右耳出。

殊不知，这些话却掉进了赵匡胤的耳朵里。

得知此事后，赵匡胤清楚地知道了，像林仁肇这样有勇有谋的将领，必将成为宋朝的心腹大患，因此必须杀之而后快！

那么，怎么杀掉敌国这员大将呢？

根据《续资治通鉴长编》记载：有一天，赵匡胤在召见南唐使者时，他突然对着一幅人物画像说道：“你们可认识这个人？”

南唐使者回答道：“认识，此乃我国大将林仁肇。”

好了，上钩了。赵匡胤继续说道：“没错，他就是林仁肇。但是这个人马上就要投降了，以此画像为信物。”说完，赵匡胤指着远处的一所豪宅说道，“这是朕赐给林仁肇的居所。”

得知这个劲爆的消息后，南唐使者没有一丝一毫的犹豫，他们立刻密报了金陵；而得到这个消息后，李煜也没有一丝一毫的犹豫，他立刻赐给了林仁肇一杯毒酒。

万马军前建大功，斩坚入帐见英雄。
如何为遂平生志，反致亡躯乱箭中？

这首诗，是感叹《杨家将演义》中，被潘仁美残忍杀害的杨七郎的。我相信，这首诗句也同样适合这位林虎子。

一代名将、一世英雄，居然没有马革裹尸，反而中了这么一个小儿科的计谋，最后死于昏君之手，真是可叹、可惜、可怜……

当然了，即使自毁长城，诛杀了南唐的擎天一柱，李煜也不会有愧疚之情。因为对于这个人而言：

守住南唐，保住帝位，纵情享受，服从赵匡胤的领导，听从他的安排，这才是自己唯一的目标。

为了这个目标，一切皆可抛！

红日已高三丈透，金炉次第添香兽，红锦地衣随步皱。

佳人舞点金钗溜，酒恶时拈花蕊嗅，别殿遥闻箫鼓奏。

——《浣溪沙》

通过这首诗句，我们能够轻易地知道李煜每天的生活状况。李煜每天都醉生梦死，但是，这位皇帝根本就不知道，“别殿”那里，是没有“桑间濮上之音”的，那里只有“喊杀震天、万马奔腾”的音乐。

开宝七年（974年）九月，赵匡胤终于准备动手了，他准备好了六路大军，不日即将讨伐南唐！

当然了，在出征前，赵匡胤还要解决一个难题，他需要一个讨伐南唐的借口。

第十七章 统一天下

讨伐南唐

咱们前面说过，虽然在揍人的过程中，理由看上去无关紧要，但从实际操作上讲，理由虽然不是必需的，却是必要的。

师出有名，才能无往不利，这绝对是一句大实话。

但是，如果对方一直服软，一直装孙子，甚至比亲孙子还孙子，在这种背景下，你根本找不到揍他的借口，这可怎么办呢？

三个字形容：不可能。

开宝七年（974 年）八月，赵匡胤致信南唐李煜，他询问了一个问题："你不是我的亲人吗？为什么我在举行祭祀大礼的时候，你不来参加呢？"

这个问题，您需要问我吗？

要知道，别说李煜了，就连傻子都知道，国主一旦北上进京，那就是肉包子打狗，这辈子有去无回了。君不见先秦时期的楚怀王吗，他在咸阳被软禁至死，至今都是我等的"光辉榜样"呀！

为了婉转地回避掉这个问题，李煜不失时机地“病”倒了，而且病得一天比一天厉害了。到了最后，面对赵匡胤一次比一次厉害的“盛情邀请”，李煜终于雄起了一回，他以一种纯爷们儿的姿态高喊道：“我恭敬侍奉宋朝的原因，就是希望能够保住宗庙的香火。想不到还是这样，今天我只有一死了之了。”说完，李煜头也不回地向大殿柱子而去，他要一头撞死在那里。

最后，李煜被众人救了回来，他没有死成，算是不幸中的万幸了。

殊不知，虽然李煜没有说“不”，他还委曲求全、以死明志了一把，但是，他依旧坐实了自己的罪名，还给了赵匡胤一个出兵的借口。

这个借口是：倔强不朝。

至此，南唐与宋朝的战争，终于全面爆发。

开宝七年（974 年）九月，赵匡胤调集了数十万大军，兵分六路，全军浩浩荡荡地向南京城（金陵）杀奔而来。

这六路大军是：

第一路：由郝守浚领导，率领工程兵沿江而下，去采石矶造桥。

第二路：由曹彬指挥，从荆南出兵，沿着长江顺流而下用兵。

第三路：由潘美率领，率领步兵、骑兵从合州出兵。

第四路：由吴越王钱俶领导，统帅吴越部队，从杭州北上用兵。

第五路：由王明领导，统帅黄州地方部队，阻击武昌、湖口方向来的南唐军，防止他们南下增援南京城。

第六路：京师禁军沿汴水南下，进入长江当预备队，支援各地战场。

按照某位史学家的观点：六路大军，齐头并进，按照“一一二一一”的军事部署，分工明确，各尽其职。

何为“一一二一一”军事部署？

一个总原则：灭掉南唐；一个进攻中心：南唐都城金陵；二条进攻路线：曹彬、潘美；一个预备队：京城禁军；一个盟友：吴越王钱俶。

那么，面对赵匡胤的这次倾国来袭，南唐君主李煜在干什么？他是站在朝堂之上，调兵遣将、指挥若定；还是躲在后宫的美人窝里，瑟瑟发抖、彷徨无助？

不，大家全都猜错了。

如今的李煜，人家依旧潇洒安逸，外面那如火如荼的战争，与他的生活没有一点儿关系。

为什么？因为李煜有了新的精神信仰——信佛。

南唐的佛教门派，是中国禅宗“五家七宗”中的最后一个宗派——法眼宗。那么，这个法眼宗的法要是什么？

今日只是尘劫，但着衣吃饭，行住坐卧，晨参暮请，一切仍旧，便为无事人也。

简单来说，在法眼宗的世界里，如果你按照先前的生活路子去生活，那么一切都会无事，你也会得到佛的智慧，最终达到解脱。

当然了，李煜按照法眼宗这种“无事”的路数去修炼，最终能不能脱离苦海，我不得而知，我唯一知道的是，这样做只有一种结果：满国梵音。

为了表示虔诚信佛，李煜跟小周后脱下了自己的锦衣玉带，一起穿起了僧衣，双双跪拜在佛像面前，虔诚祷告、三跪九叩。

除此之外，为了更加深入领悟佛的智慧，李煜还专门聘请了一个叫作小长老的人，天天听他讲述“转世轮回、因果报应”之说，最后还把他册封为国师。

后来，在这个国师的倡导下，李煜专门营建了数千家寺院禅房，还供请了数万名僧侣，让这些高僧们天天诵经作法，诛杀所有妖魔鬼怪（宋军），还这个世界一个朗朗乾坤、天下太平。

再后来，连续几天作法后，李煜发现上天毫无反应，因此他觉得，这些人的力量还是有限，人数还得翻倍，最好是全城一起动起来！

至此，在李煜的以身作则下，全城百姓开始了天天祈祷，并希望马上来一个天崩地裂，让眼前的宋军全部进入地狱。

就这样，南唐开始了一场全民运动的游戏，所有的人都参与了进来，不仅乐此不疲，还虔诚无比。

然而，佛，真的能救南唐吗？

一切尽在不言中……

李煜的对策

每天的生活，李煜和小周后就在祷告、磕头、吃斋、念佛中度过了。终于有一天，他们受够了这种无聊的生活，后苑的那些和尚、尼姑们也说腻了，于是大家决定结伴出游，一起去城楼上透透气，顺便再做几首新诗。

然而，就在李煜登上城头的那一刻，他就看见了一幅让他一生都无法忘记的画面，并差点儿晕死过去。

原来，就在石头城的外面，千里长江之上，宋军战舰连绵不断、阵形分明、严阵以待；万里沃土之中，宋军将士威风凛凛、势如破竹、锐不可当。放眼望去，宋军旗帜遮天蔽日，根本望不见边……

经过询问后，李煜惊讶地得知，宋军已经围困金陵长达五个月了。换句话说，宋军已经打到家门口，并连续攻城五个月了，而南唐的君主李煜，直到今天才知道。

“小长老呢？小长老！”就在那一天，这个温文尔雅的李煜，终于歇斯底里地大喊道，“小长老，小长老，给我滚出来！”

“陛下，有什么事情？”

面对这位笑呵呵的高僧，李煜手指城外，浑身颤抖地说道：“这些是什么？这到底是怎么回事？”

“回陛下，这些是宋军。”

“废话，我问你，我为什么一直不知道？你为什么一直不说？”

“陛下，您忘记了吗？我们信仰的东西，就是‘无事’，我告诉您这些，又有什么用呢？”

“来人，把他给我砍了。还有那个知情不报的守将皇甫继，一块儿处死。”

至此，李煜终于明白了，眼前的这位得道高僧，根本就是一个胡说八道的家伙。你要说他是宋朝的奸细，这个更可信。

还是那句话，佛，真的能救南唐吗？

两个字回答：扯淡！

与其求天，不如求己。在诛杀了这些知情不报、妖言惑众的大臣后，李煜终于开始了自救工作。但是，面对这城墙下面黑压压一片的宋军，你还能怎么办呢？

为了击退这支攻城的宋军，李煜最先想到的办法是：分化瓦解这支宋吴联军，让自己的老邻居吴越王钱俶认清形势，赶紧撤兵。

为此，李煜立刻提起笔来，亲自书写了一封密信：今日无我，明日岂有君？

一旦明天子易地赏功，王亦大梁一布衣耳。

言简意赅、一语中的，道理说得够清楚了吧。李煜自信地以为，这位跟自己有共同语言、能够产生共鸣的钱俶，当他看完这封信件后，一定会选择撤兵。因为他们的目标一致，谁也不想去开封当老百姓！

然而，钱俶收到信后，他压根儿就没看。此人直接把这封密信送到了开封城，让赵匡胤变成了最后的收信人！

这一下子，李煜彻底晕菜了，钱俶怎么能这么做呢？是他老糊涂了，还是自己的话没有说透，还是……

然而，没过多久，李煜就恍然大悟了，他随后开始苦笑了。

原来，就在三年前，当南汉的刘鋹被赵匡胤打得丢盔弃甲、请求自己出兵相救的时候，当时的那个李煜，貌似也没有丝毫的犹豫，也把信直接交给了赵匡胤。

至此，李煜这个虔诚的佛教徒，终于明白了佛法的真谛，也明白了那个“因果报应”的真理了。

多少恨，昨夜梦魂中。还似旧时游上苑，车如流水马如龙。花月正春风！

多少泪，沾袖复横颐。心事莫将和泪滴，凤笙休向月明吹。肠断更无疑！

——《望江南》

因果轮回，报应不爽，出来混，迟早都要还……

最后的抉择

一计不成，李煜再生一计，只不过，这次他劝说的对象，居然换成了赵匡胤。

开宝八年（975 年）九月，李煜派遣自己的“王牌杀手”入京，想游说太祖皇帝赵匡胤，请他暂且罢兵。

这个王牌杀手，就是南唐第一辩客，可以“谈笑弭兵锋”的徐铉。

史书记载，徐铉凭借一副伶牙利齿，名震中外。只要一提到这个人，宋朝那些满腹经纶的学子们，立刻能晕倒一片。

为什么？因为这些大臣们实在说不过这个人。要知道，徐铉文风犀利、反应极快，且在“交战”时，一定要将面前的辩手就地解决，绝不过夜。只要你敢挑衅，他就来一个灭一个，来两个灭一双。其战斗力之可怕，只能用“彪悍”两个字来形容。

面对这么一个主，你让我们怎么去谈？

到了最后，赵普也没有了主意，他只能如实禀告赵匡胤：这个人，我们实在是搞不定，还得您自己来。

一听这话，赵匡胤哈哈大笑道：“我来就我来，怕他干甚！”

开宝八年（975 年）十月，在宋朝最庄严神圣的崇元殿上，赵匡胤接见了徐铉等人。结果，会议刚刚开始，赵匡胤就听见了一句劈头盖脸的话：“李煜无罪，陛下师出无名！”

好一个江南第一辩手，第一句话就正中赵匡胤的命门。谁都知道，作为一个泱泱大国的君主，赵匡胤必须要保持自己的形象。每次出兵前，他都要找到一些非常好的借口，否则决不出兵。

对付湖南时，赵匡胤的借口是“你请我来的”；对付后蜀时，赵匡胤的借口是“你要打我，所以我先反击”；对付北汉时，赵匡胤的借口是“履行完合约了，咱们要签新的协议”。

总之一句话，赵匡胤从来没有不讲道理，直接上门揍人的情况。然而这一次，赵匡胤却彻底地出尔反尔了。

要知道，赵匡胤给李煜定的罪名是什么？是“倔强不朝”！就这么一点儿破事，你就派兵打我们，这就是师出无名，不讲道理！

当然了，即使被人撕破了脸皮，说中了要害，赵匡胤也没有恼羞成怒，他还让徐铉走近一些，把这些话继续讲完。

这一下子，宋朝君臣的噩梦就此开始，但见徐铉发动了猛烈地攻击，他出口成章、技惊四座、有理有据、滔滔不绝。直说得群臣都为他捏了一把汗，真怕他血溅当场，直接少了两颗大板牙。

然而，作为被攻击方的赵匡胤毫不在意，除了偶尔点头敷衍一下外，赵匡胤全程都默不作声、一语不发。到了最后，赵匡胤居然无聊得哈欠连天、睡眼惺忪了。

这一下子，徐铉大怒，赵匡胤这是在挑衅自己，在鄙视自己的话没有说到位。于是，徐铉大喊道：“李煜侍奉陛下，就跟儿子侍奉父亲一样，他什么过失都没有，为什么还要讨伐他？”

一听这话，赵匡胤立刻问道：“你说我跟李煜，是父亲跟儿子。那好，你说父亲跟儿子分为两家，这样可以吗？（汝以为父子分两家，可乎？）”

一听这话，徐铉直接就哑口无言了。因为在那个君君臣臣、父父子子的世界里，这是一条无法反驳的真理，这也是所有儒学弟子，必须永远遵守的伦理道德。

至此，徐铉掩面而去。他万万没有想到，自己满腹经纶，竟然败给了一个行伍出身的皇帝。这让他情何以堪！

没事，亲爱的徐铉同志，回去好好读读书，再调整调整心态，咱们还是有机会证明自己的。因为很快，您就要跟赵匡胤进行第二轮的较量了。

原来，当年十月的中旬，也就是徐铉满腔愤怒离开开封的时候，南唐方面又遭了一次重创，李煜也输掉了自己所有的家当。

故事是这样的，在送走了徐铉后，李煜也深知不能在一棵树上吊死，他下令湖口大营的朱令赟南下，率领 10 万大军过来勤王。

殊不知，在发布完这道命令后，李煜又躲到了后宫，继续吃斋念佛去了。当然了，我们也不能痛骂李煜这种死不悔改的行为，毕竟对于一个长期自我催眠的人来说，如果李煜连这个都放弃了，他就真的一无所有了。

然而，谁也没有想到，李煜的这种虔诚的表现，居然真的感动了天神，奇迹真的出现了！

就在朱令赟南下期间，他率军直扑采石矶，准备烧毁那里的浮桥，先切断宋军的进退之路，让他们军心涣散，再去拯救自己的国王。

在这场采石矶大战中，朱令赟采用了当年赤壁之战的战术，他放火烧船，让这些火船顺流而下，去攻击宋朝的军队，结果收到了奇效。宋军损失惨重，眼看就要坚持不下去了。

就在此时，谁也没有想到，风向忽然大变，猛烈的大风把火船吹了回来，并且直接吹到了南唐军那里。

害人者终害己，玩火者终自焚，南唐的湖口水军被烧得丢盔弃甲，十万士兵毁于一旦。最后，朱令赟投火自尽。他用自己的死，完成了一个武将对南唐的最后效忠。

可见，对于李煜而言，老天爷真的帮忙了，可惜对象不是你……

至此，朱令赟全军覆没的消息传遍了大江南北，无论是南唐还是大宋、无论是开封还是金陵，所有的人都明白了一个道理：胜负已定，南唐大势已去，李煜连理论上的反击都没有了。

但是，在这种背景下，李煜还是没有死心，他又找来了徐铉，让这个人第二次去开封城，去争取最后的机会，为南唐的生存再进行一次努力。

对于这个命令，徐铉欣然受命，他就这样第二次动身了。当然了，这位仁兄是怎么想的，我们已经不得而知了。

也许，徐铉想学那唐雎，不辱使命，忠于臣节，哪怕血溅朝堂；又或者是，这位仁兄根本不服，他就是要去找赵匡胤单挑，和他进行第二回合的较量，来一雪前耻，挽回败局。

果不其然，这一次徐铉进京，那真是准备充足，有备而来。在面见赵匡胤后，徐铉不再说父子的关系了，他只是巧妙地辩解道："父子确实不能分家，但是我们的君主有病，所以他无法进京，这并不是他抗拒您的旨意。因此恳请陛下暂缓进兵，保全江南一方百姓的性命。"

这一下子，赵匡胤彻底没词了。而看见赵匡胤黔驴技穷后，这位人见人怕、铁齿铜牙的徐铉，终于恢复了往日的功力。但见他越说越激动、越说越来劲，最后居然没法克制自己的情绪，达到了"声气愈厉"的境界，差不多变成一个骂街的泼妇了。

最后，在"反复再三"的争辩后，赵匡胤终于急眼了，他拔剑而起，怒不可遏地骂道："不须多言！江南国主何罪之有？只是一姓天下，卧榻之侧，不容他人酣睡！"

一语道破天机，可笑腐儒、无用书生，虽饱读诗书，却百无一用。统一天下，征讨四方，这些还需要理由和借口吗？

统一天下，这就是最好的理由和借口！

史书记载，听完这句话后，徐铉"惶恐而退"，而远在千里之外的李煜，他也知道了自己最终的命运。

天下一统，李煜投降

开宝八年（975 年）十一月二十七日，为了最后的殊死一搏，李煜下令在宫中堆积柴火，然后对左右说道："一旦城破国亡，我就为社稷而死，届时将率领全家赴火自尽。"

然而，就在这一天，南京城被宋军攻破了，李煜却没有死。

当然了，李煜之所以没死，那也是有客观原因的。在城破之时，李煜确实想自尽了，但是他腿脚依旧不好，也嫌火焰太烫，所以在群臣的极力阻止下，李煜只好悻悻作罢。他最终没有死成。

那么，如果一个人想自尽的话，真的这么费劲吗？

根据《十国春秋·小长老传》记载，李煜曾经跟八十多个女尼有约，一旦城破之时，宫中将举火为号，李煜将跟这些女尼一起殉国而死。结果，就在李煜嫌火太烫、太热的时候，这八十多个女尼却点燃了准备好的柴薪，全都自焚而死，且无一生还。

李煜，我真的不想鄙视你，但是你的所作所为，还不如一群女子。

你，真不是一个男人；更不配，当一国之君！

不管怎样，在所有人的鄙视和痛骂声中，李煜还是活了下来，而跟他一起存活下来的，还有他那些永载史册的诗句：

四十年来家国，三千里地山河。凤阁龙楼连霄汉，玉树琼枝作烟萝，几曾识干戈？

一旦归为臣虏，沈腰潘鬓消磨。最是仓皇辞庙日，教坊犹奏别离歌，垂泪对宫娥。

——《破阵子》

南唐开国已有四十年，幅员辽阔；宫殿高大雄伟，可与天际相接；宫苑内珍贵的草木茂盛，如同巴西的亚马逊森林。在这种奢侈的生活里，我哪里知道有战争这个东西？

自从做了俘虏后，我就因为悲痛而两鬓斑白、身体消瘦了。还记得离开宗祠宫庙的时候，宫廷里的乐工们奏起了别离的歌曲。这种生离死别的情形，令我悲伤欲绝，我只能面对宫女们垂泪痛哭了。

你说，能写出这种词句的人，我是该夸他，还是该损他？

对于这个人，我真的无话可说了……

开宝九年（976 年）正月，李煜在宋军的“保护”下，终于来到了开封城。与这位君主同时到来的，还有江南十九州、一百零八个县、六十五万五千零六十五户百姓户籍。

至此，从理论上讲，整个中国的南部地区，已经被宋朝彻底统一。

当然了，千万别提吴越，小心扫了赵匡胤的兴，而且钱俶也会非常不高兴。这位吴越王一定会痛骂你：“凭什么挑拨我们君臣的关系！”

李煜进京后，赵匡胤与群臣展开了一场激烈的讨论，中心点就一个，怎么处置这个李煜。

群臣建议，这个好办，现成的例子，把当年那根拴狗绳找出来，也拴在李煜的脖子上，把他牵到太庙去，让咱老祖宗也高兴高兴。

赵匡胤摇头道：“这样不好，毕竟李煜跟刘张不同，他是遵从朝廷礼法的，不是刘张那种乱臣贼子，所以我们不能这么干。”最后，赵匡胤没有太难为李煜，并赦免了李煜所有的罪名，只是送给了他一个不太光彩的封号——违命侯。

虽然这个封号不好听，但是宋太祖本人，却是对李煜照顾有加的，他让李煜继续这样快乐地活下去。

然而，等赵光义登基后，他却改掉了那个带有侮辱性的“违命侯”封号，并送给了李煜一个不错的头衔——陇西郡公。

虽然这个封号好听了，但是这位皇帝，却对李煜肆意欺凌了。而且，这位皇帝不仅欺负李煜的身体，还有他的精神，以及他的婚姻。

在这位皇帝的淫威统治下，李煜只能默默地忍受着，忍受着这位皇帝摧毁自己的肉体、诋毁自己的诗句、侮辱自己的妻子。最后，李煜将从这个皇帝那里得到一种“牵机药”，并用它彻底结果了自己……

宋太平兴国三年（978 年）七月七日，李煜死于东京，享年 41 岁。

第十八章 最后的谜团

迁都之争

开宝九年（976 年）正月，赵匡胤颁布诏书，他将于四月起驾洛阳，去那里巡视参观。当然了，赵匡胤的理由非常地合情合理：洛阳那里，有我父亲赵弘殷的永安陵，我要回乡祭祖。

殊不知，对于这么一个理由，文武百官却给出了一个统一的答案：不同意。

在这些反对的人中，以起居郎李符的态度最为坚决，他一口气提出了八个困难，誓死要让皇帝收回成命。

京邑凋敝，一也；宫阙不备，二也；郊庙未修，三也；百司不具，四也；畿内民困，五也；军食不充，六也；壁垒未设，七也；千乘万骑盛暑扈行，八也。

——《续资治通鉴·卷十七》

史书记载，面对李符这八个难题，赵匡胤的回答也是那三个字：不同意。

要知道，在历史中的李符，是一个非常善于拍马屁、迎合上意的大臣，否则的话，他也不会成为赵匡胤的贴身管家，负责记录皇帝所有的言行（起居郎）。

那么，为什么这位赵匡胤的死党，都要提反对意见呢？或者说，这位赵匡胤皇帝，他为什么非要一意孤行，谁的话也不听呢？

其实，这个原因非常简单，同年四月，在按照原定计划、在巩义祭拜了自己父亲后，赵匡胤终于说出了这个秘密：“朕意已决，迁都洛阳城。”

此言一出，天下震惊，赵匡胤的心腹大臣、铁骑左右厢都指挥使李怀忠立刻死谏道：“陛下万万不可，洛阳要啥没啥——一没粮，二没兵，而开封兵强马壮，势力更是根深蒂固，咱们为什么要仓促迁都洛阳城呢？”

对于这番质疑，史书上对赵匡胤的回应记录，就四个字：上亦弗之。

为什么不搭理你，因为赵匡胤在等一个人，一个真正需要提反对意见的人。

这个人，就是晋王赵光义。

面见自己的哥哥后，赵光义从多方面的考虑出发，最后委婉地告诉自己的哥哥道：“仓促迁都，不太可行，且行且珍惜。”

殊不知，面对弟弟的这番肺腑之言，赵匡胤却回答道：“迁都洛阳，只是权宜之计，早晚有一天，我要迁都长安。”

亲爱的哥哥呀，你到底是咋想的呀？

要知道，经过了五代十国的洗礼，长安比洛阳还要破旧不堪，因此更不可行。于是，赵光义马上撩袍跪倒，玩儿命叩首，希望皇帝收回这个成命。

看见弟弟这样拼死觐见（叩头切谏），赵匡胤马上解释道：“我之所以要将都城西迁，没有别的目的，就是要凭借险峻的地形来阻挡敌人，借此裁掉大量的军队，仿效周朝、汉朝的办法，来治理天下罢了。”

吾将西迁者，无它，欲据山河之胜而去冗兵，循周、汉故事，以安天下也。

——《续资治通鉴·卷十七》

请注意，在这里，赵匡胤一共说了两个问题：

第一，打仗三要素，天时、地利、人和。其中“天时、人和”全是虚无缥缈的东西，唯有“地利”才是货真价实的真金白银。看来，赵匡胤非常明白这个道理。

第二，在一个根本无险可守的地方安家，只能雇佣大量的军队，这就产生了一个让宋朝一直苦不堪言的冗兵问题。可见赵匡胤的高瞻远瞩，以及解决这个办法的具体措施。

好吧，既然那么的合情合理，那就开始迁都吧。

且慢，就在此时，在自己哥哥那得意的表情下，赵光义却慢慢地说出了五个字："在德不在险。"

此言一出，史称赵匡胤"不答"。赵匡胤为什么不答，或许，赵匡胤被这句话震住了，或许，赵匡胤觉得这句话"太幼稚"了，人家根本就不想答。

再或者，这里面还有更深一层的意思。

字面上解释，所谓的"在德不在险"，就是说"要重视德、重视民心，而不要依靠地利"。这就是孟子所谓的"天时不如地利，地利不如人和"。

通俗地解释，赵光义这是在教育自己的大哥，别老想着没用的地利，咱们要施仁政、揽民心，做到全民一心、共同抗战，到时候天下自然就太平了，咱们的江山就千秋永固了。

这番言论，对吗？

时至今日，每一个人都清楚无比，赵光义这是在说梦话，这就是他编制的一个虚无缥缈的梦！

在德不在险，这句话根本就靠不住！

但是，您想过没有，赵光义的"在德不在险"不靠谱，赵匡胤的"在险不在德"，就真的正确吗？

这件事情的真相

如今，咱们在讨论这件事情，在探讨这句"在德不在险"的时候，无非就是从四个方面出发：

第一，政治；第二，经济；第三，文化；第四，军事。

在这四个元素中，洛阳和长安占其一，而开封占其三。这样算的话，占据三个方面的开封，它的胜算还是蛮大的。然而，开封唯一没有占据的那个方面，就是洛阳和长安唯一占据的那个方面，则是一个王朝最要命的保障。

这个方面，就是军事。

从军事防御上看，洛阳和长安确实优于开封。这两个地方群山围绕、易守难攻，还有虎牢关、函谷关、潼关等坚固的要塞，绝对是控制诸侯、称王称霸之所。因此在中国的历史上，有很多的王朝选择它们作为自己的都城。

反观开封，这里四通八达，周围一马平川。虽然交通便利，但是周围没有任何的山川、要塞当作依靠。因此这里易攻难守，一旦敌人进攻这里，帝国就岌岌可危了。

除此之外，自燕云十六州割给辽国后，开封就更加危险了。由于没有长城的保护，辽军一旦南下，他们的铁骑就将在华北平原上纵横驰骋，如入无人之境。而且只要渡过黄河，敌军就可以直接兵临开封城，开始恣意妄为地攻城了。

因此，开封城的军事方面的短板，就成为选择其为都城的一个明显劣势，而且终北宋的一生，这都是一个没法解决的难题。

综上所述，赵光义的“在德不在险”，这是错误的；而赵匡胤的“在险不在德”，这才正确。

真是这样吗？

如果地利真那么重要的话，那个曾经辉煌一世的汉朝，为什么亡国了？那个占据潼关要塞的唐朝，为什么也亡国了？那个在“难于上青天”的后蜀里天天醉生梦死、开怀畅饮的孟昶，他为什么也亡国了？

上述这些朝代的首都，无论是洛阳、长安，还是成都，这些城市都比开封的地利强一百倍、一千倍，甚至一万倍，那么这些国家，为什么没有长治久安呢？

所以，“在险不在德”这句话，就真的正确吗？

那么，假设赵匡胤明白这个道理，他为什么还要这样说呢？

换一种思维模式，如果你的国家拥有一个四代经营（后梁、后晋、后汉、后周）的都城，早已繁花似锦、车水马龙，成了一个具有国际影响力的大都市，并成为无数人的梦想与骄傲时，突然有一天，君主却告诉你：“我们要搬家了，没别的原因，就是因为这里地形不好，我们要去一座贫瘠的城市，然后从头开始建起。”

听到这番话后，你会作何感想？

说出这句话的人，他又会作何感想？

要知道，自古以来，迁都都是一个大手笔的买卖！要凭空修建一座崭新的都城，这谈何容易？这需要大量的金银和无数的劳动力，否则绝不可行。而且万一花钱太多，动摇了国家的根本，这个问题可就复杂了。因此敢于迁都的君主，如武则天、朱棣，他们都处于一个强国盛世的时代，否则想都不要想！

那么，赵匡胤的时代，是一个强国盛世的时代吗？

北汉、吴越、契丹、党项……因此，我个人绝对相信，作为一个英明神武的君主，赵匡胤不可能不考虑这些事情。他也肯定知道，这种强行迁都的后果，以及“在德不在险”这五个字的根本含义，所以他根本就不想迁都。

那么，赵匡胤不想迁都，他为什么又要执意迁都呢？

这个问题，则要从另一个方面考虑了。根据成本来计算的话，如果赵匡胤放弃了开封城，谁将蒙受最大的损失？又是谁，将放弃自己的根据地，最终一败涂地？

是赵匡胤吗？还是另有其人？

拨开历史的迷雾，还原事情的真相后，我们找到了那个真正的利益受损者。

这个人，就是晋王赵光义。当时的他，是宋朝开封府的府尹。

开封府的府尹相当于现代的开封市市长。在宋朝漫长的历史中，很多名人都当过这个官职，比如寇准、包拯、欧阳修、范仲淹、苏轼、司马光等。当然了，这些人都是混一个简历而已。但是，在赵匡胤时期，这个官职却显赫无比，甚至权限都模糊不清了。

为什么？因为，身为开封市市长的赵光义，他本身就有两张面孔，两个不同的身份，最终变成了一个魔鬼与天使的结合体。

简单来说，赵匡胤在京城的时候，赵光义规规矩矩地当孙子，他就是一个小市长，干市长该干的活儿；但是，一旦皇帝离开京城，赵光义立刻摇身一变，直接变成了这个国家的代理皇帝，甚至能够自主地发号施令。

当然了，之所以出现这种情况，也是赵匡胤一手策划的结果。毕竟抢夺后周天下时，自己的根基不稳，当然要扶持一下最信得过的弟弟，让他成为帝国的一块基石。

然而，等这块基石不断变大后，赵光义也确实没让哥哥“失望”。据学者考证统计，赵光义借助首都市长的权力，结党营私、苦心经营，不断地培养自己的势力，最后形成了一张属于自己的权力网。这张网不仅无孔不入，而且权力还大得吓人！

举一个例子，你就会知道这张网的威力了。

当时有一个将领叫党进，此人孔武而有力、质朴无心机，深得赵匡胤的喜欢。由于大大咧咧的性格，党进经常顶撞赵匡胤，赵匡胤知道他就是这么一个人，所以一直没发脾气。久而久之，党进就养成了一种无法无天、唯我独尊的性格。

并且此人还有一个特点——好管闲事。

《宋史·党进传》记载：只要党进看见街头有豢养宠物的，他一定要拿走放生，并且痛骂一句："买了肉不去供养父母，却用来喂养这些畜生！"

人家养猫养狗关你屁事，就是养一个宠物自己玩，你非要横一脚，这不是找揍吗？但是，大家都知道党进这个人不好惹，所以大家敢怒不敢言。

有一天，党进在街上溜达，他突然看见一个人在遛鹰。于是，党进直接冲了过去，他执意要放走这只老鹰。结果，遛鹰人急了，大喊一声："这是晋王的宠物！"

此言一出，你们猜党进怎么着？他立刻跟老鼠见了猫一样，马上毕恭毕敬地说道："你可要小心地喂养。"

除此之外，《事实类苑》记录得更狠：当听说这是晋王的宠物后，党进立刻掏出了一笔钱，交给这个遛鹰的人，让他买些好肉喂鹰，并且小心翼翼地嘱咐道："你要小心谨慎地看护，不要让小猫、小狗伤害它。"

这么一个性格暴躁、动辄骂人、天不怕地不怕的主儿，一听到晋王的名号，立刻吓得前倨后恭，还要自掏腰包，生怕这个人去告状。

单凭此事，赵光义在开封城的势力，也就可见一斑了。

因此，如果这是事实的话，那么这个迁都之争，也就能够解释清楚了。

从一开始，赵匡胤就没打算迁都，他之所以要执意迁都，就是要威慑一下这位在开封城"羽翼丰满、唯吾独尊"的主儿，并狠狠地敲打他一下，让这个人清楚地知道：你的上面，还有一个我！

别看你在开封城闹得欢，老子随便翻一下手掌，就能让你一直拉清单！直接迁都，我就能让你的势力重新洗牌。

因此，你给我老实点儿！

可惜的是，现在的很多人，他们根本不懂这里面的秘密，还为了那几个字争来争去，实际上全都中了赵匡胤的诡计了。

因为他们争夺的东西，根本就不是那五个字！

现在，用一位伟大的厚黑政治家的一句话，来揭露这件事情的整个真相吧：

观点斗争是假的，方向斗争也是假的，只有权力斗争，才是真的！

在这个案例中，赵匡胤与赵光义争来争去，根本与开封、洛阳、长安没有丝毫的关系，哪怕换成北京、上海、广州，他们也一样能拼个你死我活。因为他们争夺的重点，根本不是这些城市，而是为了一个最终的目的——权力。

这，才是宋初这场迁都争论的真相。

总结一下吧，虽然在历史上，这场迁都事件最终流产，赵匡胤也返回了开封城，然而，这场名义上的迁都之争，实际上是宋朝高层权力阶层的一场政治斗争，却留下了两种可能，两个无人能解的问题：

第一，赵匡胤根本不想迁都，这只是一个逢场作戏，威慑赵光义的举动。

第二，无论赵匡胤想不想迁都，决策权都不在自己这里，因为赵光义不同意！

还记得赵光义说完“在德不在险”后，赵匡胤“不答”吗？对于这么一位动不动就敲人大板牙的皇帝，他居然能够容忍这位“以下犯上”的弟弟，赵匡胤的表现，确实耐人寻味。

因此，如果相信第一种可能，则这个国家的主人，还是赵匡胤；如果相信第二种解释，那么从这一刻起，这个国家的主人，实际上已经换成了赵光义。

请选择自己心中的答案吧。

就我个人而言，我还是倾向于第二种解释的，否则的话，你没法解释北宋之初的那个世纪之谜，没法探讨那场永载史册的“斧声烛影”。

斧声烛影，最后的赵匡胤

开宝九年（976年）八月，为了彻底解决北汉问题，赵匡胤集合了宋朝的百战之兵，分兵五路，讨伐北汉，兵锋直指太原城。

同年八月，在宋军摧枯拉朽般的攻击下，党进第一时间冲到了太原城下，随后就展开了猛烈的攻势。要知道，这位曾经把北汉第一勇将刘继业追得到处跑的党进，自从上次铩羽而归后，就憋屈很久了。如今故地重游，他要速战速决，决不让上一次的失败再重演。

可惜的是，虽然党进下手很快，但终究还是慢了一步。同年九月，看在多年“叔侄”的情分上，契丹皇帝耶律贤终于做出了回应。就这样，在南院大王耶律沙的带领下，当时亚洲大陆上最强大的契丹铁骑全军南下，轰轰来袭。

毋庸置疑，一场大战即将开始，这将是一场当时处于巅峰状态、无所畏惧的大宋皇家禁军，对一个刚刚从昏君统治下复苏、意欲恢复祖先无上荣耀的大辽铁骑之间的战斗。

然而，让所有人始料不及的是，这场较量还没有开始，就被迫落下了帷幕。

原来，就在当年十月，宋军全线退兵了。因为他们的那位君主，那个上个月还活蹦乱跳、有说有笑的赵匡胤，竟然离奇逝世了！

赵匡胤就这么死了，死得不明不白、不清不楚。

关于他的死，宋朝的官方正史上，只留下了这么一句话：

“癸丑夕，帝崩于万岁殿，年五十。”

就是说，开宝九年（976 年）十月二十日，当夜，赵匡胤死于皇帝的寝室万岁殿，享年 50 岁。

完了，就这么简单，没有原因，没有过程，只有结果。

当天晚上，到底发生了什么？

为了阐述当天晚上到底发生了什么，一些八卦的史学家们，他们齐心合力、各抒己见，向我们展现了一段段当时“真正”的历史：

据说，赵匡胤那天晚上喝多了，结果就喝死了……

据说，赵匡胤那天晚上生病了，赵光义就调戏花蕊夫人，结果赵匡胤恼羞成怒，就跟赵光义打了起来。后来赵匡胤技不如人，他就被……

据说，赵匡胤那天晚上找赵光义喝酒，谁也不知道他们说了什么，人们只听见了四个字：好做、好做……

据说，这哥儿俩喝到兴头时，不知道为了什么事情争执了起来，赵光义索性用了一碗毒药，要了赵匡胤的命……

据说，当时没有毒药，但是确实有争执。人们借助若隐若现的烛影，看见有人举起了斧头，这就是流传至今的“斧声烛影”……

据说，当天晚上，谁也不知道发生了什么事，人们只是看见宋皇后不去侍寝，她站在走廊上鬼鬼祟祟地等人。结果在等来赵光义后，这个女人惊慌失措地说道：“我们母子的性命，都托付给官家了”……

据说，当天晚上……

好吧，这一切的一切，都是“据说”。真相如何，只有天知、地知、赵光义知、赵匡胤知，我们谁也不知。

我们唯一知道的是，这一年这一月这一日这一时，带着遗憾、带着痛苦，或者是带着欣慰、带着满足的赵匡胤，驾鹤西去。他创造了属于自己的辉煌，也终于结束了这一切。

不管真相如何，一个新的时代，已经来临；一个新皇帝，也已经横空出世。

这个皇帝，就是宋太宗——赵光义。